U0649913

叔本华系列

叔本华美学随笔

［德］叔本华 著

Arthur Schopenhauer

韦启昌 译

上海人民出版社

译者序

　　《叔本华美学随笔》中的文章选自德国著名哲学家阿图尔·叔本华 (Arthur Schopenhauer，1788—1860) 的巨著《附录和补遗》和《作为意欲和表象的世界》第 2 卷。叔本华早在 25 岁就发表了认识论名篇《论充足理性原则的四重根》，30 岁出版了他的不朽名著《作为意欲和表象的世界》第 1 卷，内容涵括大自然物理世界的各种现象和人的精神现象，完成了这一透彻解释世事人生的思想巨著。无论古今，这都称得上是绝无仅有的奇迹。在这之后，叔本华继续写出《论自然界的意欲》、《论意欲的自由》、《论道德的基础》等著作。虽然如此，直到叔本华六十多岁以后，世人才发现"一个新的思想大厦就好像在一夜之间耸立了起来"（《论判断、批评和名声》），叔本华才"幸运"地亲眼目睹自己获得了应有的评价，亦即得到了赫赫名声。当然，对于叔本华来说，重要的不是名声这些外部表象，重要的是因为获得了赫赫名声，自己毕生劳动的成果就可以利用这名声更好地保存下来，更有机会发挥作用。这才是让一辈子都在追求真理、对自己思想的价值深信不疑的叔本华如释重负、老怀安慰的原因。另一方面，在其作品终于得到承认以后，这位老智者所表现出来的小孩子气的兴高采烈，却是让人感慨叹息。这是对人们的判断力一个多么严厉的指责。在这之前长达三十多年的时间里，他的著作无人问津，无人提起，无人批评，更无人赞扬。但叔本华的整个遭遇，据他认为，非但不是异乎寻常，其实可以说是一个伟大思想者所必然碰到的"教科书"式（典型）的遭遇——除非"凭藉好得不能再好的运气，在这个人（思想者）的成就领域里，某些公正和有能力的评判者与这个人同时诞生"。叔本华的遭遇完全印证了他在成名前所写的《论判断、批评和名声》里所描述的情形（他的著作都在成名前完成）。这是因为"艺术家和文学家比思想家有更多表现的机会，因为他们拥有比思想家百倍之多的观众和读者群"，而"创作出伟大作品的人却是……长时间生活在默默无闻之中，但以此换来的却是晚年的赫赫名声"。思想家的这种说怪不怪的悲惨遭遇，根本上在于正确的"判断力就像凤凰一样的稀有，要等上五百年才得一见"，同时，"哲学家的著作给读者带来的不是娱乐，而只是教诲；要理解这些著作必须具备一定的知识；并且，这类著作也要求读者在阅读时付出相当的劳动"——当然，渴望获得思想和教诲的人会把理解和赞叹伟大天才的思想视为至乐，而不只是"娱乐"，但这些毕竟只是少数的情形。甚至时至今日，在叔本华作为思想家早已奠定了权威的情况下，在其著作久已获得了"必读书"的名声以后，人们对待这位思想家的作品的态度也没有多大的改变。人们仍然像叔本华所说的，"总是阅读'最新的'，而不是所有时代中最好的"（《论阅读和书籍》）。对于像叔本华这样的伟大思想家，这一"不折不扣的天才"（托尔斯泰的赞语），人们又真正知之多少？诚然，为数不多的人可能听说过或者读过介绍，透过"简明"、"扼要"的哲学史知道，还有这么一位"悲观主义论者"、"消极的哲学家"。但又有多少人分享过这位以发现真理为毕生己任的严肃哲学家奉献给我们人类的宝贵思想？有多少人是真正读过他所留下的名副其实的必读书？毋庸讳言，我所谓的必读书，只是对那些还有一点点兴趣了解自己、了解人类、了解这大自然的人而言。并且，我们不要忘记，叔本华很多作品所讨论的是日常、普遍的素材（他甚至从最平常、最实用的角度写作了《人生的智慧》），所用的语言又都平实得不能再平实。叔本华说过，"人的可怜本性虽然在每一代人中都改换一下面目，但在各个时代仍然是相同、一样的"，所以，"高于自己世纪的思想者也就已经是高于其他的世纪……高于人类"——结合叔本华的著作在当今无论何处仍备受冷落的实际情形，他的上述话语到底是否属于夸张？也正因为叔本华这里所指出的原因，我们就不会惊讶于为何他的文章在一个多世纪以后的今天，读来仍然是那样切中时弊，就好像他是为当今时代而写。他的著作向我们揭示了"历久弥新"这句成语的含意。

叔本华作为哲学家有一整套统一、完备的世界观。叔本华认为，意欲（wille）是我们人乃至这世界其他一切事物的核心，是"自在之物"；我们所看到的大自然的有形物质（包括人、动物、植物、无机体）都是基本生命力、自然力的载体，亦即意欲的载体；丰富多样的现象世界是意欲在各个级别客体化的结果。我们人类则是意欲最高级别的现象。意欲是第一，智力（认识力）则是第二，是派生的、为意欲服务（对此问题的论述参见《论死亡》）。叔本华的形而上学、认识论、美学和伦理学都建筑在上述的框架之上。所讨论的事物一旦放置在这深邃、宽阔的远景之中，经过叔本华透过现象的审视，事物的本质以及与其他事物之间的关系，也就让人一目了然。例如，在《论音乐》里，音乐中的四个声部及其相互之间的关系，与大自然的无机体、植物、动物和人其实有着一种平行的关系；音乐中的不和、和解，与我们意欲的不满足、满足原来还有我们不曾清楚意识到的关联。再有就是，叔本华用以阐释道理的精确比喻顺手拈来，把错综复杂事物之中的同一性（普遍性）也附带多方表现出来。确实，如果没有某种深邃的形而上学可提供更高的视角，那我们看到的永远只是事物表面现象之间最直接、最狭窄的关系，而无法深入一点解释哪怕是最简单的事情。正因为叔本华有着与生俱来的天才认识力和采用更高的考察视角，他对事物的看法才处处与常人有别，耐人寻味。对叔本华的音乐理论大为折服并深受其影响的德国著名音乐家瓦格纳，在无意中发现叔本华的著作以后，在一年之内把叔本华的《作为意欲和表象的世界》上下两卷一千多页，从头到尾读了四遍。然后，他说出了这样的话："叔本华的哲学让我得以判断在这之前我还只

是直觉上有所感觉的东西。"（瓦格纳，《我的一生》）

这本书里的文章独立成篇，讨论各种不同的话题，阅读、思考、语言学习、文学、历史、艺术、学问、音乐、大自然的美，等等，压轴的就是最触动人心、最引起人们关注的死亡问题。叔本华所讨论的这些话题，其素材都可以在我们日常生活中接触到。因此大众读者都可以与这位哲学家从所熟悉的事物一起出发，"尽力登上云外的高处"（叔本华语），领略从这位思想家的视角获得的视野。本书的文章并没有以生僻的题材让无缘涉足这些题材的读者难以分享和判断。正如叔本华在《论写作和文体》中说的："如果（作者所处理的）题材是每一个人都可以接触得到甚至是相当熟悉……那就只有具出色头脑的作者才可以写出值得人们一读的东西。""作者越不需要借助其题材的帮助……那这一作者所作出的成绩就越大。"叔本华的这些话至为恰当地适用于本书的文章。

本书除了讨论我们精神生活中最普遍的话题（当然，浑浑噩噩、没有精神需求的人并不这样认为）以外，叔本华的语言也是非常朴素和简单。叔本华这位"语言艺术家"（卡夫卡的赞语）就是他所倡导的文体的实践者。在《论写作和文体》里，他说，"没有什么事情比写出无人能懂的东西更加容易，而以人人都可以明白的方式表达出重要、深奥的思想，则是最困难不过的"；"简朴不仅始终是真理，而且也是天才的标志。文体是因思想而变得优美"；"朴实的风格始终是为天才准备的礼服，正如赤裸是美丽身体的特权一样"。读过叔本华著作的读者不管是否同意叔本华的观点，但对这一点起码不会有异议：叔本华的文章言之有物，观点鲜明、清晰。这样，叔本华深邃、丰富的思想就清晰客观地摆在了读者的面前，然后，读者就尽可以根据各自的思想能力而相应地理解或误解、赞叹或批评。

叔本华在《论阅读和书籍》里抨击过这样的现象："人们写出了评论古代……伟大思想家的文章、书籍，读者大众就跟随着捧读这些东西，而不是那个思想家的著作。"我的介绍也就到此为止了，事不宜迟，就让叔本华在这本书里直接向我们说话吧。就像侍者端上了一盘热气腾腾、精美绝伦的食物以后，除了说上一句"请慢用"，该做的也已经做完。叔本华在本书的这两句金石名言，可以作为我们思想大餐前的开胃小吃，"坏的东西无论如何少读也嫌太多，而好的作品无论怎样多读也嫌太少"；"阅读好书的前提条件之一就是不要读坏书，因为生命是短暂的，时间和精力都极其有限"（《论阅读和书籍》）。

韦启昌

2004 年 3 月于澳大利亚悉尼

2014 年 3 月修改于澳大利亚

目录

论思考

1

　　哪怕是藏书最丰的图书馆，如果书籍放置混乱的话，其实际用处也不及一个收藏不多、但却整理得有条有理的小图书室。同样，大量的知识如果未经自己思想的细心加工处理，其价值也远远逊色于数量更少、但却经过头脑多方反复斟酌的知识。这是因为只有通过把每一真实的知识相互比较，把我们的所知从各个方面和角度融会贯通以后，我们才算是完全掌握这些知识，它们也才真正地为自己所用。我们只能深思自己所知的东西，这样我们就真正学到了一些道理；反过来说，也只有经过深思的东西才能成为我们的真知。

　　不过，虽然我们可以随意安排自己的阅读和学习，但随意安排自己思考却的确非自己力所能为。也就是说，正如火的燃烧需要通风才能开始和延续，同样，我们的思考活动必须由我们对思考对象的兴趣所激发和维持。而这种兴趣可以是纯粹客观的，也可以只是因主体的利益而起。只有在涉及个人事务时人们才会感受到因主体而起的兴趣；要对事物提起客观兴趣，那只有本质上喜欢思考的人才会这样做，因为大自然赋予了他们这样的头脑，思考对他们来说也就像呼吸空气一样的自然。但这类人却是相当稀有的。所以，大多数的学究很少对事物感受到客观的兴趣。

2

　　独立、自为的思考与阅读书籍对我们的精神思想产生出不同的效果，其差别之大令人难以置信。所以，这种不同的效果把精神能力本来就有差别的不同人，更加持续拉大了各自之间的距离——因为根据思想能力的强弱，人们各自相应倾向于独立思考或者阅读他人的思想。也就是说，阅读所强加给我们的头脑的那些想法，是与我们在阅读时候的精神情绪和思想倾向并不相符的、陌生的和格格不入的，两者的不同就像图章和火漆——现在图章就要强行在火漆上压下印痕。这样，我们的头脑精神完全就是受到来自外在的压力去思考某一事情或某一道理，进行这样或者那样的思考活动；我们当时正好是既没有欲望也没有情绪。相比之下，在自发思考的时候，我们只是由着自己的兴致，而这即时的兴致则由外在的环境或者头脑中的某一记忆更详细地限定。也就是说，我们直观所见的外在环境并不像阅读物那样，把某一确定的见解强加给我们的头脑，而只是为我们提供了素材和机会。去思考与我们的头脑能力相称、与当下的情绪相符的事情。所以，太多的阅读会使我们的精神失去弹性，就像把一重物持续压在一条弹簧上面就会使弹簧失去弹性一样；而让自己没有自己思想的最稳妥的办法就是在空闲的每一分钟马上随手拿起书本。这种习惯解释了为何死记硬背的书呆子变得比原来更加头脑简单和更加愚蠢，他们的文字写作也失去了更上一个台阶的机会。[1]正如蒲柏[2]所说的，这些人始终是

　　不停地阅读别人，却不会被别人所阅读。

---

[1] 写作的人是那样的多，而思考的人又是那样的少。——叔本华注
[2] 蒲柏（Pope, Alexander, 1688—1744）：英国奥古斯都时期诗人和讽刺
　　作家。著有《批评论》《夺发记》等作品。——译者注

书呆子学究就是阅读书本的人，但思想家、天才、照亮这一世界和推动人类进步的人却直接阅读世事人生这一部大书。

3

归根到底，只有自己的根本思想才会有真理和生命力；因为只有自己的思想才是我们真正、完全了解的。我们所读过的别人的思想只是别人留下的残羹剩饭，是陌生人穿用过的衣服。

通过阅读获得的、属于别人的思想，与自身生发的思想相比，就像史前时代的植物化石痕迹与在春天怒放的植物相比较一样。

4

阅读只是我们自己思考的代替品。在阅读的时候，我们是被别人牵引着自己的思想。除此之外，许多书本的唯一用处只在于向我们表明错误的道路竟有如此之多，而我们一旦让自己听从其引导，就会拐入实在是不堪设想的迷途。但听从自己守护神的指引，亦即自发、独立、正确思考的人，却是掌握了能够找到正确路向的罗盘。所以，我们只能在自己的思想源泉干枯的时候才去阅读，甚至对头脑思想优秀的人来说，也是常有的事情。而赶走和消除自己的、具原始力度的思想，目的却只是阅读随手拿起的一本书——这样做就是对我们的圣灵犯罪。这样的人就好比为了察看植物标本或者观赏铜刻的大自然风景，而回避一望无际的大自然。

尽管有时候我们可以在一本书里轻而易举地现成找到自己几经艰辛、缓慢的思考和组合才得以发现的某一见解或某一真理，但是，经过自己的思维所获得的见解或真理却是价值百倍。这是因为，每一见解或真理，只有经过自己的思维才会真正融入我们的思想系统，才会成为这整体的一部分和某一活的肢节；才可以与我们总体的思想完美、牢固地联系起来，其根据和结果才可以为我们所了解，也才可以带上我们整个思维模式的色彩、色调和烙印；在我们需要的时候，这一认识才可以呼之即来，为我们所用；因此，这一见解或真理有其扎实的基础，再也不会消失。据此，歌德的这两行诗句在这里完全适用，并且也得到了阐释：

> 我们必须流下热汗，
> 才能重新拥有父亲留下的遗产。

也就是说，独立、自为思考的人只是在随后才了解到权威赞同自己的看法，而那些权威说法也只是确认了他的这些见解和增强了他的信心。相比之下，那些书本哲学家却从权威的看法出发，把阅读得来的别人的意见和看法凑合成一个整体。这样东凑西拼而成的思想整体就像一个由陌生、怪异的零部件组装而成的机器人，而独立、自为的思想整体却恰似一个活人。这是因为独立、自为的思想就以活人诞生的相似方式生成：外在世界让思考的头脑受孕，思想果实也就随后生成。

别人传授给我们的真理只是黏附在我们身上的假肢、假牙、蜡制鼻子，它顶多就是通过手术植皮安装的假鼻。但经过自己思考而获得的真理，却像自己天生的四肢——也只有这些东西才真正属于我们。思想家和书呆子学究的区别就在这里。因此，自己独立思考的人所能得到的智力上的收获，就像一幅生动、优美的图画：光、影准确无误，色调恰到好处，色彩和谐统一。但食古不化的学究却把自己的脑袋弄得就像一大块上面放满五彩缤纷、斑驳不一颜料的调色板：哪怕各种颜料放置很有条理，整块调色板仍旧欠缺和谐、连贯和含意。

5

　　阅读就是以别人的而不是自己的头脑思考事情。没有什么比别人观点的大量流入更有害于自己的思维活动了，而持续不断的阅读恰恰就是把大量陌生的、外来的观点引入我们的头脑。但只有经过自己的思维活动，一整套连贯、统一的思想才得以发展、形成，哪怕这一整体的思想严格来说还没完备。这是因为，这些陌生、外来的观点出自各个不同的头脑，分别属于不同的思想整体，其色彩也驳杂不纯；涌入我们头脑的这些大杂烩永远不会自动成为思想、观点和信念的一个统一体。相反，这些乱七八糟的东西很容易就会在头脑里造成巴比伦式的语言混乱；而一旦充塞着这些杂乱的聒噪，头脑从此就会失去一切清晰的见解，它也就接近解体和失序。这种情形见之于许多书呆子学究，其造成的后果就是在涉及健康理解力、正确判断力和实际生活的技巧与智慧方面，这些学究与许多没有多少文化的人相比也相形见绌，因为欠缺文化之人总是把从外在事物、实际经验、与人交谈和少许阅读所获致的点滴知识，屈从和并入自己的思想。而科学的思想者则在更大程度上这样做。也就是说，虽然这些科学的思想者需要很多的知识，并因此必须进行大量的阅读，但他们的头脑思想却足够强劲地把所有这些知识纳入控制之下，吸收、同化这些知识，使之并入自己的整体思想之中；很多知识也就被屈从于他们那有机、连贯的总体思想，伟大、出色的见解不断增加。在此他们的思维就像一架管风琴的基本低音那样统领着一切，从来不会被其他的音声所盖过。但书呆子学究所遭遇的恰恰是相反情形：在他们的头脑里面，就好像各种不同调子的音乐碎片相互干扰，基本的音调已经消失不见了。

6

那些把一生都花在阅读并从书籍中汲取智慧的人，就好比熟读各种游记以细致了解某一处地方。熟读某一处地方游记的人可以给我们提供很多关于这一处地方的情况，但归根到底，他对于这一处地方的实质情况并没有连贯、清晰和透彻的了解。相比之下，那些把时间花在思考上的人，却好比亲身到过这一处地方的游客：只有他们才真正懂得自己说的是什么；对于那一处地方的事情他们有一连贯的了解，谈论起这些事情的时候他们才真正是如数家珍。

7

平庸的书本哲学家与独立、自为思考的思想家相比，就跟历史的调查者与历史的目击证人之比；后者讲述的是自己对事情的亲身、直接的了解。所以，归根到底，所有独立、自为思考的思想者，相互之间是协调、一致的，他们之间看法的差别只是各自不同的立场角度。如果立场角度并没有不同，那他们就会说出同一样的东西，因为他们说出的只是自己的客观所见而已。我不止一次带着几分犹豫，把一些命题公之于众——因为它们有违通常的见解——但在这之后，我很惊讶也很高兴地在古老的伟大的思想家的著作里，发现了与我相同的见解。相比之下，那些书本哲学家却只是复述这一个人的看法和那一个人的意见，以及另外一个人对这些的异议，等等。他们把这些东西相互比较、再三权衡和斟酌、作出一定的评判——他们就以此方式试图找出隐藏在事物后面的真相。在这方面，书本哲学家酷似考据式的历史编纂学者。例如，他们会着手调查莱布尼茨[1]是否曾几何时信奉斯宾诺莎的哲学等诸如此类的

---

[1] 莱布尼茨（Leibniz, Gottfried Wilhelm, 1646—1716）：德国哲学家、自然科学家、数学家、哲学家。著有《单子论》等著作。——译者注

问题。证实我这里所说的最清晰的例子就是赫尔巴特[1]所写的《对自然权利和道德的分析说明》和《谈论自由的通信》。这种人不厌其烦所做出的种种努力或许会让我们觉得很奇怪，因为我们觉得，只需把眼睛专注于事情本身，做出一点点独立的思考，他们本来很快就可以达到目的。不过，这里面存在一点小小的困难，因为能否独立、自为地思考，并不是由我们的意愿所决定的。我们可以随时坐下来阅读，但却不可以随时坐下来思考。也就是说，思想就像客人一样：我们并不可以随时随心所欲传唤他们，而只能静候他们的光临。当外在的机会、内在的情绪和精神的集中程度巧妙、和谐地结合在一起以后，对某一事物的思考才能自动展开；而这种条件却是那些书本哲学家永远不会碰上的。甚至在思考与我们个人利益相关的事情时，整个过程也同样解释了我这里的说法。如果我们必须就诸如此类的个人事务作一决定，那我们并不可以在任意某一时间坐下来，细心考虑清楚各种根据和理由，然后作出决定。这是因为经常偏偏就在这个时候，我们难以全神贯注于要考虑的事情，而是思绪飘忽不定，想到别的事情了；而我们对思考这事情的不情愿和厌恶，有时候甚至是造成这一现象的原因。所以，我们不要强迫自己，而是应该静候适合思考事情的情绪自动到来。但这种情绪却经常是不期而至和重复出现，而我们不同时候的不同情绪，都会把不同的光线投向所审视的对象。这一缓慢的过程也就是我们惯常所说的深思熟虑。思考的任务必定定额分开，几次完成。这样，许多之前被忽略了的东西随后就会引起我们的注意；甚至我们厌恶和不情愿的心态也会慢慢在这过程中消失，因为我们讨厌思考的这些事情一旦被我们清晰把握以后，就会显得更加容易接受。同样，在思考理论问题时也必须等候恰当的时机，甚至具伟大思想能力的人也不是每时每刻都可以自发、自为地思考。因

---

[1] 赫尔巴特（Herbart, Johann Friedrich, 1776—1841）：德国哲学家和教育家，现代科学教育学的奠基者之一。——译者注

此，把自发思考之外的其他时间用于阅读是不错的做法，而阅读，正如我已经说过的，是自己思考的代替品，并且为我们的精神头脑提供了素材，因为在阅读的过程中别人为我们思考事情——虽然这始终是以某种并非我们自己的方式思考。正是因为这一原因，我们不应该太多地阅读；只有这样，我们的头脑才不会习惯于头脑的代替品和荒废了认识事物的能力。也就是说，只有这样，我们才不会蹈袭前人，不会因为跟随别人的思路而导致疏远和偏离自己的思维方式。我们最不应该只是为了阅读而完全逃离现实世界的景象，因为在观赏现实世界的时候，我们有着更多引发自己独立思维的外在机会与原因，适宜这些思考的情绪也比在阅读的时候更加频繁地出现。这是因为我们直观所见和现实的事物以其原初性和力度，就是我们思维的头脑所审视的天然对象；这些东西轻而易举就能刺激起我们的思想。

根据以上的思考，如果独立、自为的思想家与书本哲学家甚至在各自表述的方式上就已显现出高下，那我们是不会感到奇怪的。前者的表述莫不打上认真、直接和原初的印记，他们的思想观点和表述用语都出自他们对事物的体验；相比之下，书本哲学家所说的一切都是二手货色，包括传承下来的概念、东凑西拼的糟粕，呆板、晦暗、无力，就像印痕被再度复制。他们那由陈词、套语以及最新流行的时髦词汇所构成的文风，就像一个只流通外国货币的小国——因为这一小国本身并没有自己的钱币。

8

纯粹的经验跟阅读一样并不可以取代思考。纯粹的经验与思考的关系就等于进食与消化、吸收的关系。当经验吹嘘只有通过经验的发现才促进了人类知识的发展，那就无异于嘴巴吹牛说：整个身体的生存只是嘴巴的功劳。

9

　　真正有思想的作品与其他的泛泛作品的区别之处，就在于前者具有一种断然和确切的特质与连带由此而来的清晰、明了。这是因为有思想的人总是清晰、明确地知道自己要表述的是什么，而表述的方式可以是散文、诗歌或者乐音。而思想平庸的人却缺少这种干脆果断和清楚明晰。单从这一方面就可以马上把两种不同思想能力的人区别开来。

　　具备一流思想能力的人所带有的特质标记，就是他们所作出的判断都是直截了当、绝不含糊。他们所表达的东西是他们自己思考的结果，甚至表达其见解的方式也无一例外显示出这一点。因此，这些人在思想的王国就像王侯一样地具有一种王者般的直截了当；而其他人却迂回拐弯、顾左右而言他——这一点从他们那缺少自己特性的表达风格就已经看得出来。

　　由此可见，每一个真正的独立、自为思考的思想家就这一方面而言跟王侯相差无几：他的表达单刀直入，从来不会躲躲闪闪、畏首畏尾；他的判断就像君王签发的命令，同样是发自自身充足的力量，同样是直截了当地表达出来。这是因为这样的思想家并不会乖乖地采纳权威的看法，就像君王并不接受命令一样；相反，他只承认经自己证实了的东西。相比之下，思维庸常的人，头脑受制于各种各样流行观念、权威说法和世俗偏见；他们跟默默服从法律、秩序的普罗大众没有两样。

10

　　那些热切和匆忙搬出权威说法以定夺有争议问题的人，在请来别人的思想、见解作为救兵时，的确是洋洋得意，因为他们无法求助于自己的理解和观察——这些是他们所缺乏的。这一种人的数目极为庞大。正如塞涅卡所说的，"每个人宁愿相信更甚于判断"。所以，一旦出现了有争议的问题，权威的说话就成了他们共同用以击溃对方的武器。谁要是卷入这一类争辩之中，他可千万不要运用根据和论证以捍卫自己的观点。这是因为对付这样的武器，对手可是潜入无法思考和判断洪水里面的带角西格弗里德[1]。所以，只能把这些人认为权威的意见搬出来，作为"由于敬畏而有效的论据"，然后，就可以大声呐喊："冲啊！胜利了！"

11

在现实的王国里，虽然有时候是那样的美丽、迷人和惬意，但我们总是只活动在一种需要不断克服的沉重气氛之下，但在思想的王国里，我们却成了不具肉身的精灵，既没有了重负也没有了困苦。所以，一副精妙、丰富的思想头脑在某奇妙一刻在自身所寻觅到的幸福，就是这地球上任何幸福都无法比拟的。

12

头脑中的思想就跟我们的恋人一样：我们以为永远不会忘掉这一思想，我们的恋人也永远不会变心；但眼不见，心不念！最精妙的思想如果不是写下来的话，也有可能从此无法挽回地失之遗忘，而我们的恋人除非与我们缔结了婚姻，否则也有可能跟随了别人。

13

一个人可以产生很多对他本人极具价值的思想，但在这里面只有寥寥可数的思想能够具备能力经由共鸣或者反射（Widerschein）而照样

---

[1] 德国中古神话中的英雄人物。——译者注

发挥出效果。也就是说，只有不多的思想在写下来以后仍能吸引读者的兴趣。

14

但是，我们从一开始就纯粹是自发、自为想出来的东西，才具有真正的价值。也就是说，我们可以把思考者分为两类：首要是自发、自为思考的人和随时为了其他别样的目的思考的人。前一类是真正的、具双重含意的自发、自为的思想者；这些人是真正的哲学家。这是因为只有这种人才会认真、严肃地对待所思考的问题；他们生存的快乐和幸福也就在于思想。而后一类则是诡辩者；他们只是想表现出有思想的样子，并希望以这副样子从别人那里获得利益——这些才是这种人的幸福所在，他们也只在这方面用心。从一个人表达思想的方式和方法，我们可以很快就看出他究竟属于上述哪一类人。利希腾贝格[1]是第一类人的例子，赫尔德[2]则属于第二类。

15

存在的问题是多么的巨大和迫切——这一问题迎面而来，无法回避！这一存在是那样的隐晦不明、充满着疑问，它饱受着痛苦折磨，匆匆即逝、如梦如幻！对这一巨大、迫切的不解之谜一旦有所意识，其他的问题和目标就全都显得不足挂齿了。与此同时，除了稀有的极少数例

---

[1] 利希腾贝格（Lichtenberg, Georg Christoph, 1742—1799）：德国物理学家兼讽刺作家。著有《英伦书简》等作品。——译者注
[2] 赫尔德（Herder, Johann Gottfried von, 1744—1803）：德国批评家、哲学家及路德派神学家，浪漫主义运动的先驱。著有《关于人类灵魂的认识和感觉》等著作。——译者注

外情形，我们看见的几乎所有人，都似乎没有清晰意识到这一问题——事实上，他们好像不曾对此问题有丝毫的察觉。这些人关注其他的一切更甚于存在的问题；他们过一天算一天，也不曾稍微长远一点点考虑自己个人的将来，因为他们要么明白无误地拒绝考虑这一问题，要么就是心甘情愿地将就接受某一套大众形而上学，并以此得到满足。如果我们仔细考虑到上述所有这些，那我们就会得出这样的见解：人之被称为思想的生物，那只是在广泛的意义上而言；这样，我们就不会大惊小怪于人们头脑简单和不动脑筋的特性。相反，我们就会意识到正常人的智力视野虽然超过了动物——动物由于对将来、过去都没有意识，其整个生存就好比唯独只是现时——但是，人的思想视野也并非像人们普遍认为的那样远远超出了动物。与我上述相应的事实就是：甚至在谈话中，我们也发现大部分人的思想短浅、突兀，就像割断了的干草一样破碎；从这些支离破碎的思想里面，我们无法理出稍长一点的主线。

　　如果居住在这一地球上的人是真正的思想生物，那人们就不可能对各种各样，甚至是漫无目的和惊人的噪音坐视不理，听其为所欲为。如果大自然真的要人思考的话，她就不会给人以耳朵，她起码会给人配备一副密封的、可以关闭的耳朵，就像我所羡慕的蝙蝠的那种耳朵。但是，人就像其他生物一样，其实只是可怜的动物，人的能力配备也只是为刚好能够维持自己的生存而设。为此理由，人们需要随时张开耳朵，自动自觉通知自己追捕者的到来，不管是白天还是黑夜。

论阅读和书籍

1

无知只是在与财富结伴时才会丢人现眼。穷人为穷困和匮乏所苦，对于他们来说，劳作代替了求知并占据了他们的全副精神。相比之下，有钱、但无知无识的人却只是生活在感官快乐之中，跟畜生没有什么两样，这可是司空见惯的情形。另外，这种有钱的无知者还配受到这样的指责：财富和闲暇在他们的手里不曾得到充分的利用，并没有投入到使这两者陡具极大价值的工作中去。

2

在阅读的时候，别人的思考代替了我们自己的思考，因为我们只是重复着作者的思维过程。这种情形就好比小学生学写字——他用羽毛笔一笔一划地摹写教师写下的字体。因此，在阅读的时候，思维的大部分工作是别人帮我们完成的。这就解释了为何当我们从专注于自己的思想转入阅读的时候，会明显感受到某种放松。但在阅读的时候，我们的脑袋也就成了别人思想的游戏场。当这些东西终于撤离了以后，留下来的又是什么呢？这样，如果一个人几乎整天大量阅读，空闲的时候则只稍作不动脑筋的消遣，长此以往就会逐渐失去自己独立思考的能力，就像一个总是骑在马背上的人最终就会失去走路的能力一样。许多学究就遭遇到这种情形：他们其实是把自己读蠢了。这是因为一有空闲时间就马上重新接着进行持续的阅读，这对精神思想的摧残甚至更甚于持续的手工劳作，因为在从事手工操作时，我们毕竟还可以沉浸于自己的思想之中。正如弹簧持续受到重压最终就会失去弹性，同样，我们的头脑会由于别人思想的持续侵入和压力而失去其弹性。正如太多的食物会搞坏我们的肠胃并因此损害了整个身体，同样，太多的精神食物会塞满和窒息我们的头脑。这是因为我们阅读得越多，被阅读之物在精神上所留下的痕迹就越少——因为我们此时的头脑就像一块密密麻麻重叠写满了东西的黑板。这样，我们就无暇重温和回想[1]，而只有经过重温和回想我们才能吸收所阅读过的东西，正如食物并非咽下之时就能为我们提供营养，而只能在经过消化以后。如果我们经常持续不断地阅读，在这之后对所阅读的东西又不多加琢磨，那这些东西就不会在头脑中扎根，其大部分就会失之遗忘。总的来说，精神营养跟身体营养并没有两样，我们咽下的东西真正被我们吸收的不及五十分之一，其余的经由蒸发、呼吸和其他方式消耗掉了。

另外，付诸纸上的思想总的来说不外乎就是在沙滩上走路的人所留下的足迹。不错，我们是看到他所走过的路，但要知道这个人沿途所见之物，那我们必须用自己的眼睛才行。

3

我们并不可以通过阅读有文采的作品而掌握这些文采素质，这些包括，例如，丰富的形象、生动的比喻和雄辩的说服力；大胆直率或者尖刻讽刺的用语，简洁明快或者优美雅致的表达；除此之外，还有语带双

---

[1] 事实上，不间断和大量阅读新的东西只能加速忘记在这之前所阅读过的东西。——叔本华注

关的妙句、令人眼前一亮的醒目对仗、言简意赅的行文、朴实无华的风格，等等。不过，观摩这样的文笔却可以引发我们自身已经具备的这些潜在素质，使自己意识到自己所具备的内在素质；同时也了解到能够把这些素质发挥到怎样的程度。这样，自己也就更加放心地顺应自己的倾向，甚至大胆发挥这些才能。从别人的例子，我们就可以鉴别运用这些才能所产生出来的效果，并由此学习到正确发挥这些才能的技巧。只有这样，我们才实际拥有了这些才能。所以，这是阅读唯一能够培养我们写作的地方，因为阅读教会了我们如何发挥和运用自身天赋能力的方法和手段——前提当然始终是我们本身已经具备这些天赋。但如果自身欠缺这些素质，那无论怎样阅读也都于事无补——除了勉强学到一些死板、僵硬的矫揉造作以外；以此方式我们就只成了肤浅的模仿者。

4

为了我们眼睛的健康起见，卫生官员应该监察印刷字体的大小，以防它们小于一定的限度。（我 1818 年在威尼斯的时候，那种真正的威尼斯饰链还有人制作。一个首饰匠告诉我，那些制作微型饰链的匠人过了三十年以后眼睛就瞎了。）

5

正如地球的岩石层逐层依次保存着以往年代的生物躯壳，同样，图书馆的书架上也按照时间顺序保存着以往年代的错误观点及其陈述——这些东西曾几何时，就像那些以往年代的生物一样，活蹦乱跳、得意于一时，并且也确实造成了一定的轰动。但现在它们却化石般地一动不动地呆在图书架上，也只有研究古籍的人才会向它们打量一眼。

6

据希罗多德[1]所言，波斯国王泽克西斯一世眼看着自己一望无际的大军时不禁潸然泪下，因为他想到过了一百年以后，这里面的人没有一个还会活着。而看着那厚厚的出版物目录，并且，考虑到所有这些书籍用不了十年的时间就会结束其生命——面对此情此景，谁又能不伤心落泪呢？

7

文字作品跟生活别无两样：在生活中我们随便都会碰见不可救药的粗鄙之人，到处都充斥着他们的身影——就像夏天那些玷污一切的苍蝇；同样，数目庞大的坏书、劣书源源不断、层出不穷——这些文字作品中的杂草夺走了麦苗的养分，并使之窒息。也就是说，这些坏书、劣书抢夺了读者大众的时间、金钱和注意力，而所有这些本应理所当然地投入到优秀的书籍及其高贵的目标中去。不少人写作就是为了获得金钱或者谋取职位。所以，这样写出来的东西不仅毫无用处，而且是绝对有害的。我们当今十分之九的文字作品除了蒙骗读者，从其口袋中抠出几个铜子以外，再没有别的其他目的。为此共同的目的，作者、出版商、评论家绝对是沆瀣一气、狼狈为奸。

那些多产的写作匠、为面包而挥舞笔杆子的人所成功使用的一个招数相当狡猾和低级，但却效果显著，时代的良好趣味和真正的文化修养也难与之匹敌。也就是说，他们像玩弄木偶般地牵引着有一定趣味的有闲公众，训练他们养成与出版物同步的阅读习惯，让他们都阅读同一

---

[1] 希罗多德（Herodotus，前484—前425）：希腊历史学家。著有《历史》等著作。——译者注

样的，亦即最新、最近出版的东西，以获得茶余饭后在自己圈子里的谈资。那些出自一些曾经享有一定文名的作者，例如，斯宾德勒[1]、布瓦尔[2]、欧仁·苏[3]等劣质小说和差不多性质的文章，也都是服务于同样的目的。既然文学艺术的读者群总是以阅读那些最新的作品为己任，这些粗制滥造的东西是极为平庸的头脑为了赚钱而作，也正是这一原因，这一类作品可是多如牛毛——而作为代价，这些读者对于历史上各个国家曾经有过的出色和稀有的思想著作也就只知其名而已，那么，还有比这更加悲惨的命运吗？！尤其是那些文艺杂志和日报就更是别有用心地抢夺了爱好审美的读者的时间——而这些时间本应投入到真正优美作品中去，以修养和熏陶自己，而不是消磨在平庸之人每天都在推出的拙劣作品上面。

因为人们总是阅读最新的，而不是所有时代中最好的作品，所以，作家们就局限于时髦和流行观念的狭窄圈子里，而这个时代也就越发陷入自己的泥潭之中。因此，在挑选阅读物的时候，掌握识别什么不应该读的艺术就成了至为重要的事情。这一艺术就在于别碰那些无论何时刚好吸引住最多读者注意的读物——原因恰恰就是大多数人都在捧读它们，不管这些是宣扬政治、文学主张的小册，抑或是小说、诗歌等。这些东西轰动一时，甚至在其寿命的第一年，同时也是最后一年竟然可以多次印刷。并且，我们必须牢记这一点：那些写给傻瓜看的东西总能找到大群的读者；而我们则应该把始终是相当有限的阅读时间专门用于阅读历史上各个国家和民族所曾有过的伟大著作，记住写出这些著作的可是出类拔萃的人，他们所享有的后世名声就已表明了这一点。只有这些人的著作才能给我们以熏陶和教益。

---

[1] 斯宾德勒（Spindler，1796—1855）：德国历史消遣小说作家。——译者注
[2] 布瓦尔伯爵（1803—1873）：英国小说家和政治家。——译者注
[3] 欧仁·苏（1804—1857）：法国小说家，以《巴黎的秘密》闻名。——译者注

坏的东西无论如何少读也嫌太多，而好的作品无论怎样多读也嫌太少。劣书是损害我们精神思想的毒药。

阅读好书的前提条件之一就是不要读坏书，因为生命是短暂的，时间和精力都极其有限。

8

读者大众喜好追读不时冒出的、今人关于古代某某作者或者某某伟大思想家的评论文章或书籍，而不是去阅读古代作者或思想家的原著。原因就在于大众只愿意阅读最新才印刷出来的东西，并且，"相同羽毛的鸟聚在一起"。这样，对于读者大众来说，当今那些乏味、肤浅的人所写出的沉闷、唠叨的废话，比起伟大思想家的思想更加亲切，也更有吸引力。我很感激自己的好运，因为在年轻的时候我就有幸看到施莱格尔[1]的这一优美格言——从那以后，这一格言就成了我的座右铭：

认真阅读真正的古老经典，
今人对它们的评论并没有太多的意义。

啊，各个平凡庸常的头脑是多么的千篇一律！他们的思想简直就是出自同一个模子！同一样的场合让他们产生的只是同一样的想法！除此之外，还有他们那些卑微、渺小的目的和打算。这些小人物不管唠叨些什么毫无价值的无聊闲话，只要是新鲜印刷出版，傻乎乎的读者大众就会追捧它们，而那些伟大思想家的巨作却静静地躺在书架上，无人问津。

---

[1] 施莱格尔（Schlegel, Friedrich von, 1772—1829）：德国作家和批评家。——译者注

读者大众的愚蠢和反常是令人难以置信的,因为他们把各个时代、各个民族保存下来的至为高贵和稀罕的各种思想作品放着不读,一门心思地偏要拿起每天都在涌现的、出自平庸头脑的胡编乱造,纯粹只是因为这些文字是今天才印刷的,油墨还没干透。其实,从这些印刷物诞生的第一天起,我们就要鄙视和无视它们,而用不了几年的时间,这些劣作就会永远招来其他人同样的对待。这些印刷物只为人们嘲弄逝去的荒唐年代提供了笑料和话题。

9

无论何时,都有两种并行发展却互不相干的文字作品:一种是货真价实的,另一种则只是表面上这样。前者渐变而成永恒的作品。在这一方面努力的人是为科学或者文艺而生的人;他们执著认真、不作张扬,但步子却极为缓慢地走在自己的道路上。而在欧洲一个世纪也产生不了十来部这样的作品,但这些作品却能持久存在。另一类文字作品的追随者却是以科学或者文艺为生;他们跃马扬鞭,伴随着他们的是利益牵涉其中的人所发出的喧哗和鼓噪。每年他们都会把千万本作品送进市场。但用不了几年的时间,人们就会发问:这些作品现在在哪儿了?那些人所享有的早熟和轰动一时的名声现在又到哪儿去了?所以,我们可以把这一类的文字作品形容为流水般的一去不返,而前一类的文字作品则是静止、常驻的。

10

如果在买书的同时又能买到阅读这些书的时间,那该有多好!但是,人们经常把购买书籍错误地等同于吸收和掌握这些书籍的内容。
期望读者记住他所读过的所有东西,就等于期望他的肚子留住他所吃过的所有食物。食物和书籍是读者在身体上和精神上赖以为生的东西，这些使他成了此刻的样子。但是，正如人的身体只吸收与身体同类的食物，同样，每一个人也只记住让他感兴趣[1]的事情，亦即与他的总体思想或者利益目标相符的东西。当然，每个人都会有自己的利益目标，但却很少人会有近似于总体思想的东西。所以，人们对事情不会有客观的兴趣，他们所读的东西因此原因不会结出果实：因为他们留不住所读过的任何东西。

"复习是学习之母。"每一本重要的书籍都必须一气呵成连续读上两遍。原因之一是在阅读第二遍的时候，我们会更好地理解书中内容的整体关联，而只有知道了书的结尾才会明白书的开头；原因之二就是在第二次阅读的时候，我们的心境、情绪与在第一次阅读时已经有所不同。这样，我们获得的印象也会不一样。情形就好比在不同光线之下审视同一样的物体。

一个人的著作是这个人的思想精华。所以，尽管一个人具有伟大的思想能力，但阅读这个人的著作总会比与这个人的交往获得更多的内容。就最重要的方面而言，阅读这些著作的确可以取代，甚至远远超过与这个人的近身交往。甚至一个才具平平的人所写出的文字也会有一定的启发意义，能够给人以消遣并值得一读——原因正在于这些东西是他思想的精华，是他所有思考、研究和学习的结果；而与这个人的交往却不一定能令人满意。因此，与某些人的交往无法给予我们乐趣，但他们写出的作品却不妨一读。所以，高度的思想修养逐渐使我们完全只从书本，而不是具体的个人那里寻找消遣和娱乐。

没有什么比阅读古老的经典作品更能使我们神清气爽的了。只要随便拿起任何一部这样的经典作品，哪怕读上半个小时，整个人马上就会感觉耳目一新，身心放松、舒畅，精神也得到了纯净、升华和加强，感

---

[1] "interesse" 一词同时兼有"兴趣"和"利益"的意思。——译者注

觉就犹如畅饮了山涧岩泉。这到底是因为古老的语言及其完美的特性，还是因为这些古典作家保存在著作里的伟大思想，虽历经数千年仍然完好无损，其力度也不曾减弱分毫？或许两种原因兼而有之吧。但是，这一点是肯定的：人们一旦放弃了学习古老语言——现在就存在这种威胁——那新的文字作品就将前所未有地充斥着肤浅、粗野和没有价值的涂鸦文字。尤其是德语这一具有古老语言不少优秀特质的语言，现在就正受到"当代今天"的拙劣文人有步骤地和变本加厉地破坏和摧残；这样，越加贫乏和扭曲的德语也就逐渐沦为可怜的方言和粗话。

我们有两种历史：政治的历史和文学、艺术的历史，前者是意欲的历史，后者则是智力的历史。所以，政治的历史从头到尾读来让人担忧不安，甚至是惊心动魄。整部这样的历史无一例外都是充斥着恐惧、困苦、欺骗和大规模的谋杀。而文学、艺术的历史却读来让人愉快和开朗，哪怕它记录了人们曾经走过的弯路。这种智力历史的主要分支是哲学史：它是智力历史的基本低音，其发出的鸣响甚至传到其他的历史中去，并且，在别的历史中也从根本上主导着观点和看法。所以，正确理解的话，哲学也是一种至为强大的物质力量，虽然它作用的过程相当缓慢。

11

对于世界历史来说，半个世纪始终是一段长的时期，因为它的素材源源不断，事情永远都在发生。相比之下，半个世纪并不会为文字写作的历史带来多少东西，因为什么事情都不曾发生——滥竽充数者的胡来跟这种历史却是毫无关系。所以，五十年过去以后，我们仍然是在原地踏步。

为把这种情形说清楚，我们可以把人类知识的进步跟一颗行星的轨迹相比，而在取得每一次显著进步以后，人类通常很快就会步入弯路——可以用托勒密周转线（Ptolemaische Epicykeln）表示。在走完每一圈这样的周转线以后，人类重又回到这一周转线的出发点。但那些伟大的思想者却不会走进这些周转线——他们的确引领人类沿着行星的轨道前行。由此可以解释，为何获得后世的名声，经常必须是以失去同时代人的赞许为代价，反之亦然。

与事物这种发展过程相关的事实就是大约每过三十年，我们就可看到科学、文学或者艺术的时代精神宣告破产。也就是说，在这一段时间里，种种的谬误越演越烈，直至最终被自己的荒谬所压垮，而与这些谬误对立相反的意见与此同时却增强了声势。这样，情形就发生了变化，但接下来的谬误却经常走向了与这之前的谬误相反的方向。这些事实正好为文学史提供了实际的素材，以表现事物发展过程中的周期性反复。但文学史却偏偏没有着意这方面的素材。

与我所描述的人类进步轨迹互相吻合的是文字写作的历史：其大部分的内容不外乎陈列和记录了众多早产、流产的文字怪胎。而为数不多的自降生以后成长起来的作品却用不着在这一历史中寻找，因为这些作品永远鲜活、年轻地存留人间，我们无论身在何处都可以碰见这些不朽之作。只有这些作品才唯一构成了我在上面已经讨论的、属于真正的文字作品；而记载这些的历史包含的人物并不多。这一历史我们是从有思想文化修养的人的嘴里，而不是首先从教科书的大纲和简编中了解到的。

但我希望将来有朝一日，有人会编写出一本文学的悲惨史——这将记录下那些傲慢炫耀本民族伟大作家和艺术家的各个国家，这些人物在生之时，究竟是如何对待他们的。这样一部悲惨历史必须让人们注意到：所有真正的、优秀的作品无论在哪个时候、哪个地方，都要与总是占据上风的荒唐、拙劣的东西进行没完没了的恶斗；几乎所有真正的人类启蒙者，几乎所有在各个学问和艺术上的大师都是殉道者；除了极少数的例外，这些非凡的人物都在贫困苦难中度过自己的一生，既得不到人们的承认和同情，也没有学生和弟子，而名声、荣誉和财富则归于在这一学科中不配拥有这些东西的人，情形就跟以扫的遭遇[1]一样：长子以扫为父亲捕猎野兽，他的孪生弟弟雅各却在家里穿上以扫的衣服骗取了父亲的祝福。但是，尽管如此，那些伟大人物对其事业的挚爱支撑着他们，直至这些人类教育家的苦斗终于落幕——长生不朽的月桂花环此时向他们招手了，这样的时分也终于敲响了：

> 沉重的铠甲化为翅膀的羽毛，
> 短暂的是苦痛，恒久的是欢乐。

——席勒：《奥尔良的年轻太太》

---

[1] 见《旧约全书·创世纪》第27章。——译者注

论历史

我在《作为意欲和表象的世界》第 1 卷第 51 章已经详细表明和解释了为何对于认识人的本质来说，文学比历史贡献更大——因为我们能够从文学那里获得更多真正的教诲。亚里士多德也认识到这一点，因为他说过：

> 诗歌、文学艺术比历史更具哲理和价值。
>
> ——《诗学》

不过，为了避免人们对历史的价值产生误解，在此我想向读者谈一谈我对历史的看法。

在每一种或者每一类事物当中，事实不计其数，单一、个体之物无穷无尽，它们各自之间多种多样的差别是我们所无法把握的。对林林总总的这些只需看上一眼，就会让乐于求知的头脑感到阵阵眩晕；这些求知者也就会意识到：无论自己如何查询和探求，都始终是难逃茫然无知的厄运。但科学出现了：科学把数不胜数的事物区别开来，分门别类，次第纳入种、类的概念之下。这样，科学就为我们打开了认识普遍事物和特殊事物之门。这种认识涵括无数单个之物，因为这种认识适用所有事物，我们也就用不着逐一考察个别的事物。科学以此方式让喜好探究的人得到了安慰和满足。然后，各门科学结合一起，覆盖了现实世界中的各个单一之物，因为这些单一之物被各种科学瓜分和纳入了自己的范围之内。但翱翔在各门科学之上的却是哲学，因为哲学作为一门关于最普遍、并因此是最重要内容（事物最普遍的一面）的学问，有望给予我们对事物的说明和解释，而其他学科则只是为走到这一步作准备功夫而已。不过，历史却无法跻身科学的行列，因为历史并没有其他科学所享有的优势：它欠缺了科学把已知的东西加以归纳、分类的基本特性。历史能做的只是罗列已知的事实。因此，与其他所有别的科学不一样，历史并没有一个体系。所以，历史虽然是一门知识（Wissen），但却不是一门科学（Wissenschaft）。这是因为历史始终无法通过普遍的事物认识到个别的事物；历史只能直接领会单一、个别的东西。这样，历史就好比是沿着经验的实地匍匐而行。而真正的科学却翱翔在经验之上，因为这些科学获得了涵括事物的概念。借助这些概念就掌握了个别之物，并且至少在某一限度之内预见到了事物在其范围内的种种可能，对于将要出现的事情心中能够感到踏实。科学既然是概念的体系，科学讨论的也就始终是事物的类别，而历史则讨论单个之物。这样，历史就只能是关于单个之物的科学，但这样的称呼本身就是自相矛盾的。从上述"科学讨论的始终是事物的类别"这一句话，也可以引出这样的推论：一切科学所讨论的始终是永远存在之物，而历史所讨论的则是只存在一次、以后不再的东西。再者，由于历史所涉及的是全然单一和个别的人或事，而这些单一、个别的人或事根据其本质，又是难以深究到底的，所以，历史对这些单一事情的认识就只是一知半解、有欠彻底。与此同时，历史还要从新的、平凡无奇的每一天里了解到历史仍未知晓的东西。假设有人提出反驳，认为历史也有把特殊的人或事归入普遍性之下，因为不同的时期、政权的更迭，以及许多重要的、社会的变迁———一句话，所有在历史表格上找到位置的东西，都是普遍性的东西，而特别之人或时则隶属其中——那持这一反驳意见的人就是错误理解了普遍性的概念，因为在这里提出的历史中的普遍性只是主观的普遍性。也就是说，这样的一种普遍性纯粹只是由于欠缺对事物的个别了解所致，而不是客观的，亦即确实对事物多方了解和思考以后得出的概念。在历史中就算是最具普遍性的，其本身也只是单一、个别之物。也就是说，某一长的时段或者某一大的事件：特殊、个别的时段或事件与这长的时段或大的事件的关系，就犹如部分之于整体，而不是实例之于规律。就像所有真正的科学那样，因为科学提供的是概念，而不只是罗列事实。因此，在科学里，正确掌握了普遍性的概念以后，我们就可以确切断定所出现的个别、特殊的情形。例如，假设我知道三角形的普遍法则，我就能根据此法则说出随便摆在我面前的一个三角形所应有的特质。知道了适用所有哺乳动物的规律情形以后，例如，这些动物都有两个心室、正好七块颈椎骨，还有肺部、隔膜、膀胱、五感官等，那在我刚刚捕捉到的还没认识、还没进行解剖的蝙蝠身上，我也可以说出上述哺乳动物的身体情形。但历史可不是这个样子：在历史里面，普遍性并不是概念中客观的普遍性，而只是我的认识中的主观看法。这样的一种普遍性，勉强称得上普遍性的话，那就只能是皮毛、肤浅的普遍性。所以，我或许"大概"[1]地知道"三十年战争"，亦即发生在 17 世纪的一场宗教战争，但这一概念性质的认识并非就可以让我更详细地陈述这场战争的情形。科学普遍性和历史普遍性之间的对比也同样反映在这一事实：在真正的科学里，个别、特定之物是最确切、最可靠的东西，因为我们是透过直接感知对这些东西有所了解，而普遍的真理却是首先从直接感知那里抽象出来的。因此，普遍真理里面的某些东西有可能是错误的假定。但在历史中却是相反的情形：最普遍的也就是最确切、可靠的。例如，各个时期、各个朝代，曾经爆发的革命、战争的年代以及天下太平的日子。相比之下，个别的事件及其相互间的关联却有欠确切；人们越是细究个别的情形，对其的了解就越变得模糊、不确。所以，虽然历史的叙述越专

---

[1] 翻译成"大概"的德语词组（"Im Allgemeinen"），直译就是"在普遍性方面"。——译者注

门就越有趣，但这同时也就变得越不可靠，在各方面也就越接近杜撰的小说。此外，要衡量一下自我吹嘘的历史实用主义能有多少价值，我们只需回想到：就算是自己生活中的事件，要懂得其相互之间的关联，有时也要等到二十年以后，虽然这方面的资料充足完备。这是因为在偶然和变故不断干扰、目的意图又被遮蔽起来的情况下，把动因各自发挥的作用结合起来是那样的困难。只要历史始终只以个别之物、单一的事实作为其关注的对象，并把这些对象视为唯一的真实，那历史就与哲学恰恰相反，因为哲学着眼于事物的普遍的一面，其关注的对象明确就是同样存在于每一个别之物的事物的普遍性。所以，哲学在个别事物当中永远只看到属于普遍性的东西，而个别之物所发生的现象变化则被视为无关重要的。"哲学家是普遍性的朋友。"历史教导我们说，在每一不同的时间都有不同的东西，但哲学则着力帮助我们获得这一见解：在任何时候——过去、现在、将来——都只是同一样的东西。真正说来，人类生活的本质，一如随处可见的大自然，在某一现时此刻都是完整地存在。因此，要透彻了解人类生活的话，需要做的只是对其作深度的理解。但历史却希望以长度和宽度来取代深度。对于历史来说，某一现时此刻就只是断片，必须以过去作补足，但过去却是无尽的，并且在这之后又接着无尽的将来。哲学头脑和历史头脑之所以形成对立就在于前者极力深究，后者则打算把事情一一细数到底。历史在其每一页都只显示着同一样的东西，虽然外在的形式各个不同。但谁要是无法认出藏在这样或者那样外在形式下面的同一样东西的话，那他尽管看遍所有的外在形式，也难以对这同一样的东西有所认识。国家、民族历史的篇章，归根到底只是以名字和年号互相区别开来，里面实质性的内容永远是一样的。

因此，只要艺术的素材是理念，而科学的素材是概念，那艺术和科学所从事的就都是永恒存在，并且永远以同样方式存在之物，而不是现在是、过一会儿又不是，现在是这样、过一会儿又是那样的东西。正因此，艺术和科学所关注的，就是被柏拉图列为真正学问的唯一对象的东西。相比之下，历史的素材却是个别、零星之物及其细节，还有个中的种种偶然、变故，是只存在一次、以后永远不再的东西，是错综复杂、风中流云般变幻不定的人类世界——在这里，小小不起眼的变故经常就可以改变一切。从这一观点出发，历史的素材看上去似乎并不值得人们对其认真、勤勉地观察和思考。正因为这考察的对象是那样的倏忽、短暂，我们就应该选择并非倏忽、短暂的东西作为考察的对象。

最后，由黑格尔那扭曲思想、毒害精神的虚假哲学所特别刮起的风气，亦即力图把世界历史理解为一个有着预先计划的发展整体，或者用这些人的话说，要"有机地构筑起历史"——其根源其实就是一种粗糙、庸俗的唯实主义（Realismus）。这样一种唯实主义把现象视为这一世界的自在本质，误以为现象及其形态和事件才是重要的。另外，上述努力悄悄地得到了某些神话基本观点的支持——这些基本观点一早就作为前提被确定了下来。情况如果不是这样的话，那人们可能就会提出这一问题：这样的一出人间喜剧到底是为了哪一位观众而上演？这是因为既然只有个人，而不是人类整体，才具有真正、直接的统一意识，那么，人类生活进程的统一体就只是一种虚构。此外，正如在大自然只有物种（Species）才是真实的，物类（genera）只是抽象而已，同样，在人类中也只有个人及其生活过程才是真实的，民族及其生活则只是抽象概念。最后，虚构出来的历史体系在乐观主义的引导下，发展到最后无一例外就是这样的国家：人民食物营养充足、舒适愉快、心宽体胖，国家有着井然有序的体制、优秀的司法和警察、发达的工业和技术；最多再加上智力得到完美改善——因为这最后者就是事实上唯一可能做到的，而属于道德上的东西在本质上是无法改变的。但是，根据我们内心意识的证词，一切却都取决于我们内在的道德成分，而这些道德成分唯独只存在于个人，具体则表现为这个人的意欲方向。其实，只有个人的生活历程才会有内在的关联、统一和真正的含意：这样的一生可被视为一种教训，其含意则是道德方面的。只有内在的事件——只要这些事件涉及意欲——才具有真正的现实性，并可称为真实的事件，因为只有意欲才是自在之物。在每一微观世界里面都有着完整的宏观世界，而宏观世界所包含的也不外乎就是微观世界。多样性是属于现象的，外在事件只是现象世界的造型，因此并不曾直接具备了现实性和含意，而只是间接、经由这些外在事件与个体意欲的关系才具有了现实性和含意。所以，试图直接说明和注释这些外在事件就好比是要在变化多端的云里看出人和动物一样。历史所讲述的，事实上不过就是人类漫长、沉重和混乱不清的大梦而已。

那些把历史哲学甚至视为所有哲学的首要目标的黑格尔信徒，应该看一看柏拉图是怎么说的。柏拉图不知疲倦地反复强调：哲学探究的对象是那永恒存在、永远不变之物，而不是一会儿是这样，另一会儿又是那样的东西。所有那些构筑起世事发展进程，或者照这些人的说法，构筑其“历史”的人，并不曾把握所有哲学都宣讲的这一首要真理，亦即任何时候都是同一样的东西，一切生、灭、变化只是看上去是生、灭、变化；只有理念才是长驻的，时间是观念而已。柏拉图是这样说的，康德也是这样说的。所以，我们必须试图明白存在的、真实的是什么，今天乃至永远都存在的是什么，亦即认识理念（柏拉图意义上的）。相比之下，愚蠢的人们却以为总会有别样新的东西出现。因此，他们在其哲学中为历史腾出了首要的位置，并根据某一预先假定了的世事发展计划而构筑起历史。一切世事的发展都根据这一假定的世事发展计划得到了最好的指引。到最后这一计划终于大功告成：那将是皆大欢喜、普天同庆的结局。正因为这样，这些人就把这一世界视为百分之百的真实，认为这个世界的目的就是得到可怜巴巴的世俗幸福。而这种世俗幸福尽管得到了人们悉心经营，外加命运的垂青，也不过就是某种空壳、虚幻、凄凉和不堪一击的东西，无论是法律、制度，还是蒸汽机、电报机都无力改善这种幸福的本质。上述的历史哲学家和历史颂扬者因此就是头脑简单的唯实主义者，同时也是乐观主义者和幸福论者。这些人也就是平庸之辈，是菲利斯丁人[1]的化身。他们同时也是的确差劲的基督徒——因为基督教的真正内核和精神与婆罗门教和佛教一样，就是看清和彻底蔑视这本质虚无的尘世幸福，转而寻求一种完全不同，甚至是相反的存在。这就是，我再重复一遍，基督教的思想和目标是"事情的精髓"（《亨利五世》第2幕第1景），而并非他们所以为的一神论。所以，并不认为某一至高无上的神主宰这一世界的佛教恰恰比乐观的犹太教及其变异——伊斯兰教——都更接近于基督教。

因此，真正的历史哲学不应该像上述那些人那样考察永远在形成、但永远不存在的东西（借用柏拉图的话说），并把哲学认定就是事物的真实本质，而是要着眼于永远存在、永远不会消逝之物。这样的历史哲学因而并不会把人们一时的目标奉为永恒和绝对，然后就把人们一步步迈向和实现这些目标的情形以想象力巧妙地构筑起来，而是扎根于这样的认识：历史不光在其论述、编排中有违真实。其实，论述的本质就已经是带欺骗性的，因为历史总是把所讲述的纯粹个人、个别的事情当作是某种别样的东西给予我们。其实，历史所谈论的，从开始到结束，翻来覆去不外乎就是改变了名字和套换了不同外衣以后的同一样东西。真正的历史哲学是建立在这样的认识基础之上：尽管变化无穷无尽，但我们眼前所见的永远就只是不变的同一样本质，它一如既往、恒久如一。这种历史哲学因而应该在发生的所有事件当中——无论古今，不管是东方还是西方——都认出那同一样的东西；并且，尽管各地之间在风俗、人情、习惯、道德风尚等各有差别，但历史哲学所发现的始终是同一样的人性。这同一样的、在各种形式变幻中岿然不动的东西就是人的心、脑基本素质，相当差劲的居多，属于好的寥寥无几。历史所信奉的格言必须是"外形多变，本质则一"。从哲学的角度看，读完希罗多德的著

---

[1] 叔本华对"菲利斯丁人"的定义是"被文艺女神抛弃的人"、"没有精神需求的人"（见拙译《人生的智慧》第二章，叔本华著，上海人民出版社2014年版）。——译者注

作就已经算是学完历史了，因为希罗多德的著作已经包括了所有后来的历史所包括的东西：人类的奋斗、痛苦和命运——这些都是上述人们的心、脑素质，加上人们在这俗世的运数以后的产物。

如果我们通过到此为止所作的议论，认清了历史作为认识人性本质的工具，在这方面逊色于文学艺术；而且，历史并不是真正意义上的科学；最后，人为把历史构筑成有开始、有中间、有结束的一个整体——其各个部分之间都有着含意丰富的关联——的努力是注定要落空的，是建立在对历史的误解上；如果我们认识到上面这些，那似乎我们是想要否认历史有其价值了，除非我们能够指出历史的价值所在。但历史，除了逊色于艺术和不见容于科学的这些不足之处以外，却的确自有其独特的、有别于艺术和科学的活动领域——在这里，历史尽可以堂堂正正地立足。

历史之于人类就犹如理性机能之于个人。也就是说，正是得益于人的理性机能，人类才不仅不会像动物那样局限于狭窄、直观所见的现在，而且还能够认识到大为扩张了范围的过去——它与现在相连接，也是现在所由出。人类也只有经此方式才可以真正明白现在本身，甚至推论将来。相比之下，由于动物欠缺反省、回顾的认识力，动物就只是局限于直观所见，亦即局限于现在。所以，动物与人们在一起就是头脑简单、浑噩、无知、无助、听天由命，甚至驯服了的动物也是如此。与此情形相类似的就是，一个民族不认识自己的历史、只局限于目前一代人的现在。这样的民族对自己本身和现在所处的时代都不理解，因为他们无法把现在与过去联系起来，并以过去解释现在。他们也就更加无法估计将来。一个民族只有通过历史才可以对自己的民族有一个完整的意识。因此，历史可被视为人类的理性自我意识；历史之于人类就等于以理性机能为条件的协调统一、反省的意识之于个人。动物就因为欠缺了这统一、反省的意识而囿于现时此刻。所以，历史中的每一空缺就犹如一个人反省自我意识中的空缺。面对古代的纪念物，例如金字塔、古庙、尤卡坦半岛的旧宫殿等，而又无由了解这些古物的含意，那我们就会茫然没有头绪，就像看着人的举动、被人役使的动物一样；或者就像看着自己以前写下的暗号，但现在忘了其含意的人。这种情形的确就像是一个梦游者在早上醒来的时候，看着自己睡着时所做出的事情而不得其解一样。在这一意义上，历史可被视为人类的理性或者反省意识；它代表着为全人类所直接共有的自我意识，而全凭历史的作用，我们人类和人性才真正联系成一整体。这就是历史所拥有的真正价值。据此，人们对历史所普遍共有的、压倒性的兴趣，主要就是因为历史是人类对自己的关注。语言（Sprache）之于个人的理性（语言是运用理性不可缺少的条件），就等于文字之于在此指出了的整个人类的理性，因为只是有了文字以后，整个人类的理性才开始其真正的存在，情形就跟只是有了语言以后，才有了个人的理性一样。也就是说，文字把那被死亡频频中断，并因此是支离破碎的人类意识重新恢复一体。这样，在远祖那里就产生了的思想可以交由后代子孙继续思考、完成。人类及其意识被分裂成了数不胜数匆匆即逝的个体，文字则对此作出补救，并对抗着不可阻挡地匆匆溜走、夹带着遗忘的时间。石头文物一如书写文字，也可被视为人们所作出的补救努力，而不少石头文物比文字还要古老。那些动用了成千上万的人力、耗资巨大、费时多年才建造出来的金字塔、巨雕、墓穴、石塔、城楼、庙宇——面对这些建筑物，谁又会相信那些发起建筑这些东西的人，眼里只是盯着他们自己及其短暂的一生？要知道，这些人在其有生之年都无法看见这些建筑物竣工。或者，谁又会相信他们这样做真的只是为了排场、炫耀的目的？真的相信这只是被粗糙、无知的大众硬逼出来的借口？很明显，这些人的真正目的就是向相隔遥远的后代传话，与这些后代搭上联系，从而把人类的意识统一起来。印度、埃及，甚至希腊、罗马留下来的建筑物都是为能保存数千年而设计，因为这些古人具有更高级的文明，他们的视线范围因此缘故更宽更广。相比之下，中世纪和近代的建造物却是计划保留数个世纪而已。这同时也是因为文字已经使用普遍，尤其是发明了印刷技术以后，人们更加放心留下文字了。不过，就算是近代建筑，我们也可从中看到那种要传话给后世的冲动。所以，损毁或者破坏这些建筑物以为低级、实用的目的服务，就是可耻的行径。文字纪念物与石头纪念物相比，并不怎么害怕大自然的风雨侵蚀，而是担忧人的野蛮、破坏行径，因为人的野蛮破坏能够发挥更大的威力。埃及人打算把两种纪念物结合一道，因为他们在石头建造物上面加入了象形文字；甚至还补充图画呢——以防在将来的日子，无人再能明白那些象形文字所要传达的内容。

论文学

我认为，对文学最简单和最确切的定义就是：一门借用字词把想象力活动起来的艺术。其中具体的过程我在《作为意欲和表象的世界》第1卷第51页已作陈述。证实我在那里所作议论的一个特别例子，就是发表了已有相当一段时间的魏兰[1]致梅克[2]的一封信，摘录如下：

在这两天半的时间里，我在为一节诗歌斟酌字词。其实也就是那么几个字词的问题……我需要合我意思的字词，但却没能找到。我为此反复推敲、绞尽了脑汁。我要传达某一形象，所以，我自然希望把我脑海中的图像确切重现在我的读者的脑海里。这样，正如你所知道的，哪怕是一个字母都是至关重要的了。

——《致梅克的信》，瓦格纳，1835

因为读者的头脑想象力就是文艺作用的对象——文艺以此展现形象和画面——所以，文艺所享有的一大优势就是详尽的描写和微妙、细腻的笔触，可以根据读者参差不一的个性、情绪和知识范围而灵活发挥作用，并造成生动的效果。但造型艺术却无法灵活适应多种读者，而只是以某一既定的画面、某一既定的形状满足所有人。但这样的一幅既定画

---

[1] 魏兰（Wieland, Christoph Martin, 1733—1813）：德国文学家。——译者注
[2] 约翰·梅克（1741—1791）：歌德青年时代的朋友。——译者注

面或者形状，却始终在某些方面带有艺术家本人或者他的模特儿的个性烙印，而这一烙印却是一种主体、偶然的附加物，并不能发挥艺术的效果——虽然艺术家眼光越客观，亦即艺术家的天分越高，那这种情形就越少出现。由此就可以部分地解释，为何文艺作品能够比图画、雕塑作品造成更加强烈、更加深刻和更加普遍的效果。也就是说，图画、雕塑作品通常只给人留下冷冰冰的印象。总的来说，造型艺术作品的效果是最弱的，这一方面的奇特证据就是人们经常在私人的家居，以及各种各样的场所意外发现某些大师的作品：这些画作并不是被藏了起来，而是长年挂在这些地方，也不知经历了多少代人。但这些作品却丝毫不曾引起人们的注意，亦即根本没有造成效果。我 1823 年在佛罗伦萨的时候，有人甚至在某一宫殿的佣人房里发现了拉菲尔画的一幅圣母像。这幅画多年来就一直挂在房间的墙壁上。并且，这种事情竟然发生在意大利！意大利民族比其他民族都更富有美感啊。这一事例显示和证明了图画和雕塑艺术作品并不能造成多少直接和突然的效果，要欣赏这些艺术作品，必须具备比欣赏其他种类的艺术作品所需的更多的知识和熏陶。相比之下，一首优美、动人的旋律肯定能够传遍全球，一部优秀的文学作品会得到人们的交口传诵。至于王公大贾给图画和雕塑艺术提供了最强力的支持，仅仅为获得这些艺术的作品就得花费大笔的金钱——时至今日，这一类艺术的真正意义上的崇拜者会为了古老知名大师的一幅画作而不惜牺牲偌大一处物业，他们首要是因为这一类的杰作相当稀有，拥有这些杰作会满足人的骄傲心；其次还因为要欣赏这些作品只需花费很少的时间和精力，随时看上一眼就可以欣赏这些作品，但欣赏文学、音乐却受到麻烦得多的条件制约。与此相应的事实就是，人们尽可以没有图画和雕塑艺术，例如，穆罕默德的信徒就没有这些艺术的享受，但没有哪些民族是没有音乐和文学的。

文学家把我们的想象力活动起来的目的，却是向我们透露人和事物的理念，也就是通过某一例子向我们显示出人生世事的实质。要达到这一目的，其首要条件就是作者本人必须对这些实质有所认识。作者对人生世事的了解到底是深刻抑或肤浅，决定了他们的文学作品的好坏。所以，正如对事物的了解有着无数的深刻度和清晰度，同样，文学家也有着无数等级。但每一个文学家都必须全力以赴，把自己的所见忠实表现出来，让所塑造的图像与自己头脑中的图像原型相对应。一个作家肯定会视自己与最好的作家差不了多少，因为他在最好作家的图像里所认出的东西不会多于从自己塑造的图像所认出的，亦即与他在大自然中所见的一样多。这是因为他的目光无法看得更深。但最好的作家之所以认出自己就是最好的作家，原因就在于他看到了别人的眼光是多么的肤浅，在别人所见的后面，却隐藏着如此之多别人无法重现的东西，因为别人根本就看不见这些东西；他也看到了自己的眼光和图像却深远得多。如果像那些肤浅之人并不理解他一样，他也不理解那些肤浅之人，那他可就得绝望了：因为他要得到公正评价和待遇的话，他需要有与众不同的人，而水平低下的作者并不会高度评价他，正如他也并不会高度评价他们一样。所以，在长时间里，他只能以赞扬自己取得安慰，直至获得世人的赞赏。但现在他却连这一自我赞赏都要被剥夺了，因为人们希望他表现出谦虚的样子。但一个成就了一番业绩和贡献、并且知道这些价值的人，要他对自己的成就视而不见，是根本不可能的，正如一个身高六英尺的人不可能不注意到自己高出常人一截。如果从塔基到塔顶是三百英尺，那从塔顶到塔基也肯定是三百英尺。贺拉斯[1]、卢克莱修[2]、奥维德[3]，还有几乎所有古老的作家在谈起自己时都相当自豪。但丁、莎士比亚、培根等也是这样。一个人具有伟大、丰富的精神思想，而又对

---

[1] 贺拉斯（Horace，前65—前8）：奥古斯都时期杰出的拉丁抒情诗人和讽刺作家。著有《歌集》《书札》等作品。——译者注

[2] 卢克莱修（Lecretius，约前93—前50）：拉丁诗人和哲学家。著有长诗《物性论》。——译者注

[3] 奥维德（Ovid，前43—17）：罗马诗人，以《爱的艺术》和《变形记》闻名。——译者注

此一无所觉——这一荒谬的想法也只有无药可救的无能之辈才可以说服自己接受。这样，他们就可以把自己的自卑感一并视为谦虚了。一个英国人曾经幽默、正确地指出：

"优点、功绩"（merits）和"谦虚"（modesty）除了两词开首的字母以外，就没有任何其他的相同之处了。

我总怀疑那些谦虚的名人这样谦虚或许是真有其苦衷呢。高乃依[1]曾经坦率地说过，

虚假的谦虚不会为我平添声价，
我知道自己的价值，也相信人们对我的看法。

最后，歌德直截了当地说了，

只有欺世盗名者才是谦虚的。

而这一说法更加不会有错：那些热切、坚决要求别人表现了谦虚的人的确就是草包无赖，亦即自身没有价值、不曾作出任何贡献但又眼红别人成就的人；是大自然的批发生产品，也是芸芸众生中的平凡一员。他们的嘴里喋喋不休，就是这一句：

请谦虚一些！看在上帝的份上，请谦虚一些！

这是因为自身具优点、有所成就和贡献的人也会承认别人的这些东

---

[1] 高乃依（Corneille, Pierre, 1606—1684）：法国诗人和剧作家。著有《熙德》《贺拉斯》等作品。——译者注

西——当然，我指的是货真价实的优点和成就。但那些一无所长、无所作为的人却希望这世上根本就没有什么优点和成就。看见他人的优点和成就，只能让自己备受折磨。嫉妒煎熬着内心，其百般滋味就像打翻了五味瓶。能把拥有出众个人素质的人扫荡干净，或者干脆连根拔除，那该有多好！但如果真要放他们一条生路的话，那条件就是这些家伙必须藏起自己的优点，要矢口否认，甚至诅咒摒弃那些使他们出类拔萃的东西。这就是人们交口赞扬谦虚的缘由。而一旦这些赞扬谦虚的人有机会把别人的长处扼杀于萌芽之中，或者至少阻止其露面，以免被人们所知晓——谁又能怀疑他们做不出这种事情？这只是理论被付诸实践而已。

那么，虽然文学家如同其他艺术家一样，总是把单一、个别的事物展现给我们，但他们所了解并透过其作品想让我们了解的，却是柏拉图式的理念，整个的种属和类型。因此，在文学家所表现的画面中，我们清楚看到了所刻画的典型人性、典型场景。叙述性和戏剧性文学家从生活中提取了个别之物，精确地把它及其个体性描绘出来，并以此表现了整个人类的存在，因为虽然作者似乎只是关注于个别的人和事，但实际上却表现在任何地方、任何时候都会存在的东西。这就是为什么文学家，尤其是戏剧作家所写出的句子，就算成不了流行的俗语，也经常可以套用在现实生活当中。文学之于哲学就犹如生活历练之于从实践经验中摸索出来的科学。也就是说，生活历练让我们了解到个体的现象，并且是以实例的方式，但科学则涵括整体的现象，采用的是普遍的概念。这样，文学就通过个别的情形，通过例子让我们了解到人的柏拉图式的理念，而哲学则教导我们在普遍和总体上认识透过个别显现出来的事物的内在本质。由此我们已经可以看出，文学所寄托的更多是青年的特性，而哲学承载的更多是老年人的特质。事实上，文学创作的天赋才能只在青年期真正开花，对诗歌、文学的感受在青年期也经常是狂热的。青年人忘情于诗句文字，内容平平也能够读出味道。随着年岁的增长，这一倾向就逐步减弱了。到了老年，人们转而偏向于散文了。因为这种文学倾向的缘故，青年人对现实的感觉、意识很容易就会受到削弱。这是因为文学有别于现实：在文学里，生活饶有趣味而又没有痛苦；但在现实中，生活要是没有痛苦的话，那就是乏味的、不过瘾的，而一旦生活变得有趣、过瘾，那就不会没有痛苦。进入文学世界早于进入现实生活的年轻人，会要求在现实生活中得到他们只能在文学里面才可以得到的东西。才具出众的青年在现实生活中痛感不适，其主要原因正在于此。

韵律（Metrum）和韵脚（Reim）既是镣铐，也是面纱——诗人戴上这层面纱以后，就可以允许自己以平常不敢采用的方式说话，而正是这一点特质取悦于读者。也就是说，诗人对说出的句子只负有一半的责任，韵律和韵脚则必须负上另一半责任。作为纯粹节奏的韵律，或者说速度，其本质只在于时间，而时间则是一种纯粹的先验直观，它因此属于——以康德的话来说——纯粹的感觉（Sinnlichkeit）。而韵脚却是与听觉器官的感受有关，因此属于感官经验的感觉。所以，节奏作为表达手段比韵脚更加高贵和更有价值。因此，古老的作家蔑视韵脚。韵脚是在语言遭到腐蚀、变得有欠完美以后的产物，是诞生于野蛮的年代。法语诗歌、诗剧之所以如此贫瘠，其主要原因就在于法语诗歌并没有韵律，纯粹只是局限于韵脚。另外，为了掩藏表达手段欠缺的窘况，在法语诗歌里面，不乏死板、学究气的条条框框，这使写出合适的韵脚变得更加困难。这样，法语诗歌就变得更加贫瘠、乏力了。例如，法语诗歌的其中一条规定就是，只有拼写一模一样的音节才可以配对韵脚，就好像韵脚不是给耳朵听，而是给眼睛看似的！还有就是不能在两个词或者两个音节之间重复同一个元音；大量字词按规定不能入诗，等等。林林总总的这些约束都是新时代法语诗歌流派所试图扬弃的。但任何语言的韵脚都无法像拉丁语的韵脚那样给人造成如此愉悦和强烈的印象，这起码对我来说是这样。中世纪的押韵诗具有某种特有的魔力。对此我们只能这样解释：拉丁语比任何一门现代语言都更漂亮、更完美和更高贵，就算用上了拉丁语其实不屑使用、本属于现代语言的闪光饰物和盛装艳服以后，拉丁语照样显得风姿优雅和妩媚。

　　只要认真思考一下，如果不惜损害思想或者对这思想正确、纯粹的表达——不管损害的程度如何，而目的仅仅只是小孩子般地打算要在一些音节之后，让读者重又听到相同的词音，或者让某些音节组合在一起，造成抑扬顿挫的效果，那这种幼稚做法看上去几乎就是背叛理智功能的行为。但不经过这种勉强凑合，韵诗就无从产生。正因为韵诗的这种用词牵强的特质，在阅读外文时，韵诗比散文更为难懂。如果我们可以一窥诗人的秘密作坊，那我们就会发现为求押韵而寻找思想的做法是为思想寻找合适韵脚的十倍。就算是在后一种情形，在表达思想的时候，不经过一番折衷、妥协也不容易。诗艺却不理会这些，并且，所有的时代和民族都站在诗艺一边，因为韵律和韵脚对人的情绪实在具有巨大的威力，韵律、韵脚所特有的秘密诱惑力实在无法抵挡。我想原因就在于一首韵脚巧妙的诗歌，由于其大为加强了的效果，能够刺激起听（读）者的感觉和情绪，让听（读）者觉得这里面所表达的思想就好像注定非这样表达不可；甚至所表达的思想就好像已预先定型在这语言里面了，诗人所做的只是把这已预先固定下来的句子找出来而已。哪怕平平无奇的思想也可经由韵律和韵脚的作用而似乎获得某种深长的意味，就跟样貌平凡的女子穿戴上华丽服饰以后就会吸引住人们的眼睛一样。事实上，甚至肤浅和虚假的思想也可经由诗体化而获得真理的外表。相比之下，甚至名家写下的诗篇，一旦忠实重写在散文里，就会大打折扣，变得毫不起眼。如果真实的才是美的，而真理最喜爱的装饰就是不着装饰，那在散文里就已是伟大和优美的思想，其真正价值就更甚于在诗体里同样显得伟大和优美的思想。像韵律、韵脚这种实在是不足道，甚至是小孩子玩艺一样的用词手段，却能造成如此强有力的效果，这是相当异乎寻常的，也很值得对此进行探究。我对此现象的解释如下。直接付诸听觉的东西，亦即纯粹的字音，经由节奏和韵脚就获得了某种自身的完美和含意，因为字音以此方式成了某种音乐一样的东西。这样字音现在似乎就是因自身的缘故而存在，而不再只是作为一种手段，一种只是标示某一含意的符号而存在，亦即作为字词的含意而存在。以其音声取悦耳朵似乎就是使用这一字词的全部目的。所以，随着这一目的的达成，其他的目的也都达成了，对这些字词的所有要求、期待也就都满足了。但现在，除了这些，这些字词却还同时兼备了词意，表达了思想，就像音乐中的歌词一样。这些让我们意想不到的附加物，就成了给我们以惊喜的礼物。由于我们原先完全没有这方面的要求，所以，我们很容易就获得了满足。如果字词所传达的思想本身就是很有意思，亦即表达在散文里也很有意思，那我们就会为之心醉神迷。我记得在我很小的时候，在还没有发现字词都有含意和思想之前，我就觉得诗歌的音韵相当悦耳。据此，所有语言都的确有一种读来琅琅上口却几乎完全没有意义的顺口溜、打油诗一类的东西。汉学家戴维斯在他所翻译的中国剧《老继承人》的序言里说过，中国的戏剧部分是由唱词所组成。戴维斯还补充说：

　　这些唱词部分经常含意模糊，而根据中国人自己的说法，这些唱词的目的主要是让耳朵听了舒服；唱词的含意人们则不大计较，字词甚至完全是为了声音的和谐服务。

在此，又有谁不曾回忆起许多希腊悲剧中经常让人难明其意的合唱部分？

　　据以识别真正诗人——无论其级别的高、低——的最直接标志，就是他们诗句中韵脚来得绝不勉强，押韵的句子得来全不费工夫，就像拜神灵所赐一样。诗人的思想降临之时就已是配好了韵脚。相比之下，那些平庸的诗人却费力为其思想找出韵脚；而拙劣的诗作者则为韵脚而寻找合适的思想。我们通常都可以从一些押韵的诗句中，发现哪两句韵诗是先有要表达的思想，哪两句却是预定了韵脚，然后按图索骥找出要表达的意思。艺术就在于把后一种情形掩藏起来，以免显得写作这一类诗句纯粹就是按预定的韵脚填词而已。

根据我的感觉（证据在此欠奉），句子押韵两行就足够了，这是韵脚的本质所决定的。押韵的效果局限于再次重复同一样的声音，比这更多的重复却不会加强已有的效果。所以，一旦句子的末尾音节有了同音的音节与之共鸣，所能造成的效果就已到此为止了。三度发出同一声音就只是意外地再一次碰上了相同的韵脚，并不会再度增强已有的效果。再度重复的韵脚与在这之前的韵脚并列，但却不曾结合一道发挥更强的作用。这是因为第一个声音不会在经过第三个声音以后，继续在第三个声音回响。所以，第三度出现相同的声音就成了美学上的堆砌，实属多此一举。这种堆砌韵脚的做法在八行诗、三行诗和十四行诗中付出了很大代价，确实是得不偿失。这也是我们有时在阅读这些诗作时感受到精神折磨的原因，因为经过这一番头脑折腾，读诗之乐就难谈得上了。伟大的诗才有时候连困难重重的诗格条框都可以克服，诗句仍然是那样优雅、自如，但这并不等于这些格式就值得推荐，因为就这些音韵格式而言，它们既费力又没效果。我们经常可以看见就算是最出色的诗人，在应用这些诗格时，仍免不了在韵脚与思想之间进行着不是你死就是我活的搏斗；有时这一方取得了胜利，有时又是那一方占得了上风。也就是说，诗人要么为着韵脚的缘故，在表达思想时削足适履，要么韵脚只能以某一近似的音节将就。既然情形就是如此，那我认为莎士比亚的做法——即在他的十四行诗里，每隔四行就改换不同的韵脚——并非表明莎翁无知；相反，这恰恰证明了莎翁具有良好的鉴赏力。不管怎么样，莎翁这样处理并不曾减弱音响效果分毫；比较起传统习惯的镣铐式的诗格，思想也活动和表达得更加自如。

如果某一语言里有许多字词只能入诗，但却不惯用在散文里，而散文里的某些用字也不能入诗，那对于这一语言的诗歌来说就成了一大不利之处。前一种情况通常见之于拉丁语和意大利语，而后一种情形则在法语中多见——这种情形最近被相当恰当地称为 "La begueulerie de la langue francaise"[1]。上述两种情形在英语中比较少见，在德语里则甚少看到。也就是说，那些专属于诗歌的字词对我们的心是陌生的，并不会直接说到我们的心坎里去，这些字词因此是冷冰冰的。这些是诗的一种约定语言，所描绘的就好像只是用油彩涂抹出来的东西，而不是真情实感，因为这些字词把真挚、内心的东西拒之门外了。

依我看来，我们当代经常讨论的经典（klassischer）与浪漫（或幻想 romantischer）文学之间的差别，根本就在于经典文学只着眼和表现纯粹人性的、真实的和自然的动因，而浪漫（幻想）文学则认为纯粹只是想象出来的、佯装的和习俗的动因，也同样驱使人们活动起来。这些动因首先出自基督教神话，然后是那些夸张、离奇的骑士荣誉原则，接着就是基督教时期日耳曼人对女性的愚蠢、可笑的崇拜，最后就是那些瞎扯的、患夜游症似的超越肉体的爱恋。至于上述这些动因会引致多么扭曲、可笑的人际关系和人性现象，我们甚至在最优秀的一类浪漫、幻想文学作品里都可看到，例如在卡尔德隆[2]的作品中。那些表现宗教动因的独幕剧我就不说了，我只需提到《最坏的并不总是肯定的》、《西班牙的最后决斗》和与这些相似的喜剧《剑与衣》。除了上述浪漫、幻想的成分，还有作品中人物谈话时经常出现的经院派钻牛角尖似的讨论——这些在当时却是属于上流阶层的文化熏陶。相比之下，古典文学却是始终忠实于自然，明显的更胜一筹。结果表明：经典文学里面的真实性和精确性是不带条件的、绝对的，而浪漫、幻想文学所具的真实性和精确性则只是带条件的。这就类似希腊建筑艺术与哥特式建筑之比。不过，在此需要指出，如果戏剧或者叙述性文学的作者，把故事安排在古代希腊或古代罗马的背景下，那作者就会平添诸多的不便，因为我们对古代社会的了解并不足够，尤其对生活细节方面也只是一知半解，并

---

[1] 法语，意为"法语的假正经"。——译者注
[2] 卡尔德隆（Calderón, de la Barce, Pedro, 1600—1681）：西班牙剧作家、诗人。著有《医生的荣誉》《人生是梦》等作品。——译者注

没有多少直观的认识。这样，作者就被迫绕开许多具体的细节，很多时候只能笼统一笔带过。作者因此就会落入抽象的窠臼，这样的作品就会失去作品中的个体化和可直观性，而这两者对于文学来说却是根本性的重要。正是这一原因使所有这一类的作品看上去都带上某种特有的空洞和枯燥。只有莎士比亚的这一类作品免除了这些毛病，因为莎翁毫不犹豫地挂着希腊人和罗马人之名，大行其描述自己同时代英国人之实。

人们对许多抒情诗名作颇有微辞，尤其对贺拉斯的诗颂、歌德的八首歌谣（例如《牧羊人的哀歌》），指责它们欠缺恰当的连贯，跳跃性的思想随处可见。其实，在这些作品里，逻辑连贯性是故意被忽略的，这样，在这些诗作里面所表达的基本感觉和情绪才可以统一起来。只有经过这样的处理，统一、整体的感受和心境才更显突出，因为这种统一就像一条绳线，把分散的一粒粒珍珠贯串了起来，并让这些被观照之物快速变换。这就像在音乐里通过七和弦从一个乐调过渡到另一个乐调。这样，仍在我们耳朵鸣响的原位和弦的最低一音（根音）就成了新调中的属音。我在此讨论的诗歌特性，在彼特拉克的抒情短诗里最清楚不过，并且是近乎夸张地显现了出来。他的抒情短诗是这样开头的："我多想能像从前一样地歌唱……"

在抒情诗里是主观的成分占据着上风，但在戏剧当中却是客观的要素唯一把持着地盘。在这两者之间的是叙事史诗。叙事史诗有许多的变种和样式，从叙事谣曲到真正意义上的史诗，之间有着广阔的中间地带。这是因为虽然叙事史诗总的来说是客观的，但这里面掺杂着某种主观的成分——这或多或少地表现在叙述的语气、叙述的形式上面，同时也反映在诗人零散的感想之中。在这些作品里，我们始终看到诗人的影子，这是和戏剧不一样的地方。

总而言之，戏剧的目的就是通过一个实例向我们展示出人的本质和人的存在到底是什么。作者可以让我们看到这些或悲哀、或欢快的一面，或者，这两者之间的过渡。但是，"人的本质和人的存在"这一说法就已经包含了会引起争议的种子：到底这两者何者为主？是人的本质，即人的性格，还是人的存在，即行动、事件和命运？此外，这两者是那样紧密地纠缠在一起，我们只能在概念上，而不是在具体描述和表现中把两者分别开来，因为只有事件、形势、命运才促使剧中的人物（性格）外现其本质；同时，行动只能出自人物（性格），而行动则组成了连串的事件。自然，在描述和表现的时候，作者会侧重、突出两者中之一者。在这方面，性格剧与情节剧就构成了两端。

要实现戏剧与史诗共同的目的，亦即通过在某一特定环境下的某一特定人物，展现出由这环境和人物所引出的奇特行动，那如果作者是按下面这样处理的话，他就将至为完美地实现其目的：首先，作者要把处于平和状态的剧中人物介绍给观众——在这种平和状态下，观众看到的只是剧中人的泛泛表面；然后，作者让动因出现了，这些动因引出了剧中人的行动（行为），而这些行动（行为）又带来了新的、更为强有力的动因，而这些新的、更强有力的动因再度引出意味深长的行为——如此这般的一来一往，到了剧中合适的时候，剧中人一开始时的平和已经不复存在了，取而代之的是刺激起来的亢奋情欲；在这激情状态之下，含意深长的行动（行为）发生了。经由这些行动（行为），原先还沉睡在人物性格里面的素质就随着剧情的进展而暴露于光天化日之下。

伟大的文学家让自己化身于所表现的人物里面，然后一一从这些不同的人物嘴里发话，就像不动嘴唇的腹语者一样。刚刚还是以一个英雄的身份说话，马上就又变成了天真无邪的少女发言，但这两种说话者都说得同样真实和自然。这方面的例子就是莎士比亚和歌德。次一级的文学家则把要表现的主人公化身为自己，例子就是拜伦。但除了主人公以外的其他次要人物则经常是没有生气的，就跟平庸作者笔下的主人公差不多。

悲剧给予我们的快感有别于我们对优美的感受，而应该属于感受崇高、壮美时的愉悦。悲剧带来的这种愉悦，的确就是最高一级的崇高感、壮美感，因为一如我们面对大自然的壮美景色时，会不再全神贯注于意欲的利益，而转持直观的态度。同样，面对悲剧中的苦难时，我们也会不再专注于生存意欲。也就是说，在悲剧里，生活可怕的一面摆在了我们的眼前：人类的痛苦和不幸，主宰这生活的偶然和错误，正直者所遭受的失败，而卑劣者的节节胜利……因此，与我们意欲直接抵触的世事本质展现在我们的面前。此情此景迫使我们的意欲不再依依不舍地渴望、眷恋这一生存。正是通过这样的方式，我们才意识到在我们的身上还有着某样我们一点都无法清楚和肯定认识的东西。我们只能知道：这就是不再意欲生存之物。正如七和弦需要有原位和弦，红色需要有一绿色，甚至在眼里产生这一绿色一样，每一部悲剧也需要有一个完全是另一种的存在、另一样子的世界——虽然我们对这完全另一种的世界的认识总是间接的，并且也只是通过观看这样的悲剧，我们才会间接获得这种认识。在目睹悲惨事件发生的当下，我们会比以往都更清楚地看到：生活就是一场噩梦，我们必须从这噩梦中醒来。在这方面而言，悲剧所发挥的作用就跟壮美景观差不多，因为，就像欣赏壮美的景观一样，悲剧使我们超越了意欲及其利益，并使我们在看到与我们意欲直接抵触的东西时感觉到了愉悦。能够使悲剧性的东西——无论其以何种形式出现——沾上对崇高、壮美的特有倾向，就是能让观者油然生发出这样的一种认识：这一世界、这一人生并不能够给予我们真正的满足，这不值得我们对其如此依依不舍。悲剧的精神就在这里。悲剧精神因而引领我们进入死心、断念的心境。

我承认在古人的悲剧里，这种死心、断念的精神极少直接显现和表达出来。俄狄浦斯虽然以放弃和顺从的心态接受死亡，但他为能报复了自己的祖国而感到有所安慰。伊菲格尼亚心甘情愿地赴死，但其实却是希腊的福祉安慰着她并使她改变了想法——正是因为改变了想法，伊菲格尼亚才会心甘情愿地迎向此前她还极力逃避的死亡。在伟大的埃斯库罗斯[1]所写的《阿伽门农》里，卡珊德拉自愿赴死，"我已活够了！"但使她有所安慰的仍然是复仇的念头。赫克利斯屈从了已成定势的情形并坦然地死去，但那并不是死心、断念的心态。欧里庇德斯[2]笔下的希波利特斯也同样如此。在这一例子里，引起我们注意的是阿特米斯现身安慰希波利特斯，向他许诺庙宇和身后之名，但对此身之后的存在却只字未提，并且就像所有神灵一样，在希波利特斯垂死之际把他抛弃了。相比之下，基督教的神灵却走近垂死者，婆罗门教和佛教也是一样，虽然在后者，那些神灵其实带有异国风采。所以，希波利特斯就像几乎所有的古希腊悲剧英雄一样，顺从了不可逆转的命运和神灵的强硬意志，但却不曾放弃生存意欲本身。正如斯多葛学派的沉着镇定与基督教的死心、断念，其根本区别在于斯多葛派只是教导人们泰然接受和从容面对不可改变的必然灾祸，而基督教则倡导停止和放弃欲求，同样，古希腊的悲剧人物显示出勇敢接受不可避免的命运的打击；而基督教时期的悲剧则表现了放弃整个生存意欲，在清楚意识到这一虚无的世界毫无价值的同时，愉快地摒弃这一世界。我的确认为现代的悲剧要比古时的悲剧高出一筹。莎士比亚要比索福克利斯[3]伟大得多；与歌德的《伊芙格尼亚》相比，人们会发觉欧里庇德斯的同名悲剧几近粗糙和平庸。欧里庇德斯的《酒神》是一部附和异教教士的令人反感的拙作。许多古老的剧作品都没有悲剧的倾向，例如，欧里庇德斯的《阿尔盖斯特》和《陶里克的伊芙格尼亚》。一些作品表现了令人讨厌，甚至让人作呕的行为动因，例如，《安提根尼》和《菲洛特》。几乎所有古老的剧作都表现了人类处于偶然和错误的掌控之中，但我们却看不到经由这些不幸产生出要

---

[1] 埃斯库罗斯（Aeschylus，前525—前456）：古希腊三大悲剧作家之一。著有《俄狄浦斯》三部曲等作品。——译者注
[2] 欧里庇德斯（Euripides，约前484—前406）：古希腊三大悲剧作家之一。著有《阿尔刻提斯》等作品。——译者注
[3] 索福克利斯（Sophocles，约前496—前406）：古希腊三大悲剧作家之一。著有《埃阿斯》等作品。——译者注

获取解脱的死心断念和无欲无求的境界。凡此种种都是因为古希腊人还没能达到悲剧的顶点和目标，并且的确是还没达到最高一级的人生观。

因此，虽然古希腊人并不曾在他们的悲剧里面把无欲无求、意欲背弃生存作为这些人物的心境表现出来，但悲剧所特有的倾向和效果始终是激发起观众和读者上述的悲剧精神，引出上述死心断念和无欲无求的心境——哪怕这只维持短暂的瞬间。舞台上骇人、可怕的事情把生活的苦难以及毫无价值，亦即所有奋斗、争取的虚无本质，清楚地展现在我们的眼前。这些印象就是要造成这样的效果：让观众和读者意识到——哪怕这只是一种朦胧的感觉——最好就是让心挣脱生活的束缚，让意愿不再对生存俯首帖耳，不再眷恋这俗世红尘。以此方式在他们的内心深处刺激起这样的意识：既然有了另一别样的意愿，那肯定也有另一别样的存在。这是因为假如事情不是这样的话，假如这种超越尘世间的好处和目标，这种背离生活及其诱惑，这种已包含在悲剧之中的转求另外一种我们还完全不能想象和理解的存在——假如所有这些不是悲剧的方向，那把生活中恐怖、可怕的一面以耀眼的光线展现在我们眼前的做法，又怎么可能会对我们造成舒服、有益的效果，给予我们一种更高一级的愉悦？恐惧和怜悯——亚里士多德把刺激起这两者视为悲剧的最终目的——就其本身而言确实并不属于让人愉快的情感，因此，恐惧和怜悯不会是目的，而只能是手段而已。那就是说，促使我们的意欲背弃生存永远是悲剧的真正方向，是有计划表现人类苦难的最终目的。就算在悲剧人物身上并没有表现出这种无欲无求的超越精神，而只是通过让观众看到巨大的苦难、那飞来的横祸或者甚至属于咎由自取的打击，从而在观众的心中刺激起这种心态，那上述的悲剧目的仍然存在。许多现代的悲剧就像古代的剧作品一样，也满足于客观表现人类较大程度和范围的不幸，以便把观众引入上述心境之中；另有一些悲剧作品同样是这样的目的，但方法却是通过表现悲剧人物本身所体验到的、由苦难所导致的心境改变。前一种悲剧就好比提供了前提，由观众自己得出结论；后一种悲剧则把结论，或者说悲剧故事所包含的道德教训，也一并提供给观众——这些就反映在剧中人的心境转变或者剧中合唱所发出的评论和思考。例如在席勒[1]的《梅西纳的新娘》结尾处，是这样的句子，"生活并不是多么了不起的好"。在此值得一提，极少有像歌剧《诺尔玛》那样把人类苦难所造成的真正悲剧效果，亦即主人公承受苦难以后所达至的死心断念和精神升华，纯粹通过显示动因推动人物的行动而清晰明了地表露了出来。这出现在二重唱《你所背叛的心，你所失去的心》里面。在这里，意欲对生存的背弃经由突然出现的平和音乐而清晰标示出来。除了这歌剧里面出色的音乐和文词以外，单从剧中的动因和剧情的运作、安排考虑，这已经是一部至为完美的悲剧了。对动因的悲剧设计，行动的悲剧性展开，情节悲剧性的急转直下，以及这些因素在首先引领剧中人、其次引领观众达至超越尘世的心境方面所发挥的作用——所有这些都使这部悲剧成为真正的范本。的确，这一悲剧在达到其效果时是相当自然而然，也典型体现了悲剧的真实本质，因为剧里并没有掺杂基督教或其他的观点。

近代戏剧作家经常被指责忽略了时间和地点的一致性，但这做法只有在这些作者甚至取消了情节的一致性时，例如，莎翁的《亨利八世》，才是有所缺陷的。但情节的一致性却没必要夸张至剧里表现的永远是同一样东西，就像法国悲剧所做的那样。法国的悲剧作家总的来说严格遵守时间、地点的一致性，剧情的发展就像是一条欠缺横向面的几何线条，永远就是"照直往前走，别管其他闲事！"剧情也就公事公办似的迅速打发了事，人们不会被无关宏旨的枝节所耽误，也不会左右四周地观望一番。相比之下，莎士比亚的悲剧却像兼有横向面的航线。剧里有开小差的时间，有长篇的议论，有时候整整一景戏都不曾推动人物的活

---

[1] 席勒（Schiller, Friedrich von, 1759—1803）：德国最伟大的戏剧家、诗人和文学理论家之一。著有《华伦斯坦》等作品。——译者注

动，甚至与人物活动无关。但从这些，我们却可以更仔细地了解行动中的人物或者他们的处境。这样，我们就能对这些人物的行动有更透彻的了解。虽然人物行动（情节）是首要的事情，但这还不至于让我们忘记：我们最终关注的是剧中所表现的人的本质和人的存在。

戏剧或者史诗诗人应该知道自己就是命运，并且像命运一样，是强硬、无情的；同时，作者自己就是反映人的一面镜子。因此，作者会让许许多多恶劣的、间或卑鄙无耻的人物登场。除此之外，还有很多的傻瓜、疯子和乖僻、古怪的人。但间或也会出现一个讲理性的、或者是聪明的、或者是正直的、或者是好心肠的人。而高尚、无私、慷慨的人则近乎凤毛麟角。据我看来，在荷马的全部作品中也找不出一个真正是我这里所说的高尚的人，虽然有不少好心肠的、正直的人。在莎翁的所有作品里，或许能够找出那么寥寥几个高尚、无私的角色，但这些还不属于特别的高尚和无私，例如，考狄利娅、科里奥拉努斯，除此之外再没其他了。而恶毒、无耻、乖僻的人物则数不胜数。但伊夫兰[1]和考茨布[2]的戏剧里头却充斥着心灵高尚、宽宏无私的人物。戈东尼的做法就跟我上述推荐的差不多，戈东尼[3]以此显示出要比伊夫兰和考茨布高出一筹。相比之下，在莱辛[4]的《米娜·冯·巴恩海姆》一剧里面，高尚、无私的情操大肆泛滥，单是波萨侯爵一角所表现出来的高尚情怀，就多于在歌德全部作品累加起来的这种东西。另有一部沃尔夫[5]所写的戏剧小品《为了责任而承担责任》（题目似取自《实践理性批判》）里只有三

---

[1] 伊夫兰（Iffland, August Wilhelm, 1759—1814）：德国演员、戏剧作家兼剧院经理，对德国剧坛影响甚大。——译者注

[2] 考茨布（Kotzebue, August von, 1761—1819）：德国喜剧作家。——译者注

[3] 卡尔·戈东尼（1707—1793）：意大利喜剧作家。——译者注

[4] 莱辛（Lessing, Gotthold Ephraim, 1792—1781）：德国剧作家、评论家、哲学家和美学家。著有《萨拉·萨姆逊小姐》等作品。——译者注

[5] 沃尔夫（Wolf, Alexander, 1782—1829）：德国演员。——译者注

个角色，但三个角色都有着无比高尚、无私的情操！

　　希腊悲剧的主人公一般都是国王、王子一类，大部分近代戏剧也是一样。这肯定不是因为地位显赫就使主人公、受苦者更显尊贵。在戏剧里面，关键是要把人的情欲刺激、活动起来，至于这些情欲是活动在哪一客体道具，其相对价值都是差不多的；悲剧到底发生在村野茅屋抑或深宫大院，其实并无多大的区别。市民题材的悲剧并非理应无条件排斥。尽管如此，声威赫赫、重权在握的大人物却是最适宜作悲剧之用，因为痛苦和不幸是人生的定数，必须达到一定的程度才可以让观众看出其狰狞、可怕的样子，不管这观众是谁。欧里庇德斯本人就说过："天哪，大人物可得承受大苦痛啊！"但让一小市民家庭陷入困境和绝望之中的变故，在大富大贵的人家看来通常都是芝麻一样的小事，一点点人力帮助，有时甚至不费吹灰之力就可排除困难。所以，这样的悲剧是不会让这些观众有所震撼的。相比之下，有权有势的大人物所承受的不幸却是绝对可怕的，外在的帮忙甚至起不了作用，因为帝王将相只能依靠自己的力量，否则只有走向毁灭。此外，爬得越高，跌得越惨，而市民角色欠缺的正是这一高度落差。

　　那么，既然我们已经清楚表明：悲剧的倾向和最终目的就是走向死心断念、无欲无求，否定生存意欲，那在悲剧的对立面——喜剧——我们则可轻易认出：喜剧让我们继续肯定和接受生存意欲。虽然喜剧也得把种种苦难、种种令人厌恶的事情展现在观众面前——每一表现人性的作品都不可避免要这样做——但是，在喜剧作者的笔下，这些讨厌的东西匆匆就过去了。作品整个儿洋溢着欢乐的气氛。这里面夹杂着成功、胜利、希望，令人欢快的事情最终占得了上风。此外，喜剧为我们提供了无尽的笑料。在我们的生活中，甚至是那些让人不快的事情，都是不乏笑料的。喜剧带给我们的笑声让我们无论在何种处境下都保持着良好的心情。所以，喜剧的结果就是向观众表明：生活总的来说是美好的，并且无一例外都是饶有趣味的。但当然了，喜剧务必在皆大欢喜的一刻匆匆落幕，这样，观众才不至于看到接下来要发生的事情。而悲剧则一般来说在结尾以后，就没有接着还要发生的事情了。除了这些，一旦我们认真审视生活的滑稽一面——这就反映在受小小的窘迫、个人的害怕、瞬间的愤怒、内心秘密的嫉妒等诸多类似情感的驱动，而在这些现实形象里幼稚表现出来的言行和举止，这些现实形象都是远远偏离了美的典型——甚至单单从生活的滑稽一面考虑，亦即以一意想不到的方式审视生活，那深思的人也不难认定：这些人的存在和争取不可能就是目的本身；相反，人们只是走上了一条错误的路径才达至这样的存在，而剧里所表现的这一切其实是有不如无的东西。

论写作和文体

1

首先，动笔写作的有两种人：一种人是因为有内容要写出来；另一种人则是为写作而写作。第一种写作者有了一些思想，或者积累了某些经验；这些东西在他们看来值得传达给别人。第二种人需要钱，所以，他们写作就是为了钱。这第二种人思考是为了有东西可写。我们很容易就可以认出这种人，因为他们会把脑子里的东西尽可能拖长来写，把半真实的、古怪的、牵强的、摇摆不定的想法发挥、做大；并且，他们通常都喜欢把文章写得晦涩难懂——这样，他们就可以装扮成一副他们其实并不是的样子。所以，他们写出的东西既不确切又不清晰。因此，人们很快就可以发现：这些人写东西只是为了填满纸页，甚至我们最好的作家也不时做出这样的事情。例如，莱辛剧作中的部分段落，甚至约翰·保罗所写的许多小说也是充数之作。一旦发现作者是这样写作，我们就要马上把这些作品随手扔开，因为时间是很宝贵的。从根本上而言，一旦一个作者是为了填满纸页而写作，那这位作者就是在欺骗他的读者，因为这一点是预先就已确定了的：作者之所以动笔就是因为他有了要向我们传达的东西。稿酬和版权从根本上毁坏了写作。只有纯粹是因为有东西要写才动笔的人，才会写出值得一写的东西。如果在写作的各个领域里，只有极少数的优秀书籍才得以露面，那就真的是功德无量！但可惜这是永远不可能办得到的事情——只要写作者有稿酬可赚的话。这是因为金钱就好像被下了一道恶咒：不管是哪一位作者，只要他是为了谋利而写作，那写出的东西就开始变质。出自伟大人物的最优秀著作，在其产生的时候，著作者都是不曾获得酬劳或者只得到了很少的酬劳。因而，这一句西班牙谚语得到了证明：

荣誉和金钱不会走进同一个口袋。

当代文学在德国内外所呈现的困境，其根源就是写书、出书可以牟利。每一个急等钱用的人都坐下来写书，而读者大众又傻乎乎地掏钱购买。这种情形导致的次要后果就是语言的败坏。

一大群拙劣的写作者纯粹是以读者大众的愚蠢养活自己，因为读者竟然蠢至非最新印刷的东西不读。这群写作者就是"日报记者"（Journaliste），这一称谓非常确切！翻译成德文就应该是"Tagelohner"[1]。

2

我们也可以说文章作者分为三类：第一类只写不想。这些作者把自己的记忆、回顾写下来，或者干脆直接从其他书里取材。属于这一类的作者简直是多如牛毛。第二类则是在写作的时候也曾作过思考——他们思考是

---

[1]意为"按日领取工钱的雇工"。——译者注

伟大作家和艺术家的特征，亦即他们的共同之处，就是他们对其写作或者表现的主题相当执著和认真。其他人则除了自己的好处和利益以外，对一切都是无所用心的。

如果一个作者由于发自内在的冲动而写出了作品，并以此获得名声，但在这之后，却恃着这一名声而成为多产作者，那他就是为了区区的金钱而贱卖了自己的名声。一旦一个作家是为了谋取利益而写作，那他就不会写出什么好东西。

只有在这一世纪，我们才有了职业写作者。在此之前，却只有因使命感而成就的作家。——叔本华注

为了写作。这类为文者数目也不小。第三类撰文者则是在动笔以前就想好了要写的内容。他们已写作纯粹只是因为他们做过思考。这些人为数极小。

属于第二类的、直到动笔才开始思考的为文者，就好比是外出随意走上一圈的捕猎者：他不大可能会把许多猎物带回家里。相比之下，为数很小的第三类写作者就好比早就捉住了猎物，这成群的猎物在稍后从一处栅栏被赶进了另一处同样是围起来的地方——在这里这些猎物是无法逃走的，猎人此刻要做的只是瞄准和扣动扳机（描述和表现）。这种捕猎是会有所收获的。

甚至在这为数很小、在动笔之前就的确已认真思考过的作者当中，也只有极少数的凤毛麟角是思考过事物本身，而其他的写作者则只是思考过书本，思考过别人所说过的话语。也就是说，这后一种人真要思考的话，那就必须先经由别人的和既定的思想而获得更加接近和更加强力的推动、刺激。别人的、既定的思想就成了他们就地取得的题材。因此，他们总是受到别人思想的影响，这也导致他们永远难以真正有所独创。但上面提到的属于凤毛麟角的写作者，却是受到事物的激发而思考。所以，那些人思考的是那些事物本身。也只有在这些人的作品里面，才可觅到能够长存不朽的东西。不言而喻，我在这里谈论的是涉及高深学问和思想的写作，而不是撰写白兰地酿造、精馏的人。

只有在写作的时候是直接从自己的脑子里掏东西的人，才会写出值得一读的作品。但是，编写大纲和泛论、炮制汇编和总集的人，还有平庸的历史作者，等等，都是直接从书本里获取材料，然后直接形诸笔墨，中途甚至不曾经过大脑的循例放行，更不用说经过大脑的一番加工和处理了。（如果书的编者和作者都了解自己编出或者写出的书里面的东西，那他们将是多么的博学啊！）因此，这些人所发的议论经常意义含混，读者绞尽脑汁也搞不懂他们到底在想些什么。其实，他们根本就不曾想出些什么。他们所抄袭的原书本身有时候就是同样的云山雾罩、不知所云。这样，如此炮制出来的书籍就好比根据石膏模子再造出另一副石膏模子。到最后，安提诺斯[1]的塑像就变成了一个几乎难以辨认的脸部轮廓。所以，我们应该尽量少读这类汇编为妙，虽然完全不读这种书籍是有点困难，因为把多个世纪以来积聚起来的知识浓缩在小小空间的简编、概要一类，也是属于所谓的汇编。

没有什么比相信这一看法更加错误的了：最迟说出的话语总是更加准确，最新写出的文字肯定更胜之前的文字一筹，每种新的变化都是一个进步。真正思考的思想者、能够作出正确判断和严肃认真对待自己所从事的事情的人，始终只占少数。到处都充斥着苍蝇、蚊子一类的害虫。这已经是规律中的事情。这类人总是随时、勤勉地以他们的方式自以为是地要去修改、润色思想者经过深思熟虑以后说出的话语，不把它们弄得面目全非不肯罢手。因此，那些想就某一话题求教的人，千万不要匆忙拿起讨论这一话题最新出版的书，满以为科学总在进步，而新书的作者肯定是利用了之前的旧著。事实的确是这样，但这到底是怎样的一种利用啊！新书的作者经常并不曾彻底理解前贤的作品，但却又不愿意直截了当沿用旧著的原话。所以，那本来表达得更好和更加清晰的话语只能被他们越改越糟、弄巧成拙。要知道，写出更好原话的前贤根据的可是自己对事物亲身的、活的认识。写出新书的人经常漏掉了前贤最精髓的部分，对事情漏掉了最鲜明生动的解释和最绝妙的评论，因为新书的作者无法认出这些价值，对前贤简明、扼要、含蓄的笔法也浑然无所感觉。只有肤浅的唠叨才和他们同气相通。这样，一本更早和更好的著作却被更新的、纯粹为着金钱而写出的书取而代之。这些新作在同伙的颂扬声中狂妄、傲慢地登场。在学问领域里，为了达到造成效果、引人注目的目的，每一位著作人都想拿出一些新的东西，而这经常纯粹只是推翻在此之前人们公认为正确的东西，以亮出自己本人可笑、荒唐的

---

[1] 安提诺斯（Antinous，110—130）：罗马国王哈德良的情人（男宠），其塑像收藏在那不勒斯国家博物馆里。——译者注

货色。这一招有时候也可以奏效于一时，但稍后人们还得重新接受原来正确的东西。这一类的创新者并不会严肃、认真对待这世上的任何事情，除了他们极其珍视的自我——而这一自我正是他们一心想突出和强调的。提出某一似是而非的悖论应该能够快速达到这一目的。他们那缺乏创造性的头脑就向他们推荐了否定既有理论的做法。这样，很久以来一直得到公认的真理就遭到了否认，诸如生命力的存在、交感神经系统的理论、（生物的）自然发生的学说、比夏[1]对情欲的作用和智力产生的效果所作出的划分，等等都遭到了拒绝。这些新人重又回到极端的原子学说中去。所以，科学的步伐经常是逆行的。属于这一类别的还有那些在翻译原作的同时，作出修改和纠正的翻译者。我始终觉得这种翻译是一种大胆、无礼的行为。你们自己写出值得让别人翻译的书吧，就让别人的作品保持原样好了！所以，如可能的话，我们就要阅读那些对所讨论的事情有着根本性的发现和认识、真正有独创性的人所写出的著作，或者至少是在某一学问领域里被公认的大师的作品。宁可购买二手书，也不要阅读内容方面的二手书。当然，既然"在别人作出发现以后，提出点点的补充是容易的"，那我们在了解了某一理论的坚固扎实的根据、理由以后，不妨增加知道对这一理论的最新补充。总的来说，这一普遍的规律同样适用于此处：新的甚少是好的，因为好的只是很短时间内是新的。[2]

　　一本书的名字之于这本书，就好比是信封上的地址、姓名之于一封发出去的信。也就是说，书名的首要目的就是让这本书能够引起那些可能会对这本书感到兴趣的人的注意。因此，书名应该是描述性的；并且，既然

[1] 比夏（M.F.X.Bichat，1771—1802）：法国解剖学家、生理学家。——译者注
[2] 为了确保长久吸引读者的这一兴趣，我们必须要么写出具永恒价值的东西，要么就得不断搞出新的花样——而恰恰因为这样，这些新的花样就越搞越差。——叔本华注

书名本质上就是简短的，那书名就必须凝练、扼要，如可能的话，书名要能够透露出内容的梗概。据此，烦琐、啰嗦、含意模糊、不知所云的书名都是糟糕的。至于虚假、误导读者的书名，则更是为这本书准备了和写错了地址的信件所遭受的同样命运。但至为恶劣的却是偷窃得来的书名，亦即别的书籍已有的名字。因为首先这是剽窃行为；其次，这最明显地证明了书的作者完全缺乏独创性，因为既然连为这本书起一新的名字的创意都没有，那他就更加没有能力给予这书以新的内容。与此类书名相关和类似的就是模仿、亦即半偷窃别人的书名。例如，在我出版了《论自然界的意欲》很长时间以后，奥斯特[1]就写了一本《论自然界的精神》。

现在的写作者到底还有多少诚实可言，可以从这一点看得出来：他们在歪曲引用和断章取义列举别人著作的时候，真可谓肆无忌惮、完全不负责任。我的著作中被别人引用的部分普遍受到了歪曲，也只有我那些旗帜鲜明的追随者是例外的情形。很多时候，这种歪曲由于粗心大意所造成，因为这些为文者用惯了陈词滥调，一下笔这些东西就习惯性地倾泻而出。有时候，这是因为唐突、冒失的缘故——他们想矫正、改正我的表达。但最常见的还是出于卑劣的目的。这样的话，这种故意歪曲就是卑鄙、无耻的下流行径，正如制造假币一样。做出这种行为的人以此行为一举剥夺了自己的清誉。

3

一本书只是这一本书作者的思想所留下的印痕而已。作者这些思想的价值要么在于其题材（素材），亦即作者所思考的对象；要么在于其形式，亦即作者对其题材所作的处理。也就是说，作者对这些题材所作的思考。

---

[1] 奥斯特（Ørsted, Hans Christion, 1777—1851）：丹麦物理学家和化学家。——译者注

题材是多种多样的，它们给予一本书的好处也同样是多种多样。所有的现实题材，也就是说，所有历史的、自然物理的事实本身，以及在最广泛意义上的这一类东西，都属于现实的题材。以题材取胜的书，其独特之处全在于写作的客体。因此，某些书无论其作者是谁，都可以成为重要的作品。

　　相比之下，以写作者所作出的思考见优的书，其独特之处却在于写作的主体。思考的对象可以是司空见惯、人人都很熟悉的东西，但是，作者对这些对象的把握形式、作者所作出的思考却赋予了这本书以价值。这些取决于写作的主体。这样，如果一本书是在这一方面出类拔萃的话，那这一本书的作者也同样是出类拔萃的。由此可以推论：一个值得一读的作者，越不需要借助其题材的帮助。也就是说，书的题材越是为人熟知和越是被人反复采用，那这一作者所作出的成绩就越大。例如，三个伟大的希腊悲剧作家就曾处理过同样的题材。

　　所以，如果一本书很出名，那我们就要分清楚这本书的名声是拜其题材所赐，抑或归功于作者对这题材的处理形式。

　　由于选取了特定的题（素）材，相当平庸、肤浅的写作者也可能写作出很重要的书籍，因为只有他们才有机会接触到这些素材。例如，这一类素材可以是对边远的国家、罕见的自然现象、历史的事件等等的描述——因为作者是这些事情的目击证人。或者，这些作者花费了相当的时间和精力，探究这些事情的来龙去脉、寻找和收集了有关的原始资料。

　　而在形式方面，如果素（题）材是每一个人都可以接触到，甚至是相当熟悉的；也就是说，如果只有对这些素材所作出的思考才可以使写出来的东西具备价值，那就只有具出色头脑的作者才可以写出值得一读的东西。因为其他一般头脑的作者只能想出人人都会想到的东西，他们写出的作品是其思想的印痕，但每一位读者自己就已经有了产生这种印痕的原型物了。

　　不过，读者大众更感兴趣的却是书的题材，而不是形式。因此原因，这些读者无法获得更高一级的智力锻炼和文化修养。他们在对待文学作品时把这种倾向表现得至为可笑，因为他们一丝不苟地探究现实发生过的情形，或者文学家本人的那些引发出这些作品的亲身经历。的确，对于广大读者来说，这一类事情说到底还是比作品本身更加有趣。所以，读者们更多阅读的是关于歌德的书，而不是歌德写出的书；探究浮士德的传说比研读《浮士德》长诗更来劲。贝尔格已经说过："读者会就莱诺尔到底是何许人氏展开学识渊博的考察。"此话一字不差地应验在歌德的身上，因为我们现在已经有了许多对《浮士德》长诗和浮士德传说的学识渊博的探究。这些探究是，并且永远是属于素（题）材方面。这种对素（题）材更甚于对形式的喜好，就好比对一个美丽的古意大利花瓶的外形和图案视而不见，但却一门心思探究这花瓶的黏土成分和颜色的化学构成。

这种迎合和助长低级趣味、试图通过题材产生效应的做法，在某些要求作者必须把才华和贡献发挥在作品形式上面的创作领域里，是绝对要不得的。这些作品也就是诗歌、诗剧作品。尽管如此，我们还是不时地看到那些下三滥的戏剧作者竭尽所能在题材上取胜，以吸引更多的观众到场。所以，例如，他们就把某些其实生平并没有多少戏剧事件的名人硬是拉上了舞台；有时候甚至那些与名人一道出场的真实人物还没死去，戏剧作者们就已经等不及了。

我在此对题材与形式的区别的讨论甚至同样适用于人们的谈话。也就是说，要能够进行谈话，首先必须具备理解力、判断力、机智、灵活等素质。正是这些素质赋予了谈话以形式。接下来马上就要看谈话的素材了，亦即我们可以与这个人谈论的东西，也就是他的所知。如果可供交谈的素材不多，那就只有具备非比一般的属于上述形式方面的素质，才可以使谈话具有价值，因为这种谈话所涉及的素材就只能局限于人们都熟悉的事物、人以及自然的情况。但如果一个人缺乏形式方面的素质，但却有了使这谈话具一定价值的某一方面的见闻和知识，那情形就刚好相反了：这种谈话所具的价值全在于这谈话的素材。这正应了那句西班牙俗语所说的：

笨人对自己家里的了解更甚于聪明的外人。

4

一个思想的真实生命维持至这一思想形之于文字为止——这一思想就以此方式成了化石：从此以后这一思想就是死的了，但同时也是无法磨灭的了，就像史前世界石化了的动、植物。我们也可以把这一思想的短暂生命比作水晶石在结晶一刻的瞬间。

也就是说，一旦我们的思想找到了文字表达，那这一思想就开始为他人而存在，它就不再活在我们的内在了。就像一个有了自己存在的婴儿一样——它已经跟母体分离了。就像诗人歌德所说的：

你们可不要驳诘，使我迷惘
人们一旦说话，思想就会混乱。

5

羽笔之于思考就等于手杖之于走路，但最轻松自在的走路是不需借助手杖的，最美妙的思考也不需借助羽笔思考。只有在我们开始老的时候，我们才会喜欢借助手杖走路，才会喜欢借助羽笔思考。

6

某一假设一旦在头脑里占据了位置，或者在这头脑中诞生，那这一假设就有了自己的生命，它就像一个生物体一样从外在世界吸收有益的、同质的东西和排斥异质的、有害的东西。如果无法阻止异质的、有害的东西闯入的话，那这些异质东西是会原封不动被剔除掉的。

7

讽刺作品必须像代数学一样只可以运用抽象和不确切的数或量，而不能以具体的这些东西操作。我们不可以把具体的活人物写进讽刺作品中去，就像我们不可以在活人身上实施解剖学一样，以防我们的身家、性命受到威胁。

8

一件作品要永恒不朽的话，那这一作品就必须具备多样的优点，以致要找到一个能够理解和赏识所有这些优点的读者也不容易。但是，总会有某一位读者赏识这一作品的某一优点，而另一位读者则敬慕这一作品的另一优点。这一作品的声誉和名望就以这一方式持续保持多个世纪——尽管在这期间人们的口味和兴趣不断在变换。这是因为人们时而在这一意义上，时而又在另一意义上欣赏这一作品，这一作品所包含的意蕴始终无法穷尽。不过，写出这一著作的作者，亦即有资格存活在后世之中的人，却在他的同时代人当中、在这广阔的世界里始终无法找到与己相似的人；他实在是太过不同了。并且，就算他像永远流浪的犹太人一样走过了几代人，他还是发现情况没有两样。一句话，他就是阿里奥斯图的诗句所描绘的人，"大自然塑造了他，然后把模子打碎了"。如果情况不是这样的话，那就不可能理解为何这位作者的思想就不像其他作者的思想一样遭湮没。

9

几乎任何时候，无论是在艺术还是在文学当中，都会有一些错误的基本观点、错误的方法和格调流行开来，并受到人们的赞扬。思想平庸的人就会争相仿效这些东西，而有洞察力的人则会看穿和鄙视这些东西，不为时尚所动。用不了几年工夫，甚至读者大众也终于看到了这些把戏可笑的本来面目。那些矫揉造作的作品用以打扮自己、并曾一度让人们惊艳的脂粉、口红终于剥落和褪色了，就像马虎地涂抹在墙壁上的劣质灰泥装饰掉了下来；这些作品现在就像光秃的墙壁一样摆在了我们面前。所以，当某些很长时间以来就已蠢蠢欲动的错误的基本观点现在终于理直气壮、明目张胆地表达出来时，我们用不着生气，而是应该感到高兴，因为人们很快就会感觉、看穿和最终道出它们的虚假本质。到了那时候，就好像脓疮终于被弄破了。

10

写作的风格是精神思想的外相，它比肉体外相更不会欺骗人。模仿别人的风格就等同于戴上了一副假面具。哪怕这副面具非常好看，但因为这副面具是死物，很快它就会变得索然无味、让人生厌。就算是一张丑陋无比、但却活泼、生动的面孔也比这副死面具要好。所以，那些以拉丁文写作、仿效古老作家的作者，其实就像是戴上了一副假面具。也就是说，我们能够听见他们说出的话，但就仅此而已，因为我们无法看见他们的面相、表情，他们的风格。但在那些以思考为乐、并不甘于模仿别人的人所写出的拉丁文著作里，我们却可以看到这些东西。这一类的作者包括埃里金纳[1]、彼特拉克、培根、笛卡儿、斯宾诺莎、霍布斯等。

矫揉造作的文体就好像是挤眉弄眼而成的表情。人们书写的语言就是人们的民族面相。而各个民族的面相——例如，从希腊语一直到加勒

---

[1] 埃里金纳（Johannes Scotus Erigena，约810—880）：欧洲中世纪前期经院哲学家。著有《狄奥尼修书》等著作。——译者注

比语——相互间差别很大。

我们应该留意别人的文体毛病，目的就是避免重蹈别人的覆辙。

11

要对某一位作者的精神产品姑且作出评价，我们并不一定需要知道他思考过什么素材，或者他对这些素材想出了些什么，因为这样做就意味着必须读完他所有的作品。其实，知道他是如何思考就已经足够了。作者思考的方式，他的思维的基本特性和大致素质，会精确反映在这位作者的文体之中。也就是说，一个人的文体会显示出这个人所有思想的形式特性，而这一形式特性是始终如一的，不管这个人思考的素材如何各自不一，也不管他得出了些什么思想。这就好比是一块面团：虽然可以捏出各种不一的形状，但这些形状始终是由那同一块面团捏成。所以，当路人向欧伦斯皮格尔[1]打听要走多长时间才能抵达下一目的地时，欧伦斯皮格尔作出了似乎是荒谬的回答："继续走！"欧伦斯皮格尔的目的就是从问路者的步速算计出这一问路者在一定时间内能够走出多远的距离。同样，我只需读上几页某位作者的文字，就可以约略知道他能对我有多大的帮助。

正是由于私下里意识到这种情况，所以，那些平庸的作者都尽力收藏起自己独有的、自然的风格。这样，他们就首先被迫放弃自己质朴、无华的文体。因此，质朴、无华的文体尤其属于高人一筹、充分感受到自身优势并因此充满自信的思想者。也就是说，那些思想平庸的作者完全不敢下定决心直写自己的所思，因为他们怀疑这样写出来的东西会显得简单、幼稚。但其实，直写自己的所思总还是具一定价值的。所

---

[1] 欧伦斯皮格尔（Tiel Eulenspiegel）：14 世纪德国机智的农夫，他的幽默和玩笑成为无数民间故事的来源。《梯尔·欧伦斯皮格尔》是德国民间故事集。——译者注

以，如果他们老老实实地写作，把自己确实思考过的相当一般的点滴东西，以朴实简单的方式传达给读者，那么，他们所写出来的东西还是可以让我们一读；在其特定的范围之内，甚至还是有一定的教益。但他们却偏偏没有这样做。他们力图显得比实际上想得更多、想得更深。所以，他们在表达自己的想法时，喜用生僻的字眼、复杂的长句、时髦和牵强的短语。那些套叠的句子拐弯抹角、闪烁其词。这一类作者就在既想传达这些思想、又想掩藏起这些思想之间左右为难。他们很想把自己的思想装饰一番，以显示出一副渊博、高深的样子。这样，读者就会以为在他们所写的东西里面另有更多读者暂时还不曾察觉的东西。因此，有时候，他们把自己的想法用短小、模棱两可、似是而非的格言式句子零碎表达出来——这样，就好像是别有一番深意在这些句子之外（谢林关于自然哲学的著作就提供了这方面的绝好例子）。有时候，他们又会把自己的思想淹没在滔滔的语词里面，其啰嗦、繁复让人忍无可忍，就好像他们的思想不花费庞大的工夫就不足以说得清楚一样。其实，他们脑子里面也就那么一些简单至极的想法，甚至只是老一套的滥调（属于这一类的大量例子见之于费希特的大众作品和许多其他不值一提的草包所编的哲学教材）。或者，他们会看中某一自以为考究和很有文化的风格，例如，尽力写出某种缜密、深沉、科学的味道，而读者则被这些又长又臭、但却没有内容的巨无霸句子折磨得头昏脑涨（由那些不知羞耻的黑格尔门徒编写的黑格尔刊物《科学知识年鉴》尤其为我们提供了这一类例子）。又或者，他们刻意写出机智、俏皮的笔法，看上去十足的疯疯癫癫、精神错乱。诸如此类的情形不胜枚举。他们所有的这些努力都是"雷声大，雨点小"，经常使读者无法看清他们葫芦里究竟卖些什么药。他们写下没有丁点思想的名词、句子，但却又冀望别人以此想出点东西。诸如此类的努力，其背后不外乎就是拼命寻求新的手段，把字词当作思想贩卖给读者；并且，通过运用新的字词，或者旧词新用，或者拼凑、组合短语和句子，造成作者有头脑思想的假象，以弥补作者恰恰在这一方面所痛心感受到的欠缺。为了达到这一目的，他们时而采用这一手法，时而又变换另一种方式以冒充学问和思想——此情此景真的让人忍俊不禁。这些手段可能暂时欺骗了没有经验的读者，但这副死面具迟早会被人们识穿，招徕别人的笑话。到了那时候，又得变换新的花样了。我们看过不少作者下笔狂热奔放、酣畅淋漓，完全是忘乎所以的样子；但转眼就在接下来的第二页却变成了严谨认真、引经据典，一副学问大家的派头，其咬文嚼字、拖沓凝滞的文体，就像以往克里斯蒂安·沃尔夫所惯用的文体——虽然现在披上了现代的外衣。但最经久耐用的办法还是写出含混、让人不明所以的文字——但这只在德国才吃得开。在德国，费希特最先采用了这一风格，谢林则把它发扬光大，而到了黑格尔手里，这种风格达到了极致；而且效果相当令人满意。但是，没有什么事情比写出无人能懂的东西更加容易，而以人人都可以明白的方式表达出重要、深奥的思想则是最困难不过的。令人费解的文字（Das Unverstandliche）是与无知和缺乏理性（Unverstandigen）紧密相关的。在这种令人费解的语言背后，极有可能是故弄玄虚，而不是深不可测的思想。如果作者真有头脑思想的话，那他是用不着使出这些招数的，因为有了思想就可以以自身的样子示人。贺拉斯的这些话语也由此得到了证实：

合乎理性的思考是良好写作的条件。

但其他作者却像那些试验多种不同金属以代替那唯一和不可取代的黄金的人。其实，作者最需要提防和避免的，就是明显在极力显示比实际上更有头脑思想，因为如果作者是这样做的话，那反倒引起读者怀疑这位作者并没有什么思想——道理就在于一个人总是冒充拥有自己实际上欠缺的东西。正因为这样，如果我们说作者的文体朴实无华，那就是一条赞语，因为朴实无华意味着这位作者能够以自身的样子示人。朴实、无华一般来说都能获得人们的欢心，而有失自然总是惹人反感。我们也可以看到：每一个真正的思想家都是努力争取以尽量单纯、清晰、准确和扼要的方式表达自己的思想。据此，简朴不仅始终是真理，而且也是天才的标志。文体是因思想而变得优美，但那些假冒思想家却尝试让自己的思想因文辞而获得美感。语言文字只是思想的剪影；写出模糊或者拙劣的文字其实就是思维迟钝或者混乱。

　　所以，写出良好文体的首要律条，就是写作者必须言之有物；事实上，仅仅这么一条规则本身就差不多足够了。这一规则含意多么深远啊！而无视这一规则却是德国哲学著作的写作者和思辨作家的通病，尤其是自费希特时代以来。也就是说，我们可以注意到哲学作者很想显示出一副有话要说的样子，但其实，他们却没有可说之话。这种由大学的假冒哲学家所引入的写作方式，甚至在这一时代显赫的文学名家的作品中也屡见不鲜。这也是句子里出现两歧甚至多歧含意的由来，也是生产出所有这些的母亲：冗赘、淤滞不畅的文气，即法国人所说的僵硬的文体（stile empese）；不着边际、哇啦哇啦一发不可收拾的词语；不知疲倦的长篇大论以掩盖作者缺乏思想的苦况，就像风车一样咯吱咯吱转个不停，使人头昏目眩。这种文字可以让我们读上几个小时而始终无法把握住哪怕是一个清楚、具体表达出来的思想。臭名昭著的《哈尔年鉴》，后来是《德意志年鉴》，就为我们提供了这方面的大量典型例子。谁要是有了值得一说的话，那他是用不着使用夸张、有失自然的字词、复杂的短语和幽暗不明的隐喻以遮盖自己的意思。相反，他会简单、清楚、朴实地表达出自己的看法，并且确信能以此产生效果。所以，谁要是使出上述的招数，也就以此暴露出自己欠缺头脑思想和知识。与此同时，德国人的沉着和耐性已经使他们习惯了形形色色的文字垃圾。读者读完一页又一页却又不知作者到底要说些什么。德国的读者们误以为这一切都理当如此，殊不知作者只是为写而写。相比之下，一个具有丰富思想的优秀作者很快就会让读者相信：作者是认真的，作者的确是有话要传达给读者。这会促使有头脑的读者耐心、认真读下去。正因为这样的作者的确有内容要传达给读者，所以，他总是以最直截了当和简单明了的方式表达自己的思想。这是因为他的目的就是激发和唤起读者和自己一样的思想。据此，他就可以与布瓦洛^[1]一道说出：

> 我的思想随时可以尽情表露
> 我的诗句不管是好是坏，总是言之有物。

> ——致德·塞纳莱侯爵的书简诗

而布瓦洛所说的"言多必然无物"适用于上述的那些文体作者。那些作者的另一特点就是，尽可能地回避任何肯定和断然的词语，这样，他们就可以在需要的时候摆脱窘境。所以，在任何情况下，他们都会选用偏向抽象的词语，而有思想的作者却会采用更加具体的字词，因为具体的字词能让读者更加直观、形象地看清事物，而直观所见是所有显著根据之源。证明那些作者喜好抽象词语的例子有很多，一个尤其荒谬的例子就是在过去十年间德语文章中，在本来应该使用"导致、产生（某一效果）"(bewirken) 或 "（作为原因）引起"(verursachen) 等动词的时候，人们几乎全都使用了"以……为条件、前提"(bedingen) 一词，因为"以……为条件"这一动词是一个抽象和不确定的词语，更少具体的含意（其含意只是"非此不行"，而不是"由此"、"因此"）。所以，使用这样的抽象词语就总能为自己留下一条后路——这对于某些人来说是求之不得的，因为这些人私下里意识到自己本事有限，所以总是不放心使用肯定和断然的词语。至于其他也使用类似偏向抽象词语的人，却只是他们跟风的国民性使然。所以，文章写作中的每一愚蠢花样，就像日常生活中的每一无礼行为一样，马上就会找到仿效者。这种喜欢跟风的习气可以从这两者能够迅速蔓延得到证明。英国人则无论在文章写作抑或

---

[1] 布瓦洛（Boileau, Nicolas, 1636—1711）：法国诗人，当时文学评论界泰斗。著有《读经台》等作品。——译者注

在日常生活方面都会以自己的判断为依据，但德国人却很难称得上是这样。因此原因，"导致、产生"和"引起"等词几乎已经全部从最近十年出版的文章书籍中绝迹，人们到处都只用"以……为条件、前提"(bedingen) 一词。在此提出这些事情是因为这是这一类可笑事情的典型例子。

思想平庸的作者只能写出空洞和沉闷的东西——这一点甚至从这些人总是带着一半的意识说话就可以看得出来，也就是说，他们连自己说出的字词的真正含意也不甚了了，因为这些字词是鹦鹉学舌般学来的，现在是习惯性脱口而出。所以，他们更喜欢用上现成的短句和成语，而不愿意自己把个别词语组合起来。这就是为什么这些文章的特征是明显缺乏突出、鲜明思想的印痕，而这正是因为这些作者没有能留下这些印痕的印模——自己清晰的思维。所以，我们读到的只是拼命堆砌的字词，其具体含意却模糊和不确切；还有就是用得太滥的俗语和时髦、流行的说法。[1] 正因为这样，他们写出的东西就像是用破损了的字模印出来的文字，读来让人如坠五里雾中。相比之下，具有头脑思想的作者透过其文章的确向我们说话；因此，阅读他们的文字是一件赏心乐事。也只有这些作者才是完全有意识和有目地地精选、组合字词。所以，这些人的表述比起上述提到的其他作者的表述，就好像一幅用油彩绘成的油画跟一张用模板印出的画作之比。也就是说，在前一种情形里，作者选用的每一个字，或者画家勾勒、涂抹的每一笔都带有特定的目的；但在后一种情形里，所有一切都是机械性印上去的。[2] 在音乐里我们也可以

---

[1] 生动的字词、独创的成语和巧妙的表达就像衣服一样：在新的时候，这些令人眼前一亮，造成很好的效果。但随后，人们就一窝蜂仿效它们。这样，很短的时间以后，这些词句就被用滥了，到最后，变得完全失效了。——叔本华注

[2] 平庸之人写出的东西就像是用模板压印而成，也就是说，纯粹由正当流行的现成词语和短句所组成。作者不曾以这些词语想到任何东西就把它们写了下来。具高超思想的人却组合特定的字词以形容每一专门的情景。——叔本华注

观察到同样的差别。这是因为天才作品的特征就是在各个细微的部分都匠心独运，这就好比利希腾贝格所说的：加里克[1]无处不在的灵魂就显现在加里克全身的肌肉上面。

至于上面提到的作品中让我们感受到的沉闷，我们可大致上分为两类：既有主体（观）的也有客体（观）的。属于客体（观）方面的沉闷始终是因我们现正讨论的作者能力欠缺所致，也就是说，作者根本就没有足够清晰的思想、见解可供传达。道理很简单：一个人一旦有了一定的思想、见解，他就会直截了当要达到自己的目的，亦即传达自己的这些思想和见解。这样，他就总是能够给予读者清晰表达出来的观念和看法；他也就既不可能不着边际、语无伦次，也不会言之无物。结果就是写出来的东西不可能是沉闷、乏味的。哪怕这位作者的根本观点是错误的，但在正讨论的情形里，他的根本观点仍然是经过了清晰思考和仔细推敲。所以，这一观点至少在形式上是正确的。这样，他的作品始终具备一定的价值。而客观上沉闷的文章，基于同样的理由，总是没有价值的。相比之下，主观上感到的沉闷只是相对而言。这可以是因为读者对作者所讨论的事情缺乏兴趣，而缺乏兴趣有可能是因读者自己的能力、见识有限所致。所以，甚至是优秀的作品对于某些读者来说，也可能是枯燥、寡味的。同样，一些最拙劣、低级不过的作品，从某些读者的主观角度出发，却相当有趣和过瘾，因为这些读物或者说读物的作者吸引了他们的兴趣。

如果德国的文人能够认识到，虽然人们要尽可能像伟大的思想者一样地思考，但却应该像每个常人一样地运用同一语言，那就将是大好的事情。我们应该用平凡的字词说出不平凡的东西。但德国的作者却做出恰恰相反的事情。也就是说，他们尽力把相当一般的想法裹以庄严、高贵的字词，用不寻常的语言表达相当寻常的思想，所用的字词夸张、造作和古

---

[1] 加里克（Garrick, David, 1717—1779）：英国演员、剧作家、诗人和
 剧院经理。著有《哈乐根的入侵》等作品。——译者注

怪、吓人。那些句子踩着高跷阔步前行，一副高屋建瓴的气派。这种钟情于浮夸、虚张声势、有如神龙见首不见尾的文风，其代表人物就是莎翁《亨利四世》（第一部分第5幕第3场）一剧中的旗手匹斯托尔——他的朋友福斯塔夫很不耐烦地对他吼道，"我实在是拜托你了！你就不可以像人一样说话吗?!"我把下面这一宣传广告提供给喜欢具体例子的人：

我们出版社即将推出一本既有学术理论性又有实际操作性，集科学生理学、病理学、疗法于一体的专著。其探讨的对象名为"鼓胀"，是一种人所共知的气体现象。在本专著里，作者把这些现象的机体和因果的关系联系起来，根据这些现象的特性和本质，结合所有作为这些现象前提条件的、不管是内在还是外在的生物起源学的因素，以及这些现象的全部外现和活动，对这些现象作出了有系统的描述和解释，从而为人类和科学的思想知识作出了贡献。这一德语译本几经勘误并附有详细的注释和评语。该书译自法国的《放屁的艺术》。

在德语里我们没有与法语词"stile empese"[1]精确对应的字词，但在德国，这种文体可是更加常见。如果这种文体加上虚饰、作态出现在书里，那就等同于在社会生活中故作深沉、趾高气扬、扭捏作态的举止行为，同样令人作呕。缺乏思想的内容就喜欢以这样的文字外衣装扮自己，正如在日常生活中，愚人喜欢摆出严肃的神情和拘泥于形式一样。

写出矫饰、造作的文字就像是精心穿戴一番以免被人看作是普通平民，但真正的绅士哪怕是穿着最不起眼的衣服，也很少会有被人错认的危险。因此，正如人们从一个人艳丽、太过挺括的衣着看出这是一个俗人一样，从矫饰、虚浮的文体就可认出平庸的作者。

尽管如此，如果认为我们的作文应该像说话一样，那可是错误的看

---

[1] 意为"僵硬的文体"。——译者注

法。相反，每一种写作文体都必须带有某种精炼、简洁的气质，这也的确就是各种文体万变不离的宗旨。所以，怎么说就怎么写是要不得的，一如与此相反的做法，亦即说话就像写作一样。满嘴书面语言的人会被视为迂腐、书呆子气，听众听他说话也备感吃力。

晦暗、模糊的表达无论在任何情况下都是糟糕的信号，因为在百分之九十九这样的情形里，那都是因为作者的思想模糊、不确切所致，而这又几乎无一例外归因于作者的思想本身就是前后不一、自相矛盾和因此有欠正确的。头脑中一旦萌生了某一正确见解，这一见解就会力图清晰呈现，并且很快就可以做到这一点：清晰的想法很容易就能找到恰当的表达。我们能够想出来的东西总能找到清楚、易懂、确切的语言表述。写出难懂、晦暗、错综复杂、多重歧义词句的人，当然并不知道自己到底要说些什么；事实上，对于自己想要表达的东西，他们只是朦胧地有所意识，但这朦胧之物还没有成为确切、具体的思想。他们经常希望向自己和向他人隐瞒自己其实是无话可说。如同费希特、谢林、黑格尔一样，这些人希望显得知道自己其实并不知道、思考自己其实并不曾思考、说出自己其实并不曾说出的东西。如果一个人真有一些实在、确切的东西需要表达，那他会尽量含糊其辞，还是尽量清楚表达出意思？甚至昆体良[1]也说过，

对事情有专门了解的人说出的话经常是更加易懂，也更加清楚……所以，一个人越是没有本事，说出的话就越是模糊难懂。

同样，我们的语言表达不能像谜面一样让读者瞎猜，而应该问一问自己到底想还是不想表达出自己的意思。德国人写文章时躲躲闪闪、犹豫不决、顾左右而言他，这使他们写出来的东西没有吸引力，让人无法

---

[1] 昆体良（Quintilian, Marcus Fabius, 约35—100）：罗马演说家、雄辩家。著有《雄辩术原理》等著作。——译者注

领教。当然，如果作者传达的是某些在某一方面不合法、不许谈论的事情，那就另当别论。

正如作用过度通常会造成与本意相反的效果，同理，虽然运用字词可以让别人领会我们的思想，但这只是在某种限度之内。如果字词堆砌超出了一定限度，那这些字词就反而使要传达的思想变得更加模糊。把握这个中的限度就是文体的任务和判断力的专责，因为每一个多余的字词都会产生与其目的正好相反的效果。伏尔泰的话正好表达了这一层意思，"形容词是名词的死敌"。但是，当然了，不少写文章的人倾泻字词，其目的就是掩饰自己缺乏思想。

据此，我们应该避免一切赘语以及那些并不值得让读者伤神、句子中间可有可无的插入语。我们必须照顾读者的时间、精力和耐性。这样，我们就可以让读者相信：我们写出来的东西值得他们认真关注，他们所花费的努力是有回报的。删去了不错的东西也总比加进空洞的废话要好。赫斯奥德的话适用这里："一半比全部还要多"。总之，不要把一切话都说出来！"让自己变得讨厌的秘诀就是把话全都说完。"所以，除了要点和精华以外，如可能的话，读者自己也会想到的东西则一概不写。用词很多、但传达的意思却很少——这是表明作者思想平庸的确切标志，无一例外都是这样。相比之下，具出色头脑的作者却能言简意赅。

真理在赤裸的时候是最美的；表达真理的方式越简朴，所造成的印象就越深刻。原因之一就是读（听）者的精神不会受到其他枝节思想的扰乱，原因之二就是读（听）者不会担心受到表达者巧妙、动听言辞的迷惑，对读（听）者产生的效果完全是出自真理本身。例如，《圣经·约伯记》中的这一段话：

人为妇人所生，日子短少，多有患难。出来如花，又被割下，飞去如影，不能存留。

在哀叹人生的虚无方面，还有什么高谈阔论的文字能够造成比这更强烈的效果？为此理由，歌德单纯、简朴的诗歌远胜席勒修辞讲究和华丽的诗作。这也是为何许多通俗、流行歌谣能够产生如此强有力效果的原因。所以，正如在建筑艺术里必须避免过分装饰一样，在语言艺术里我们也要避免所有不必要的辞饰和毫无用处的发挥。一句话，凡是重复、多余的言词一概杜绝。因此，我们必须尽力写出一种朴素的文体。凡是可有可无的词语都只会造成不良的效果。简单和朴实是所有优美艺术都要谨守的法则，因为简单和朴实，甚至和伟大、崇高也是协调、一致的。

空洞无物的内容就要借助各种形式以掩藏自己。缺乏思想的内容会藏身于装腔作势、自以为是和华而不实的词藻之中。其他的花样林林总总、不胜枚举，但偏偏朴实是不被采用的，因为一旦以朴实的形式出现，其内容的幼稚就尽现在读者的眼前，徒显愚蠢和可笑。甚至头脑不错的作者也不敢写出朴实的文字，因为这会让自己的思想显得干巴和乏味。所以，朴实的风格始终是为天才准备的礼服，正如赤裸是美丽身体的特权一样。

真正的简约（Kurze）就是永远只说出值得说出的东西，读者自己能够想到的则不必无谓讨论和解释。这就涉及准确区分什么是必要的、什么是多余的。但我们却永远不可以为求简洁而牺牲清晰；语法则更是不可以随便忽略的。为了节约个把字词而不惜削弱某一思想的表达，甚至模糊或妨碍了复合句的意思，那就是可怜的弱智行为。但当今广为流传的那种假冒简约就是这样做的；其手段就是把有其用途的字词，甚至语法或者逻辑的成分去掉。当今德国那些胡写一气的笔杆子，就像着了邪一样地沉迷于这种简约方式，其愚蠢令人难以置信。也就是说，他们为了省略个把字，达到一石二鸟之功，就让一个动词或者一个形容词同时服务于多个和不同的分句——读者碰到这样的句子时，在终于读到那谜底一样的关键字之前，就像在黑暗中摸索路径。除此之外，还有许多其他的字词省略方法，头脑简单的人误以为用上这些手段就是写出了简约的风格和浓缩的文体。这样，去掉那本来可以马上显示出复合句子含意的关键词以后，整个句子就被弄成了一个谜——读者得反复再读、绞尽脑汁才解开谜底。特别是他们对分词 Wenn 和 So 的处理（……），为了简约他们所能做的除了只是计算字词和随时准备不惜代价删去个别字词，甚至字词中的某一章节，不会还有别的东西。所以，他们就干脆利索地砍掉那些有其逻辑、语法或者语音作用，但又不为这些呆滞头脑所明白的音节。而一旦某一个傻瓜做出了这样的大胆行为，数以百计的其他人就会欢呼着争相仿效。对此竟然没有丁点反对的声音！对这种愚蠢行为没有反对和抵制，有的只是人们的赞赏和模仿。所以，在 19 世纪40 年代，这些无知文人为了取得他们所钟情的简短效果，完全弃用德文中的完成时和过去完成时，取而代之的是过去时的未完成时态。这样，未完成过去时也就只是德语里唯一的过去式。为此付出的代价就是不仅句子的语法受到破坏，句子失去了细腻、精确的含意，人的理解力也经常一并受到损害，因为这样写出来的词句不过就是毫无意义的昏话。所以，在上述种种破坏语言的做法当中，以弃用完成时为最严重，因为这损害了语言中的逻辑，以及连带的语言的含意。这是语言学上骇人听闻的事情。[1] 我敢打赌：在过去十年出版的书籍里面，读者肯定找不到哪怕是一个过去完成时，甚至完成时也很难发现。难道这些先生们以为未完成时和完成时代表了同一含意，所以，这两者可以不加区别地混用吗？如果他们真的这样认为，那中学四五年级该为他们腾出位置了。如果古老作家这样马虎写作，那他们将会遭遇什么样的情形？这种亵渎语言的例子，几乎无一例外见之于所有报纸和大部分学术刊物。这是因为在德国，正如我已说过的，文字写作中的某一愚蠢做法和日常生活当中

---

[1] 德语在当代受到了种种骇人听闻的损害，但最厉害的则是消除完成时，以未完成时取而代之，因为这种做法直接破坏了言语的逻辑，混乱了言语的含意，把个中的根本差别一举消除了，并使说出的话表达了与说话人本意不一样的意思。在德语里，处理未完成时和完成时的规矩是和拉丁语一样的，因为在这两种语言里，主导原则是一样的：把仍在继续的未完成动作与已经完成、完全已成过去的动作区别开来。——叔本华注

的每一无礼举止一样，都会找到大批的仿效者。没有人有自己独立的见解，因为我们德国人判断力不佳，我们的邻人反倒更具判断力——这一事实并不是我所能掩盖的。由于消除动词的这两种重要时态，德语几乎已经降至相当粗糙的水平。该用完成时的时候，选用未完成时不仅是对德语语法规则，而且也是对其他语言的普遍语法的犯罪。所以，为德国的文人开设一个小型语言学校是有必要的了。这样，他们就可以了解未完成时、完成时和过去完成时之间的差别；还有第二格和第六格的分别，因为人们在该用第二格的时候，总是无拘无束地采用第六格。（……）所以，这样的语言"改造者"必须像小学生一样地受到责罚，不管他们是谁。有识之士和善意的人都要为了保护德国语言站到我的一边来，共同与德国人的愚蠢行为针锋相对。要是在英国、法国、意大利（意大利甚至还有其令人羡慕的"保护意大利语学院"），类似今天德国为文者的那种随意，甚至是无礼恶待语言的行为将会招来何种对待？举例说吧，我们看到在《意大利古典作品集成》（米兰，1804）里，编辑在审阅《切尼尼的一生》一书时，半点偏离纯净托斯卡纳语的地方都不放过。甚至某一个字母出了差错，编辑也在脚注里作出批评。《法国道德学者》（1838）的编辑也是这样。例如，针对伏维纳古[1]所写的这一句话"Ni le degout est une marque de sante，ni l'appetit est une maladie."（"厌食既非健康的迹象，有胃口也不是疾病"，《随想与格言》），编辑指出应该是"n'est"，而不是"est"。如果换上我们德国人，要怎么写就怎么写，哪来那么多事！在一份英国报纸上，我看到人们对某位演讲者所说的"my talented friend"（"我那有才华的朋友"）提出了严厉的斥责，因为这并非标准的英文。其他国家就是这样严肃看待自己的语言。[2]

---

[1] 伏维纳古侯爵（1715—1747）：法国道德作家。——译者注
[2] 英国人、法国人、意大利人的这种严格态度并不是书呆子的咬文嚼字，而是一种小心、谨慎的行为：它不允许肆意玩弄文字的无赖妄动民族的圣物——语言，而这却是现在正发生的情形。——叔本华注

两相对照之下，德国每一个乱摇笔杆子的人都可以大胆生造离奇的字词，而不会在杂志上接受夹道鞭笞，反而还能找到赞赏者和仿效者。这些乱写一气、低级下作的舞文弄墨者，在强加给某一动词从来不曾有过的含意时，是从来不会缩手缩脚的；只要读者能够猜到那强加上去的含意，那这种做法就是有创意的，就会有人模仿。那些傻瓜把随时穿过自己头脑的杂七杂八都写下来，罔顾语言的语法、惯用法、含意和种种常识，并且是越离奇、越疯狂越好！我刚刚就读到"Centro Amerika"而不是"Central Amerika"。为了节省一个字母而不惜付出上文提到的代价！这意味着德国人在所有事情上面，都是仇视规则、法律和秩序的。他们喜欢个人随心所欲，然后再以自己敏锐的眼光找出毫无新意的合理理由。所以，德国人是否能够学会在街上沿右边行走，就像英伦三岛以及所有英国殖民地的英国人那样无论在大街还是小巷，都严守沿右走的规矩，我是持怀疑态度的。甚至在俱乐部和社交会所里，我们也可以看到人们喜欢由着性子走，破坏最需要遵守的公共准则，哪怕这样做并不会给自己带来任何便利和好处。但歌德在《自然的女儿》中说过：

> 随着自己的感官生活是粗俗的，
> 高贵之人为秩序和规则而奋斗。

人们是普遍着了这一疯狂，人人都迫不及待地破坏德国语言，没有半点的怜悯之情。事实上，每一个人都争取有所发挥，就好像外出射鸟的人一样。也就是说，现在的这一时代，德国没有一位在世的作家能够写出有可能永垂千古的作品，但出书商、写作匠和报纸记者却让自己放胆去改革德语了。这样，我们就看到现在的一代人，虽然留着长长的胡子，但都是性无能的——也就是说，他们没有能力创造更高一级的思想产品。他们就把闲暇用于随意、无耻地肢解众多伟大作家曾经使用过的语言。他们就像赫洛斯特拉托[1]一样，为求虚荣而遗下臭名。如果说往昔的文学大家在个别之处对德语作出了某些深思熟虑的改进，那现在每一个写作匠、报纸记者和每一地区文艺小报的编辑都认为，自己有权动手除掉语言中不合自己飘忽心意的东西，或者加进新词。

就像我已说过的，人们这种删剪字词的狂热主要是针对词语的前缀和后缀。他们这样乱加剪除当然是为了达到简洁的效果，从而让词语更浓缩、更有力，因为只是节省了纸页毕竟意义不大。所以，他们就想浓缩自己要说的话。但要达到这一目的，该做的却不仅仅是缩词删字，而是需要简单、扼要的思考。但这桩事情恰恰是这些人无能为力的。另外，只要每一个概念都有可以表达的字词，而这一概念细微的含意变化也可以通过这一字词精确相应的变化标示出来，那简洁、有力、确切的表达才得以成为可能。这是因为只有准确运用这些特定的字词，才可以在完整的句子表达以后，就能在读（听）者的心目中精确唤起表达者想要表达的思想，而不会让读（听）者对表达者的意思存疑。为此目的，语言里的每一个字根就必须能够作出相应变化，以表示字意概念所具有的细腻差别，并以此表达细腻的思想，就像一件湿衣服贴附在穿着者的身体。而主要担负这一变化任务的就是词的前缀和后缀；它们就是语言的键盘所弹出的每一基本概念的变奏。因此，希腊人和罗马人运用词的前缀，使所有动词和许多名词的意义产生微妙的变化。拉丁语里面每一个主要动词都可以提供这方面的例子。例如，动词 ponere 就可以组成 imponere, deponere, disponere, exponere, componere, adponere, subponere, superponere, seponere, praeponere, proponere, interponere, transponere 等。德语也是同样的情形。名词 Sicht（视野、观点）也就可以变成 Aussicht（眺望），Einsicht（眼力、认识），Durchsicht（审

---

[1] 赫洛斯特拉托：希腊人，公元前356年，为求出名，把世界七大奇迹之一的希腊阿特米斯神庙焚毁。——译者注

阅、检查），Vorsicht（预见、谨慎），Nachsicht（醒悟），Hinsicht（方面），Absicht（目的）等等。还有就是动词 suchen（寻找）可以变成aufsuchen（搜寻），aussuchen（挑选），untersuchen（调查），besuchen（探访），ersuchen（请求），versuchen（试图），nachsuchen（追踪）等。这就是词的前缀所发挥的作用。但如果为图简约而省略了这些前缀，无论在任何情况下都只用 ponere，或者 Sicht，或者 suchen，那么，我们就不会有上述的种种差别；一个范围很广的基本概念所包含的细微划分就无由确定，这些也就只能听天由命，任由读者自由理解了。这样，我们的语言就会变得贫乏、笨拙和粗糙。而这正是"当代今天"的那些自作聪明的语言改革者求之不得的。由于自己的粗糙、无知，他们真的以为我们深思熟虑的祖先只是由于蠢笨、无聊才制定了这些前缀；而一旦只是看到一种含意就迫不及待地剪掉这些前缀则是别具匠心的所为。但德语却没有不含意义的前缀，所有的前缀都是帮助表达基本概念所能有的多种细微变化。正是以此方式，清晰、确切、细腻的表达才成为可能，也只有这些字词才可以达到简明、扼要、有力的效果。而把字词前缀删剪掉，词汇就变得贫乏了。并且不仅是这样。随着字词的损失，概念也一并失去了，因为我们已经失去了能够把这些概念固定起来的工具。这样，我们在说话，甚至思考的时候也就只能满足于约略和大概；我们也就失去了说话的力度和思想的清晰。也就是说，在通过这样的删剪减少了字词数目的同时，我们也就无法避免地扩大了剩余字词的含意。而字词含意扩大了，又会失去确切和具体。字词就这样变得语义双关，含混不清了。准确和清晰已经不可能，更何谈简约和力度呢？如果能把概念定义得更加清楚，多出两个音节又何妨呢？难道在表达"Indifferentism"（冷淡态度）意思的时候，竟然有思想扭曲的人宁愿省掉一两个音节而写出"Indifferenz"（冷淡）的字吗？

所以，那些帮助词根表达出各种细微变化的前缀，对于一切确切、清楚的表达和以此达到的真正言简意赅，就是必不可少的手段。词的后缀也是同样的情形，亦即由动词变成的名词后面那些各式不一的音节。例如，由动词"versuchen"（尝试）变成的名词"Versuch"（尝试）和"Versuchung"（诱惑）各有不一样的后缀。因此，字词和概念的这两种变化方法由我们的祖先经过深思熟虑，极其巧妙、恰到好处地布置下来，并在字词上面留下了印记。但到了我们这一时代，后继者却是粗糙、无知、无能的涂鸦者。这些家伙为了自己的利益糟蹋词语，齐心协力破坏德语这一古老的艺术珍品。这些厚皮囊当然不会对语言这一巧夺天工的工具有任何感觉——因为语言本就为表达细腻、微妙的思想而设。但他们却是蛮懂得计算字母的。所以，如果这些厚皮囊要在这两个字词里面任选其一：一个词以其前缀或者后缀精确对应所要表达的概念；另一个词却只是近似和大概地做到这一点，但却短了三个字母，——那他们会毫不犹豫选用后一个词，并满足于词的大概、差不多的含意。这是因为他们的思维并不需要这么精细的划分，而只是笼统、批发式地运作；但字词的字母一定要少一些！词语的简约和力度、语言的表达是否优美，不就取决于这方面嘛！他们信守的最高原则就是永远宁取短词以作代替，也不要精确和贴切的表达。含意极其模糊的俗词也就逐渐产生了；到最后，这些就都变得不知所云了。这样，德国人所真正拥有的相对其他欧洲民族的优势，亦即德语，也就被人为消除了。也就是说，在优美书写表达方面，德语是唯一几乎可以与希腊语和拉丁语相比肩的语言。对其他的欧洲语言作此赞誉则是可笑的，因为那些都是方言、土话而已。所以，与其他欧洲语言相比，德语有着某种不同寻常的高贵、优美气质。但德语细巧、精致的本质，德语这一宝贵、灵敏之物——思想者以此固定和保存起每一精确和细致的思想——又岂是那些厚皮囊所能感觉到的？

标点符号也成了"当代今天"把语言越弄越糟的人手里的猎物。时至今日，人们在对待标点符号时，几乎普遍是故意马虎处理，且自鸣得意。很难说得清楚那些乱写一气的人心里想的是什么，但极有可能的是人们会把这种漫不经心的愚蠢做法看作是法国人的那种轻盈文体，或者自以为方便人们理解。在印刷出来的文字里，人们惜标点符号如金，以致应该出现的逗号被省略掉了四分之三（就让读者自己摸索意思吧，如果能够的话！）；本来应该是句号，却只有逗号，或者至多是分号，等等。这样做的直接后果就是每一大复合句子都得读上两遍才能明白意思。其实，标点符号是复合句中逻辑的一部分——如果句子是据逻辑而标点的话。因此，人们这种故意不把标点符号放在眼里的行为简直就是亵渎；甚至那些语文学家在处理古老作家的著作时，也是草率处理标点符号——这种情形现在却是频繁发生——那就更是一种罪过。这样，理解古典著作就变得难多了。这种情形甚至连最新印刷的《新约全书》也难以幸免。但如果你们不惜靠删除音节、计算字母而获得的简约，其目的是为了节省读者的时间，那就应该用足够数量的标点符号，以让读者一眼就认出哪些字词是属于哪一分句。这反倒更能达到目的。很明显，标点符号在法语里的运用没有那么严谨，因为法语句子有着严格的逻辑关系和因此连接紧密的词序；在英语里，由于语法贫乏，其松散的标点符号也勉强行得通。但标点符号的这种有欠严格在相对古老的语言中是行不通的，因为古老、原始的语言有着复杂和高深的语法，而这使巧妙的复合句子成为可能。诸如此类的古老语言就是希腊语、拉丁语和德语。[1]

---

[1] 我相当正确地把这三种语言并列在一起。在此，我想提请各位注意法国人的那种已达至顶点的可笑的民族虚荣心——自数个世纪以来，这种民族虚荣心已为整个欧洲提供了不少笑料。在1857年，一本供大学作教材之用的书籍发行了第5版，书名是《比较语法的基本概念——学习三大古典语言的辅助教材，受公众教育部委托而编撰》，这里所说的第3种"古典语言"是——法语！法语这一不堪的土话；这一至为恶劣地扭曲、肢解了拉丁语词的语言；这一语言本应以敬畏的眼光仰视比法语更古老、更高贵的兄弟语言——意大利语；这一语言的唯一特性就是令人恶心的"en"、"on"、"un"的鼻音，还有那打嗝似的令人说不出讨厌的把重音放在最后一个音节，而所有其他语言都把重音放在倒数第二的音节，以使效果更温柔、更平和；这一没有韵律，只有韵脚，甚至只是依靠"e"和"on"的结尾构成诗的形式——正是这一蹩脚的语言，却被这本书列为与希腊语和拉丁语并排的"langue classique"（法语，"古典语言"的意思——译者）！我请全欧洲一起来嘲笑和羞辱这些最无耻的傻瓜。——叔本华注

让我们回到所讨论的言简、意赅、确切表达的问题。其实，真正的言简、意赅和确切只能出自有内容、有意义的思想。所以，那种仅靠删剪字词的可怜手段在此是最帮不上忙的。这些手段、方法我已经予以毫不客气的斥责。这是因为内容丰富，有分量，因此也就是值得写下来的思想，自然以其充足的材料和内容填充表达这些思想的复合句子及其完整的语法和词汇；这些句子、语法、词汇也就不会让人觉得空洞、虚浮。相反，语句的表达都会简单、确切。思想依靠这些语词的帮助得到了明白、恰当的表达，这些思想甚至是优雅地铺展和活动在这些文字里面。所以，我们不应缩减字词和语言的形式，而应该增加和丰富我们的思想，就像一个身体康复者能够重新穿上以前的衣服是因为体形恢复丰满，而不是因为把衣服缩剪了的原因。

<h2 style="text-align:center">12</h2>

　　时至今日，伴随着文学、写作水平的低落和古老的语言不再受到人们的重视，在德国土生土长起来的、日渐普遍的文体毛病就是运用语言时的主观性。主观的文体就是写作者只是满足于自己知道想要表达的意思，而读者则尽力去琢磨作者的意思吧。这种作者信笔而写，而不会理会读者是否可以读懂。他们就像在独白似的。其实，文章应该是作者和读者的对话；并且，在进行这种对话时，作者应该表达得更加清楚，因为读者一方提出的问题作者是无法听见的。为此理由，写作的文字不应该是主观的，而应该是客观的。所以，作者所写出的文字应该让读者直接、确切地想到作者所想到的事情。但要做到这一点，作者就必须时刻谨记：思想从头脑抵达纸页总比从纸页进入头脑更加容易——在这方面，思想遵循着重力定律；所以，在这过程中，作者必须动用一切手段以助思想一臂之力。如果作者真做到了这一点，那写出的文字就能产生纯粹客观的效果，就像一幅圆满完成的油画作品。而主观性的

文字却不会比墙上的斑点产生更加确切的效果——在看着墙上的斑点时，只有那些想象力被这些斑点偶然激发的人才会看出各种的图形，其余的人看到的则只是斑点而已。我们现正讨论的主观性文字和客观性文字的差别扩展至作者整个的语言表达方式，但甚至在个别的例子中也经常有据可查。例如，最近我在一本新书里读到了这样的句子："为了增加现有书的数量，我并没有写这本书。"这一句话表达了与作者其实想表达的相反的意思（我写这书的目的并不是为了增加现有书的数量）。

13

写东西时疏忽、马虎的人，从一开始就以此方式承认了他本人并不认为自己的思想真有多大的价值。这是因为只有当我们确信自己的思想包含真理，并且非常重要的时候，我们才会有所需要的热情，以不懈的毅力、一丝不苟地运用最清楚、最优美和最有力的语句，把这些思想表达出来，正如放置圣物或者无价的艺术珍品时，我们会选用银制或者金制的器具一样。所以，古老作家的思想在其文字中存活了数千年，并因此缘故被冠以"经典"这一荣誉头衔。这些古老作家普遍都是细致、认真地写作。柏拉图《理想国》的序言写了七次，每次都作出了大幅改动。而德国人在写作以及衣着方面却以其疏忽、马虎有别于其他国家的人。而这两种草率、邋遢都源自同一民族性的根源。但是，正如衣冠不整暴露出了并不尊重自己周围的人群，同样，草率、马虎、拙劣的文字，表明了作者并不尊重他的读者。拒绝阅读这样的文章就是读者对作者合情合理的惩罚。尤其可笑的是，某些批评家以草率、纯粹为赚取稿费的文字批评别人的著作。这种情形就好像坐在法官席上的人穿着的是睡衣和拖鞋。相比之下，英国的《爱丁堡评论》和法国的《知识分子杂志》中的文字却是多么认真、严谨！正如与一个衣着邋遢、肮脏的人搭话之前我会犹豫一番，同样，一旦发现作者写得疏忽、大意，我就会随手把书放下。

直至一百年前左右，学者们都是以拉丁文撰写文章，在德国尤其是这样。在运用这一文字时，哪怕出现一个错误在当时也是一件令人汗颜的事情。大多数人都尽力写出优雅、精致的拉丁文，不少人还成功地做到了这一点。现在，在摆脱了这一镣铐，可以用自己的母语舒适、方便地写作的时候，人们以为他们会热切地写出至少是精确的和尽可能优美的文字。在法国、英国和意大利，情况的确就是这样，但在德国却是相反的情形！在德国，人们就像那些被支付了金钱的下人一样，匆忙、勤快地胡乱涂抹一气，从自己还没漱干净的嘴里冒出的词语直接就形诸笔墨，既不讲究文体，也没有逻辑可言。在该用完成时和过去完成时的时候，都用了未完成时；该用第二格的时候，却用了第六格；永远用介词"fur"代替所有介词——而这一用法六次里面有五次是用错的。一句话，所有我在上文提到过的文体毛病，他们无一幸免。

14

极少人是以建筑师的建筑方式进行写作：建筑师在开始建筑之前就已预先制定了建筑计划，连零星、个别的细节都已考虑妥当。大部分人的写作就像玩多米诺骨牌一样。也就是说，正如人们在玩骨牌的时候一半带有目的、一半听任偶然地把骨牌一块块排列起来。同样，人们也是部分出于目的和部分听任偶然，以一定的次序和连贯写下他们的句子。自己写出来的东西在完成以后整体是个什么样子、要得出一个什么样的结论——对此，写文章的人连个大概都不知道。许多人甚至连这些都不知道就拼命地写，一如辛勤建造的珊瑚虫：长而复杂的复合句一个接着一个，也只有天知道这些句子要在何处结尾。"当代今天"的生活就是匆忙的奔驰，反映在写作里则是极度的仓促、马虎。

15

　　写出良好文笔所必须遵循的主导原则应该是：一个人每次只能清楚思考一样事情。所以，我们不能期望一个人在同一时间里思考两个或者两个以上的思想。但如果作者把一个主要复合句拆开，把不止一个的思想以插入句的形式塞进复合句的空隙里，那这位作者就是在要求读者在同一时间思考多个思想。这就毫无必要和恶作剧般地扰乱了读者。这主要是德国作者的所为。虽然德语比起其他活着的语言都更适合做到这一点，但那只是为这样做提供了可能，而不是说这样做是可取的。法语散文读起来让人轻松、愉快，没有其他语言能与之相比，因为法语文章一般都没有上述的毛病。总的来说，法国人会尽量以合乎逻辑、顺乎自然的次序串起自己的思想，把这些思想逐一呈给读者，以方便读者理解和思考。这样，读者就能集中全副精神逐一思考作者的想法。而德国人则把不止一个的想法纠缠在一起，写进交叉、重叠再重叠的大复合句子里，因为他们试图同时说出五六样东西，而不是一个接一个地把这些东西表达出来。把要说的话一句一句地说，不要同时、交叉地表达五六个意思。这样，德国作者非但没有像本来应该做的那样尽力吸引和抓住读者的注意力，而且还要求读者违反上述每次领会一样东西的法则，在同一时间里思考三到四个思想；或者，既然读者不可能做到这一点，就让读者以快速变换的方式交替思考多个思想。如此一来，"僵硬的文体"就奠定了基础，然后，用上造作、虚浮的词语表达最简单不过的东西，另再加上其他诸如此类的方式手段，那这种"僵硬文体"也就大功告成了。

　　德国人的真正民族性就是迟钝（Schwerfalligkeit）。这可以从德国人的走路方式、举止动作、语言谈吐、理解和思维等方面反映出来，但德国人的写作风格、他们那种以造出长而笨重、错综复杂的句子为乐，则尤其表现出这种民族性。在阅读这些句子的时候，我们必须耐住性子，让记忆力在长达五分钟的时间里单独做完交给它的功课——直到在复合句子的末尾，我们的理解力才加以援手并一锤定音，解开整个谜团。德国的作者就是这样自得其乐；如果能把矫饰、浮夸和貌似崇高与庄严等十八般武艺悉数展示，那就更加让展示者心醉神迷了。但愿读者能有足够的耐性吧！但德国作者首要竭力写出的却无一例外就是尽量模糊和不确定的词语和句子，这样，一切就像隐藏在一层浓雾之中。这样做的目的似乎就是既要为每一个说法都预留一条后路，也要故作高深、冒充说出了比实际想到的更多的内容；再有就是这种文风源自确实的蠢笨和浑噩，而正是这一点使外国读者讨厌所有的德语文章，因为他们可不愿意在黑暗中瞎摸索，而我们的国人对这种文风却似乎特别投缘。

本就冗长的复合句子，由于加进了连环的插入分句而变得更加臃肿，情形就像肚子里塞满了苹果的烤鹅，读者没有预先看表都不敢碰这些句子——这样，我们在阅读这些句子的时候，首先卖力应付任务的其实是我们的记忆力，而本来要投入工作的应该是我们的理解力和判断力才对。但正是由于记忆力的活动而削弱和阻碍了理解力和判断力的发挥。这是因为在这样的整个庞大复合句子结束之前，读者只是被提供了未完成的短语和散句，直到整个复合句的其余部分凑齐以后，读者才终于获得具体的意思——在这过程中，读者必须发挥记忆力，小心收集和保存不全的散句和短语，就像一封撕烂了的信件的碎片。所以，读者首先必须不明所以地读上一大段文字，在这期间无法展开思考；他们只能死记硬背所读到的所有东西，希望在读完结尾的点睛句子以后，能够终于得到思考的素材。读者要记住那么多东西以后才得到了供理解的素材——这种做法显而易见糟糕透顶，并且是浪费了读者的耐性。但头脑平庸的人明显偏爱这种文字，其中的道理就在于它在消耗了读者一定的时间和精力以后，才让读者去理解读者其实可以马上就能理解的东西。经过这样的折腾，这些作者似乎就比读者更具头脑和深度。这种方式也属于上文已经提到的那一类手段——头脑平庸的作者无意识和出于本能地应用这些手段以隐藏自己思想贫乏，制造出与此实情恰恰相反的假象。在这些手法方面，这些人的创意真可谓惊人。

但是，把两个思想交错叠在一起，就像木造的十字架一样，显然有违健康的理性。而在作者打断自己已经开始的话语、插入完全不同的意思时，就会出现这样的情形。也就是说，作者先让读者记住一半的、暂时还没有含意的复合句，过了好一会儿，句子的后半部分才补充完毕。这种情形就好比主人把空的食物盘子交给他的客人，让客人引颈盼望一番，才终于等来了食物。如果说德谟斯芬尼[1]和西塞罗有时候也写出了包含复合从句的句子，那他们不曾这样做的话就更好了。

但如果甚至不是在句子结构许可的情况下加进插入句，而是直接折断整个句子以强行夹进插入的部分，那这样的造句则是愚蠢至极。假如打断别人的说话是无礼举动，那打断自己的说话也同样是无礼的，而这正是那些突兀插入分句的句式结构的情形。但这种句式被应用了多年，那些匆忙、疏忽、拙劣、眼睛只盯着黄油面包的写作匠在其文章中的每一页都写出了五六个这种句式，而且为此自鸣得意。这种句式就是——我们应该，如可能的话，在列出准则的同时也举出示范例子——折断一个句子，然后在这句子的两部分之间粘上另一个句子。这些人这样写作却并非只是出于懒惰，这还有愚蠢的原因，因为他们把这种句式视为一种可爱的"轻灵"文体，可以让他们的表达跳跃、活泼。只有在相当稀有的个别例子里，这种句式才是可以原谅的。

16

只要比喻是把某一未知的关系引到某一已知的关系，那比喻就是很

---

[1] 德谟斯芬尼（前384—前322）：古希腊演说家。——译者注

有价值的。甚至那些详尽并因此变成了寓言的比喻，也只是把事物的某种关系以最简单、最明晰、最容易为人理解的方式表现出来。甚至概念的组成归根到底也是以比喻为基础——只要概念出自把握事物中相似的地方和忽略不相似之处。进一步而言，真正理解事物归根到底就是把握事物之间的关联（un saisir de rapports）。我们越能在彼此差别很大的情形里和在各自完全不同的事物当中，重又认出事物中的同一关联，那我们对这一关联的认识就越清晰和纯净。也就是说，只要事物的某一关联只在某一个别情形里为我所认识，那我对这一关联的认识也就只是个别的，因此的确就只是直观的。但一旦我在两种不同的情形里也认识到了这同一种关联，那对这一关联的整个本质，我就有了一个概念性的认识。因此，这种认识就是更加深刻和更加完整。

正因为比喻对于认知来说是强有力的杠杆，所以，能够提出令人惊奇，并且是鲜明、有力的比喻，也就表明了提出比喻的人具有深刻的理解力。据此，亚里士多德说：

能够找到比喻是相当难得的事情，因为这是唯一无法向他人学习到的本领。这是天才的标记之一，道理在于要说出很好的比喻，就要认出事物中同类和相似的地方。

——《诗学》

甚至在哲学里，能够在相差甚远的事物当中找到相似、同类的东西，就是洞察力的标志。

——《修辞学》

17

发明出语法这一至为了不起的艺术品，无论这具体的语言是什么，那得具何等创意才行！这样非凡的头脑思想是多么的伟大，多么的了不起啊！他们创造出不同的词类，把名词、形容词、代词的性和格，动词的时态和语气划分清楚、固定了下来。同时，这些发明者把未完成时、现在完成时和过去完成时，细腻地和一丝不苟地区别开来。希腊语在上述时态里，还另有特定表示过去动作时态呢。做出所有这些功夫都是为了这一高贵的目的：拥有一个相称的和足够的物质工具，以完整和恰当地表达人的思想，可以记录下和精确再现出这些思想每一细微的变化和差别。相比之下，现在让我们看一看当今那些要改良这一艺术品的人吧。那些笨拙、迟钝、粗糙、以摇笔杆子为业的德国学徒，为了节省点篇幅，就把那些他们认为是多余的细腻差别清除掉。所以，他们就把多种的过去时浇铸成铁板一块的未完成时，然后就固守这一时态。在这些人看来，我在上文所赞扬过的、发明了这些语法形式的人简直就是傻瓜蛋——因为他们竟然不知道我们其实可以无分彼此、粗略地一概处理所有事情！未完成时就是唯一的万试万灵的过去时态，以此表达思想游刃有余！在这些人的眼中，甚至希腊人也是头脑简单的，因为他们竟然不满足于三种过去时态，还要另外再加上两种为希腊语所特有的过去动作时态。这些人进而热心地砍削掉所有前缀——这些无用的累赘——而剩下的部分到底表达什么意思就让聪明的人去猜吧！为了节省篇幅，nur，wenn，um，zwar，und 等基本和关键的逻辑词都被省略掉了——这些虚词本来指示了整个复合句的含意。经过如此删削，句子意思就变得模糊了。而这却正是很多作者求之不得的事情。也就是说，这些作者故意写出含混不清的文字，让读者无从明白其含意——这些可怜的家伙误以为以此方式就能够让读者对他们肃然起敬。一句话，这些家伙放胆破坏语法和字词，目的就是要省掉几个音节。为了在这里或者在那里去掉个把音节，他们想出了数之不尽的办法，傻乎乎地误以为这样就可以达到言简意赅的目的。但是，头脑简单的人啊，言简意赅的表达可并非只是删略个把音节，它需要具备某些素质，而这些素质是你们既不曾拥有，也不会理解的。针对这些人的所为，非但没有任何责备，他们的做法反倒随时得到众多更加差劲的蠢驴群起仿效。上述那些"改进"德语的做法都得到普遍、并且几乎是无一例外的仿效——这一事实可以这样解释：很多音节的细腻含意不为粗人所理解，要理解消除这些音节的做法，只需拥有连最愚蠢之人都会有的智力就足够了。

语言是艺术品，对语言人们应作如是观，亦即以客观的态度对待语言。据此，用语言所表达的一切都应该遵循规则和符合语言的目的。每一个要表达某一意思的句子，都要能够证明这一意思的确就客观包含在这一个句子里面。我们不应该只是主观地应用语言，得过且过地表达思想，而与此同时又希望别人可以猜到我们的意思。但那些从来不会显明词格、以未完成时一概代替所有过去时态、删掉字词的前缀及做出其他种种事情的人，就是这样做的。与最初那些发明和细分了动词的时态和语气、名词和形容词的词格的人相比，上述那些可怜的家伙相差多大的距离啊！——他们巴不得扬弃所有这些，好让德语在其手里沦为某种部落土话，那更适合含糊其辞、只表达大概意思的他们！那些人就是在当今精神思想破产的文坛中，一切向钱看的卑贱文人。

面对日报记者、写手对语言的糟蹋，文艺刊物和学术书籍的学者本应该起码以身作则，做出相反的行为，亦即应该保存和保持真正优美的德语文字，以制止破坏的行为。但现在，他们对这些行为却是默认、欣赏和模仿。没有人肯挺身而出。我没有看见哪怕是一个人抵制上述行为。德语在遭到最低级的文痞恶待的时候，没有哪怕是一个人肯站出来施以援手。德国人就像绵羊一样地随大队，跟着蠢驴往前走。之所以是这样，就是因为没有哪一个民族像德国人那样不愿意自己独立作出判断和因此作出谴责——其实，无论是现实社会还是文章写作，时时刻刻都给德国人提供着机会。（相反，人们误以为只要跟风、模仿破坏语言的愚蠢行为，就能显示出自己跟上了时间的潮流，就是与时代同步的作家。）

这些没有肝火的人，就像鸽子一样。

——《哈姆雷特》第 2 幕第 2 景

但是，没有肝火的人，也就是没有理解力的，而理解力必然带来某种程度的尖锐眼光。每天，现实生活、文学艺术中的很多事情都必然引发具尖锐眼光的人在内心的嘲笑和谴责，而正是这些不会让我们模仿那些可笑的东西。

18

　　面对我们时代不知廉耻的文字泛滥，及因此日益严重、罪恶洪水般汹涌而至的无用和劣质书籍，书刊批评杂志应起着堤坝的作用，因为这些杂志应该公正、无私、严格地作出判断，毫不留情地抨击不够资格的作者炮制出来的劣品。借助于满纸荒唐言，干瘪的脑袋就试图助其干瘪的腰袋一臂之力。现在的出版物，十分之九都是这一类的次品。书评刊物应以抨击的方式履行职责，迫使滥竽充数者不再看见笔就手心发痒，阻止他们继续招摇撞骗，而不是以无耻纵容的方式与作者和出版者结盟，助其抢夺读者的时间和金钱。一般来说，这些摇笔杆子的人是只有微薄薪水和酬劳的教授或者文人，他们为了赚钱而写作。既然这些写作人的目的是一致的，他们也就有着共同的利益。他们也就团结起来，互相扶持，互相吹捧。这就是劣书获得好评的由来——而这类吹捧文字就是书刊批评杂志登载的内容。所以，这些刊物信守的宗旨就是"生活，也让别人生活！"（而读者大众则头脑简单，宁读最新的，不读最好的）现在或者过去可曾有过一家书评刊物，可以夸口从来不曾赞扬最低级、最下流的文字垃圾，从来不曾诋毁或者贬低优秀之作，或者从来不曾狡猾地把出色的著作视为不值一提，不予置评，目的就是引开大众对这些杰作的注意？可曾有过一家书评刊物是有意识地根据作品的重要性筛选出作品，向读者宣传、推介它们，而不是听任亲朋戚友的引荐，或碍于同事、同行的情面，或者甚至是接受了出版商的贿赂而这样做？难道不是每一个人在看到一本书被捧到天上或者被踩到脚下时，都会马上近乎机械性地翻看出版商的名字吗——只要这个人不是毛头新手的话？书评普遍都是维护出版商和书贩而不是读者公众的利益。但如果真有我在上文所要求的书评刊物，那每一个人，包括文笔拙劣的涂鸦者、缺乏思想的编纂人、剽窃别人著作的家伙、苍白而又自负的假冒诗人，还有通篇空洞无物、一心只争取职位的无能、冒牌哲学家，在看到自己粗劣的制品用不了多久就将钉在耻辱柱上，那发痒的手也会瘫痪下来。这对于文字创作是真正的福祉，因为在文字创作的领域里，劣作不仅是毫无用处，而且是相当有害的。既然现在的书籍大多数都糟糕至极、根本就不应该面世，那么，对书籍的赞扬就应该是稀罕的，就像现在的抨击一样稀罕才对——现在人们甚少发出抨击是因为人们考虑的是个人的利益，信奉的是这样一条宗旨：

大家都是自己人！赞扬别人吧，别人到头来也会赞扬你！

——贺拉斯

在社会生活里，对于无处不在的愚昧、没有头脑思想的人，我们有必要持宽容的态度；但把这种宽容也带进文字创作的领域，则是彻头彻尾的错误，因为在文字创作的领域里，这些愚蠢的家伙却是厚颜闯进了根本不属于他们的地方。鄙视他们的劣等货色是对优秀作品的一种必须履行的义务和责任，因为辨别不出什么是坏的也就无法看清什么是好的。总的来说，源自社会生活的礼貌，应用在文字创作里面就变成了奇怪、并经常是有害的东西，因为礼貌要求人们把坏的称作是好的。这样，礼貌的行为就直接与科学和艺术的目的背道而驰。当然，我心目中的书评杂志只能由这些人执笔：他们的诚实、可靠无法被贿赂收买，兼备少有的知识和更加少有的判断力。照此标准，甚至整个德国恐怕也出不了这样一本书评杂志。这样的书评杂志就要发挥公平的裁判庭作用，其成员则是选举出来。但现在的书评杂志却是掌握在大学行会或者文人集团的手里，甚至出版商和书贩或许也在暗中为着书业的利益操纵着这类杂志。另外，次等的作者通常都会结盟，千方百计阻挠杰作的露面。甚至歌德也说过，弄虚作假无过于文坛。我在《论自然界的意欲》中更为详尽地讨论了这一问题。

最重要的就是必须取缔匿名发表文章的做法，因为这种做法实已成了文学流氓护身的盾牌。人们在书评、文论杂志里引入匿名做法的借口，就是保护诚实的评论者、读者的顾问免受著作者及其靠山恼羞成怒的攻击。但如果匿名真的保护了批评者，那这一做法就百倍之多地为信口雌黄、无法支持和证明自己言论的匿名者开脱了一切责任；或者，当那些有奶便是娘的无耻家伙为了从出版商那里获得一点点的喝酒钱，不惜向读者颂扬某一本劣书的时候，这种匿名做法就能够为这种推荐者遮丑。它还经常为水平低下、寂寂无闻和根本无足轻重的评判者打掩护。一旦知道躲在匿名的阴影之下就能确保安全，那些家伙就会有恃无恐达致令人难以置信的程度。又有什么欺骗行为是他们不敢使用的呢？正如有一种能医百病的万应良药，我们同样也有一种对付匿名批评的普遍有效的反批评。不管那些匿名者是贬损优秀作品抑或吹捧拙劣之作，这一方法一概行得通，那就是对那些人喝道："报上名来，你们这些流氓！躲在暗处攻击身在明处的他人是好汉的行为吗？那只是无赖、地痞的行径。有种就报上名字吧，你这个坏蛋！"

卢梭在《新爱洛绮丝》的前言里就已经说过：

正直、诚实的人就得承认自己所出版的东西。

翻译成德文就是"正直、诚实的人就要给自己写出的文字签上名字"。

对于争论和攻击性的笔战，就更应如此！而评论文章大都属于这类文字。所以，里默[1]在《关于歌德的报道》一书前言第29页所说的是相当正确的：

一个露出自己面孔的公开对手，是一个诚实、不会过分的人，对这样的人我们可以容忍、谅解，并能与之和好。但躲在暗处的敌手却是卑鄙和怯懦的无赖——他没有胆量承认自己就是作出判断的人。他的意见因此对于他本人也不是很重要的，他只是感兴趣于暗中获得发泄怨毒所带来的快意，既不被人认出，又不受到惩罚。

这段话可能是歌德的意见，因为歌德的意见经常通过里默表达出来。但卢梭定下的规则应该普遍应用于印刷出来的每一行文字。难道一个戴上面具的人可以获准在大庭广众面前或者在会议上大放厥词吗？甚至会让这样的人肆意攻击和指责别人吗？人们难道不是马上一脚把他踢出门外吗？

德国人终于获得了出版自由以后就不知羞耻地滥用这种自由。享有出版自由的先决条件应该是禁止使用任何种类的匿名和假名。这样，每个人就得为自己透过出版发行这一高音喇叭当众大声说出的话而起码在信誉上承担责任——如果他还有点点信誉的话。而如果这个人已经信誉扫地，那他说出的话就可以因丧失信誉而被大打折扣。匿名攻击并非匿名的作者是明显有失公道的。不肯签署真实名字地批评人其实就是在评论他人或者他人的作品时，对于自己向世人要说的抑或要隐瞒的，他都是心虚的，他因此不想透露自己的名字。这样的事情人们可以容忍吗？没有什么太过无耻的谎言是匿名评论者不敢说出的，因为他们的确不

---

[1]费·威廉·里默（1774—1845）：德国语言学家、文学史家，著有《歌德的言谈、事迹》。1803—1812年间是歌德的邻居。——译者注

用为此承担责任。匿名写出批评文章，目的就是造假和欺骗。因此，正如警察不会让我们戴着面具在街上走动，他们也同样不应允许人们匿名发表文章。专门登载匿名文字的文论刊物就是无知对学问、愚昧对理智进行审判的私设公堂，而且用不着担心受到任何惩罚。在这里，读者被歹徒无法无天地愚弄、欺骗，因为对拙劣作品的吹捧骗去了读者的时间和金钱。匿名的做法难道不是为所有文痞行径提供了稳固的据点吗？所以，这样的据点必须被彻底铲平。换句话说，发表在刊物上的每一篇文字都必须署上作者的名字，而编辑则要承担核实名字的巨大责任。这样，哪怕是最微不足道的人也被他所到之处的人所知晓，刊物上三分之二的谎言因而就会销声匿迹，摇唇鼓舌者的放肆行为也会有一定程度的收敛。法国现在就是以此方式处理这一问题。

在发表文论的领域里，只要没有禁止匿名这回事，那所有诚实、正直的作者就要联合起来对付匿名的行径，要时刻和公开地对这种行为表示出极度鄙视，给这样的行为烙上耻辱的印记。他们应以各种方式让人们认识到：匿名抛出评论文字的行为是卑贱、不光彩的。谁要是匿名撰文和匿名投入笔战，那就当然可以假定这个人在试图欺骗读者，或者在不冒任何风险地损害别人的声誉。这样，我们在谈论起某一位匿名评论者时，尽管只是无意中谈起这个人，并且没有要责备他的意思，我们也应该用上这样的字眼："这个或者那个匿名的无赖"、"那本期刊上的戴着面具、不敢见人的流氓"，等等。说起这等人的时候，这样的口吻的确是合适和正确的。这样才可以使他们对如此造假失去兴致。这是因为只有在一个人露出自己的面目，我们才知道面对的人是谁，才可以要求得到敬重；而蒙上面罩蹑手蹑脚活动的人却没有资格得到我们的重视。相反，这种人以其行为本身剥夺了自己的公民权，是属于"无名氏"，而每一个人都可以指责说，这一无名先生就是一个流氓。所以，我们应该马上把匿名评论者称作是痞子、下流坯，尤其是在反批评的时候就更应这样对付他们，而不要像某些作者那样，尽管名誉受到那些无赖的玷污，但由于懦弱的缘故仍称他们为"尊敬的评论者"。"不敢说出自己名字的下流坯"——所有正直的人都应该这样称呼他们。当某一谩骂传到我们的耳朵里，在怒气首次爆发之中通常都会提出这一问题："这是谁说的话?"但匿名人却不会给予回答。

这种匿名评论家尤其可笑和尤其不要脸的做法，就是采用皇帝老子才用的"我们"这一代词，但其实他们不但应该只用单数的"我"，而且还要用缩小词，并且在使用的时候要态度谦卑。例如，他们应该说"渺小和可怜的我"、"由于懦弱而耍出小狡猾的我"、"由于无能而不得不隐藏起来的本人"，等等。对于那些隐藏身份的骗子、那些从某一文艺小报的昏暗一角发出咝咝声响的瞎虫来说，这样称呼自己是合适的，他们的作恶最终将遭到制止。发表文章而又不署上真实姓名，等同于在日常生活中物质上的欺骗。我们必须向那些人吼道，"要么报上名来，要么就给我住嘴! 你这个无赖!"这是我们的口号。每一篇不署真名的批评文字我们都可以马上加上"欺骗"两个字。匿名的做法可以带来金钱，但肯定不会带来荣耀。在匿名发出攻击的时候，假名先生、无名氏就只是无赖先生。我们可以一百对一地打赌：拒绝公开自己的名字就是想要欺骗读者大众。只有在评论匿名作品的时候采用匿名的方式才是合理的。总的来说，随着禁止匿名发表文章，文坛上无赖行为的百分之九十九就会销声匿迹。直到这一匿名行当被取缔之前，我们一有机会就要让操控这些事情的人为他们的雇工所犯下的罪过直接负上责任；并且要用上对这种人理应采用的口吻和语气。而我自己呢，我宁愿开一个赌档或者妓寮，也不会办这样的匿名书评杂志。

论语言和语言学习

1

动物的声音只用于表达受到刺激的意欲及其活动；但人的声音帮助表达认知。与这一事实相关和吻合的就是：动物的声音几乎总是给我们留下令人不快的印象，也只有个别鸟儿的声音属于例外。

至于人类语言的起源，我们可以完全肯定地说：人类最先的语言只是一些感叹词，这些感叹词表达的不是概念，而是感情或者意欲活动，就像动物所发出的鸣响。各种不同形式的感叹用词很快就出现了，从这些各自不同的感叹语词进一步过渡发展出了名词、动词、代词，等等。

人类使用的字词是维持至为长久之物。一旦诗人、文学家把自己匆匆即逝的感受化为精确、恰当的字词，那这些感受就能在这些词语里存活，历经数千年，并能在每一个敏感读者的内心重又唤起这种感受。

2

越是古老的语言就越完美，尤其就语法方面而言——这是广为人知的事实。从久远、高贵的梵文一直到并不规范的英文，我们看到的是逐级变坏了的语言。现在的英文就像是用不同料子的碎布片缝补而成的思想外衣。语言的这种逐步衰败就是一条可以用于质疑我们的那些乐观主义者的依据——这些乐观主义者露出一脸干巴巴的微笑，津津乐道于

"人类不断进步"的理论。为了证明他们的理论，这些乐观主义者不惜歪曲两足种属的历史。但是，如何自圆其说却始终不是容易的事情。不管怎么样，我们还是忍不住想象一下那不管以何方式出自大自然怀抱的第一批人类的样子：这些人正处于全然的幼稚和蒙昧之中，思想因此粗糙和笨拙——偏偏是这种样子的人类，又怎么能够设计出那些极其巧妙的语言体系、多变和复杂的语法形式？哪怕我们假设了语言的词汇宝藏只是慢慢积聚而成？而在另一方面，无论在世界何处，我们都看到人类的子孙固守着祖辈的语言，在语言上作出的变动只是些微的和逐渐的。经验不曾告诉我们：随着人们世代更替，语言也在语法上完善起来；实际发生的却是相反的情形——就像我已经说了的。也就是说，语言持续变得越来越简单和越来越糟糕。不过，我们是否可以假定语言的发展过程和植物的生长过程是一样的？也就是说，植物也从一颗普通种子长成，先是并不起眼的幼芽，慢慢地成长直至达到顶点，然后就逐渐变老、衰退——但是，在语言发展的情形里，我们却只了解到语言衰败的过程，而对之前语言的成长过程却毫不知情？这只是一个形象化并且是随意提出的假说；一个比喻，而不是解释！但真要对此作出解释的话，那这样的假设在我看来是最可信和最有说服力的：人类是本能地发明出自己的语言，因为人类本来就具有这样一种本能。由于这一本能的作用，人类不需要经过反省思维和有意识的目的，就创造出了对于应用和发挥自己的理性可谓必不可少的工具和部件——语言。语言一旦形成，人的这一本能就再也派不上用场了，在人类的世代更替中这一本能也就逐渐丧失了。所有发自纯粹本能的创作品，诸如蜜蜂或马蜂的蜂巢、鸟巢、海狸窝，等等，形态多种多样，但却又都合理适宜、恰到好处；各自都有其独特的完美之处，因为这些东西正好服务于建造它们的目的。对于这些作品所包含的高深智慧，我们只能赞叹不已。最早的和原初的语言正是这一类的作品，同样有着所有本能作品所特有的高度完美。深入探究语言的完美之处，把其特点引入反省思维和清晰意识的光线之中，则是语法的事情——但语法却是在数千年以后才出现的。

3

学习多国的语言不仅只是培养思想智力和文化的间接手段，其实，这种培养方式是直接的，其发挥的影响极其深远。所以，卡尔五世说过："懂得了多种的语言，也就等于多活了几遍。"个中的原因如下。

对于一种语言里面的每一个字词，我们不一定在其他语言里面找到精确的对应词。也就是说，由一种语言的字词所描述的总体概念，并非和另一种语言的字词所表达的总体概念一模一样，虽然很多时候不少概念确实精确对应，有时甚至是惊人的一致。例如，希腊词 ζυλληψιε 和拉丁语的 "conceptio"[1]，德语的 "Schneider" 和法语的 "tailleur"[2] 就属于这样的情形。但很多时候，不同语言的字词各自表示的概念只是相似和相关而已，它们之间还是有着某些微妙的差别。下面的例子可以帮助说明我的意思：

απαιδεντος、rudis、roh（希腊文、拉丁文、德文：粗糙、粗野）

ρφμη、impetus、Andrang（希腊文、拉丁文、德文：压力、冲动）

μηχαυη、Mittel、medium（希腊文、德文、英文：手段、工具）

seccatore、Qualgeist、importun（拉丁文、德文、法文：讨厌的人）

ingenieux、sinnreich、clever（法文、德文、英文：聪明、机敏）

Geist、esprit、wit（德文、法文、英文：精神、机智）

Witzig、facetus、plaisant（德文、拉丁文、法文：令人愉快的）

Malice、Bosheit、wickedness（法文、德文、英文：恶毒）

除了这些，还可以加上无数其他的，甚至是更加鲜明、有力的例

---

[1] 意为"受孕"、"把握"。——译者
[2] 意为"裁缝"。——译者

子。我们可以采用逻辑学中常用的、以圆圈标示概念的形象化方法——这样，通过大致上互相覆盖、但不一定是相同圆心的含意圈，就可以把各种语言词语中的相同之处明白显示出来，如下图。

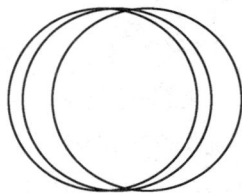

有时候，在某一语言里并没有描述某一概念的某一字词，而其他大多数，甚至所有语言却都有这样的字词。说明这种情形的一个相当离谱的例子就是法语竟然没有"站立"的动词。再有就是，在某一语言里，标示几个概念的唯独只有一个字词——这样，这一字词的准确含意就会被混淆了。例如，拉丁语的"affect"、法语的"naiv"和英语的"comfortable"、"disappointment"、"gentleman"，等等。有时候某一外语词所表示的概念相当细腻和微妙，而我们自己的语言里却没有精确表达相同含意的字词。碰上这样的情形，着意于精确表达自己思想的人尽管照用这一外语词好了，不必理会死板、迂腐的语言纯正癖者的吠叫。在某一语言里无法找到某一确切的字词，以标示在另一语言里某一字词所标示的同一概念时，词典就得列出多个含意彼此相关的字词——这些字词也就是从不同的方面把接近这词的意思表达出来，就像上图所示那样。这样，这一字词所包括的含意范围就显示出来了。因此，例如，拉丁字"honestum"就用"诚实"、"正直"、"可敬"、"体面"、"荣耀"、"美德"等词解释。解释希腊词"σωφρων"也是以同样的方式进行。这就是为什么凡是翻译过来的东西必然就是有所欠缺。任何有特色、精辟、别具深意的一段语言文字，在翻译成另一种语言以后，几乎都无法精确和完美地发挥出原文的效果。诗歌是永远无法翻译的，它们只能被改写——而这种改写始终是吃力不讨好的。哪怕翻译的是散文，那甚至最好的译文与原文相比，顶多就像是换了调子的一段音乐与原汁原味的这一段音乐之比。懂得音乐的人就会知道换了个调子意味着什么。因此，翻译过来的文字始终是死文字，其风格是牵强、僵硬和不自然的；要么，这些文字是灵活自在的——那就意味着这种翻译只取原文的大概和近似的意思，这种译文也就是不真实的。收藏译本的图书馆就像是挂满复制本的画廊。甚至古老著作的翻译本也只是代替品而已，与原作相比就像用烘焙以后的菊苣根块磨粉、冲泡而成的东西与真正的咖啡的比较。

所以，学习一门外语的首要困难就在于把外语字词所具有的每一概念含意都了解清楚，甚至是在自己的母语找不到字词与这些概念含意精确对应的时候——而这种情形可是经常碰到的。因此，在学习一门外语时，我们就必须在头脑里划出更多全新的概念圈。这样，以前并没有的概念圈现在就出现了。也就是说，我们不仅学会了字词，而且还获得了概念含意。学习古老的语言就更是这样，因为古人的表达方式与我们今人的表达方式有很大的不同，其差别更甚于现代不同语言之间的差别。这一点可以从这一事实反映出来：我们在把现代语言翻译成拉丁语时，不得不动用一些与原文完全不同的措辞和说法。事实上，在不少情况下，把一些思想内容翻译成拉丁文，就必须把这些思想内容全部回炉熔掉，然后重新铸造。在这一过程里，这些思想内容被拆卸为最基本的组成部分，然后再重新组合起来。这就是为什么通过学习古老语言，我们的思想智力能够获得这样大的促进。只有当我们正确把握了所学的语言通过个别字词所标示的种种概念；只有当我们在碰到这一语言的字词时就能直接想到与这些字词相对应的概念，而不是首先得把这些字词翻译成母语字词，然后才想起这些母语字词所标示的概念——这些母语字词所标示的概念可是永远不会与所学语言字词所标示的概念精确对应的，在词组方面也是同样的情形——只有到了这个时候，我们才算是掌握了所学习的这门外语的精髓，或者精神，对说这门语言的民族也才随之有了长足的认识。这是因为正如文如其人的内在精神，同样，一种语言与说这门语言的民族的精神也是密切相关的。但也只有当一个人能够不仅只是把书上的文字，而且还能把自己的思想和感受通过这一外语表达出来；这样，在直接以这一语言表达自己的时候，并不失去个性的特色。也就是说，外国听众能够领会、欣赏他的话语，就像他的同胞听他讲母语的时候一样——只有到了这个时候，他才算是完全掌握了这一门外语。

欠缺能力的人并非轻易就可以真正学会一门外语。虽然他们能够学到这门外语的字词。但在运用这些外语词的时候，他们想到的始终只是与之大概对应的母语词；他们也始终保留着这些母语词所特有的结构和习惯用法。这些人无法领会和吸收这一外语的精神，而这究其实又是因为他们的思维本身并非依靠自己的力量而展开，他们大部分的思维是借取自母语——母语中那些流行的既定词组、陈腐的套语对他们而言也就代表了自己的思想。因此，他们甚至在运用母语的时候，也总是用上老掉牙的习语（即英语的"hackney'd phrases"和法语的"phrases banales"）；甚至在拼凑起这些词语的时候，也仍然是那样的笨手笨脚。这让我们看出这些人对其所用字词的概念含意不甚了了，他们的全部思维根本不曾越出字词的范围之外，他们的说话也就不比鹦鹉学舌强得了多少。基于与此相反的理由，如果一个人用词独到、别具深意和恰到好处，那就是一个可靠的外部显示：这个人有着高超的智力。

由上述可以清楚看出：学习了一门新的外语，我们也就随之形成了新的概念，赋予新的符号以含意；不少概念得到了更为细腻的划分，而如果不学这外语的话，我们有的只是由这些更细腻的概念所共同构成的、含意广泛和因此并不那么确切的笼统概念，因为在我们的母语里，标示这一大的概念只有一个字词；以前我们并不知道的某些相互的关联现在被我们发现了，因为我们所学的这一外语在其描述概念含意时有其独到的明喻或者暗喻；因此，学会了新的语言以后，事物的微妙之处、事物之间相同或者差别的地方以及事物彼此之间的关联，也就进入了我们的意识；这样，对每一样事物，我们都有了更加全面的看法。由此可以得出下面这些推论：在运用不同语言的时候，我们也就是以不同的方式思维。学习了一门新的语言，我们的思维就得到了新的修正、着上了新的色彩；所以，通晓多种的语言，除了带给我们许多间接的实际用处以外，同时也是一种直接的培养思想智力的手段，因为随着了解到概念的多个方面和细微的差别，我们对事物的观点和看法也就得到了校正和完善。掌握多种外语也使我们的思维更加灵活，更加自如，因为随着掌握了这些语言，概念就越发脱离了字词。而学习古老的语言尤其帮助我们达到这一目的，因为古老的语言与我们现在的语言差别很大——这种差别不允许我们逐字复述，而是要求我们把整个的思想重新熔铸，改换另一种形式（这是学习古老语言为何如此重要的一个原因）。或者，允许我用一个化学上的比喻，如果说在当代语言中互译顶多只需要把原文的复合句、长句分解为次一级的成分，然后再把这些成分重组起来，那么，把当代语言翻译成拉丁文则经常必须把要翻译的文字分解为最基本的成分（纯粹的思想内容），然后让它们以完全不同的形式再生。例如，在现代语言里用名词所表达的，在拉丁语里则由动词表达，反之亦然。我们把古老语言翻译成现代语言时，也要经过同样的工序。由此我们可以看出：透过阅读诸如此类的翻译作品所获得的对古代原作的了解，离真实还差得远呢。

古希腊人缺少了从学习外语中所获得的好处。虽然他们为此节省了不少时间，但节省下来的时间却被大手大脚花掉——这可以从自由人每天在市集上溜达或者待上很长的时间得到证明。这使我们想起那不勒斯的穷人和所有意大利人都热衷于“泡广场”的情形。

最后，从以上的讨论我们可以容易明白：观摩古老作家如何应用那在语法上完美得多的语言，并模仿他们的风格，实为最好不过的预先练习——它使我们慢慢学会灵活、技巧地运用自己的母语，完美表达自己的思想。这种模仿练习甚至是无可替代的，这就好比未来的雕塑家和油画家在着手自己的作品之前，同样有必要仿造和临摹古典的杰作以训练自己。我们也只有通过写作拉丁文才可以学会把遣词、造句看作是一种艺术，而供发挥这种艺术的原材料则是语言；因此，语言是我们必须尽量小心、谨慎处理的东西。对字词的含意和价值，以及字词的组合、语法的形式，我们就会打醒十二分的精神。我们就能学会精确掂量所有这些的轻重，从而得心应手地运用这些极具价值之物——它们在帮助我们表达和保存有价值的思想方面是最适合不过的了；我们也就学会对自己以之书写的语言心存敬畏。这样，我们也就不会听任一时的喜好而恶待语言、随意变换语言的规范。如果缺少了这种语言的预备性训练，那没完没了的写作轻易就沦为连篇的空话、废话。

　　不懂得拉丁语就像在一处美丽的乡村景点碰上了浓雾天气：视线范围极其狭窄，能够看清楚的只能是身边的事物，几步开外的东西都是模糊不清的。相比之下，会拉丁文的学者却可以有非常宽阔的视野——近代的、中世纪的、更古的时代均囊括其中。希腊语和梵文当然就更加大大地拓展了眼界。不懂拉丁文的人属于平民大众，哪怕他们在静电机方面称得上是技术高超的专家，在坩埚里已经提炼到了氟石酸的基本酸根。

　　在那些不懂拉丁文的作者写出的文章里，很快你们就会发现除了理发伙计式的瞎侃、啰嗦以外，别无其他。他们所用的法语语风和故作轻松的短语，使他们的文章往这一方向迅速发展。高贵的日耳曼人啊，你们转向了庸俗，那庸俗就是你们将要得到的。显示这种懒惰招牌式的例子和培养无知的温床就是希腊文，甚至拉丁文的著作在今日竟然胆敢附带德文注释出版！这是怎么一回事啊！在学习拉丁文的过程中，不断地接触母语，那又怎能把它学会呢？所以，"在学校里只能说拉丁文"是一条很不错的老规矩。事情的滑稽就在于教师先生无法自如写作拉丁文；作为学生则无法自如阅读拉丁文。所以，这些现象的背后就是懒惰及其产儿——无知，除此别无其他。这种情形确实是丢人的！无知就是不曾学会任何东西，而懒惰则将不会学到任何东西。抽雪茄、胡侃政治在今天已经赶走了深厚的学问，正如儿童图画书对于那些大小孩来说已经取代了文艺刊物一样。

4

随着概念的增加，一门语言的词汇也应相应增加——这是合理的和必然的。但如果没有前者，而只有后者，那只是显示了人们智力贫乏——因为人们的确很想拿出点点的东西，但苦于没有新的思想，所以就只能制造新词充数了。这种丰富语言的方式已经见怪不怪了，这也是当今时代的特色。但是，用新字词表示旧概念就只是新瓶装旧酒而已。

顺便在此一提的是：我们应用"前者"（Ersteres）和"后者"（Letzteres），应该只能是在这两个词分别代表了几个字词，而并非只是一个字词的时候，就像上文显示的那样。我提起这事只是因为我在上面现成就有一个例子。如果"前者"和"后者"代替的只是一个词而已，那还不如重复这一个词算了。希腊人一般都会毫不犹豫采用这种做法，但法国人都尽量避免重复用词。德国人则顽固坚持用"前者"和"后者"，有时候，读者被弄得都分不清何为"前者"、何为"后者"了。

5

我们对中国的汉字很不以为然；但是，既然文字的任务就是借用视觉符号，在人们的理性头脑里引发概念，那么，首先把只是指示了某一概念的听觉符号的符号展现给人们的眼睛，而那一听觉（发音）符号却首先是这一概念的承载物，那就是明显拐了一个大弯。我们的文字因而就成了一种符号的符号。这样，我们就会提出疑问：听觉符号比起视觉符号究竟具有什么优势，以致可以让我们放着从眼睛到理性的一条直路不走，而另绕这样一个大弯：亦即让视觉符号只有在经过听觉符号的中介以后才能向读者的头脑发话。实际上，让视觉符号直接承载概念，而并非只是标示其发音——就像中国人所做的那样——明显是更为简单的做法。事实的确是这样，因为视觉比听觉更能够察觉细微、多样的差别；并且，视觉可以允许多个印象同时并存，但听觉特性却由于唯独只存在于时间而无法具备同样的能力。解答上述疑问的理由或许是下面这些：

（1）由于天性使然，我们首先采用的是听觉符号，表达的也首要是我们的情绪；在这之后才一并表达我们的思想。因此，我们就先有了为耳朵而设的语言，在这之前我们甚至不曾想到要设计出一种为视觉而设的语言。在以后的时间里，在有必要设计出后者时，人们发现回头从听觉语言着手比另外设计，或者另外再学习一种全新的，甚至是全然不同的视觉语言更便捷和更省事，尤其是人们很快就发现不计其数的字词其实也就还原为那么一些音素。因此，借助这些音素就可以轻而易举表达出这些字词。

（2）虽然视觉比听觉能够把握和鉴别更多不同的变化，但是，要造成这些变化，而又没有类似可以为耳朵造成变化的相应工具，则是不可以的。并且，我们肯定不能以造成和变换听觉符号那样的速度——这是因为灵活舌头的作用——造成和变换视觉符号。聋哑人所用的有欠完美的手语就是这一方面的明证。所以，从一开始，这就使我们的听觉成了运用语言和以此方式运用理性的基本官能。所以，归根到底，只是外在的和偶然的原因，而不是源自语言的任务本质的原因，造成了这种例外情形：直接的方式并非最好的方式。因此，如果我们抽象、纯粹理论性和先验地考察语言文字，那中国人的处理方式是真正对头的；我们也只能责怪中国人学究气多了一些，因为他们没有考虑到现实处境可供另一种选择。与此同时，经验也让我们看到了中文所具备的一大优势，亦即在以中文字表达的时候，我们并不需要懂得中文：我们人人都可以以自己的语言阅读中文字；正如我们的那些数目字代表了泛泛的数目概念一样，中文字也代表了所有概念。那些代数符号甚至代表了抽象的量的概念。所以，正如一个曾五次到过中国的茶叶商告诉我的，在整个印度洋地区，中文字成为了公用的交际工具。来自各个不同国家的商人都能以此互相交流和理解，虽然这些人并没有一种共同的语言。我的这位英国朋友甚至肯定地认为：因为中文字具有这样的功能，将来终有一天中文字会传遍整个世界。J.F. 戴维斯在《中国人》一书里的一段描述也与此看法完全吻合。

论判断、批评和名声

1

康德在《判断力批判》一书里阐述了自己的美学，据此，在考察了美学以后，我在这一篇里也一并补充短小的判断力批判——但这只是经验给予的判断力——目的主要是想说：在大多数情况下，人们并没有判断力，因为判断力就像凤凰一样的稀有，要等上五百年才得一见呢。

2

人们所用的趣味（Geschmack）一词，指的是发现或者甚至只是赞赏合乎美学的东西——虽然人们选用这词的时候并没有显示出良好的趣味——而这种发现和赞赏并不曾得到哪条规则的指导，因为要么没有哪一条规则涵括如此广泛的范围，要么应用这一规则的人或者评判者并不知道这一条规则。我们可以不用趣味这词，而改用美的感觉这一说法，如果这不是词意重复的话。

与男性的创造性才能相比，理解、评判的趣味就犹如女性的特性。在没有能力创造的情况下，理解和审美趣味就在于有能力接受（接收），亦即分清什么是美丽、合理和适宜，什么是与这些恰恰相反的能力；因此也就是能够辨别好坏，发现和欣赏好的，拒绝和抵制坏的。

3

作者可分为流星、行星和恒星三类。流星能够制造出短暂的轰动。人们抬头仰望，大声喊道，"瞧！它在那儿呢！"轰动过后，流星就逝去永远不返了。行星和行星一类的彗星则要维持长得多的时间。行星和彗星经常照耀得比恒星还要明亮——虽然这只是因为行星和彗星距离我们更近的原因——并且，行星和彗星会被不识者误以为就是恒星。尽管如此，这类星星很快就得让出位置。此外，这些星星发出的光亮也只是借来的，它们作用的范围也只是局限于和它们同一轨道的其他星星（同时代人）。这些行星变动和迁移，循环运转也就那么几年的时间。只有第三类的恒星才可以持续不变地运转，在穹苍中牢固保持其位置。恒星自身发出光芒，在不同时候都能发挥作用，因为这些恒星的外观不会因为我们观测角度的改变而改变——观看它们是没有视觉差的。这一类恒星并不像另两类星星一样只属于一个星系（民族），而是属于整个世界。但由于恒星高高在上，它们发出的光线通常需时多年才被我们地球人所看见。

4

要评估一个天才，我们不应该盯着其作品中的不足之处，或者，根据这个天才的稍为逊色的作品而低估这个天才的价值。我们应该只看到他最出色的创造。这是因为甚至在智力的层面，人性中的缺点和错误仍旧是那样根深蒂固，就算是具备了最闪亮思想的人，也难以完全和每时每刻幸免。所以，甚至在最伟大的思想者所写出的著作中，也会出现大的瑕疵。贺拉斯说，"伟大的荷马也有打盹的时候"。但是，把天才区别开来的——这因此也就是评判他的标准——却是这一天才在天时、地利、人和的情况下所能飞升的高度。天才所达至的高度却是常规才具的人所永远无法达至的。同样，把同一级别的伟人，诸如伟大的文学家、伟大的音乐家、哲学家和艺术家等在相互之间比较，却是一件糟糕的事情，因为这样做的话，我们几乎是无法避免失之公允，至少在比较的当下是这样。也就是说，我们注意到了一位伟大天才的某一独特优点以后，在另一位伟大天才的身上，我们马上就会发现刚才那一鲜明的特色在这里却有所逊色了。经过这一比较，后一位就被贬低了。但如果我们从这后一位伟人所特有的、完全是另一种的优点出发，那我们也无法在前一位被比较者的身上找到同样的长处。这回，轮到前一位在这种比较中被低估了。

5

某些批判家以为哪些作家或作品是好，哪些是坏是由他一个人说了算，因为他们把自己的玩具喇叭当成了可以远扬名声的铜管长号。

正如一种药品如果剂量过大就不会达到用药的目的，挑剔和抨击一旦超出了公正的界线也会遭遇同样的情形。

6

对于具有精神思想价值的作品来说，相当不幸的事情就是，只能静待那些本身只能生产拙劣之作的人，终于肯乖乖地称赞他人的优秀作品。总而言之，这些具思想价值的作品确实不得不经过人的判断力这一关，而获颁发桂冠，但判断力这一素质之于大多数人就等于生殖力之于被阉割者。我想说的是，大多数人的判断力相当微弱，对此我们难以寄予厚望；那只是貌似的判断力而已。所以，具有真正称得上判断力的东西，那就可被视为获得了极为罕有的馈赠。因此，拉布吕耶尔[1]所说的

---

[1] 拉布吕耶尔（La Bruyère, Jean de, 1645—1696）：法国讽刺道德学家。著有《品格论》等作品。——译者注

不幸而言中，他的话说得也相当巧妙：

> 在这世上至为稀有的东西，除了辨别力（l'esprit de discernement），
> 接下来就是钻石和珍珠了。

人们缺乏的就是辨别力，因此也就是判断力（Urteilskraft）。大多数人不懂得分辨真与假、精华与糟粕、黄金与黄铜，也看不出常人的头脑与稀有天才的思想之间的云泥之别。人们不会得到恰如其分的真实评价，而只是被认定为第三者所认为的样子。这给人们压制非凡的思想作品提供了机会；这样，庸才就可以乘机阻止和尽量拖延时间，不让那些杰出作品露面。结果就像这一首老歌谣所说的：

> 在这世上，这就是伟人的命运：
> 他们已经不在的时候，方才获得人们的认识。

在真正的、杰出的作品出现之时，首先挡在其前路上并且鸠占鹊巢的就是拙劣、但却被人们错认为是杰出的货色。此外，在经过了长期和艰苦的奋斗以后，那些货真价实的作品终于成功要回本来就属于自己的位置，并得到了人们如实的评价和对待。但用不了多久，人们就会把某些毫无思想、但又搔首弄姿、粗俗厚脸皮的效颦者拉上前台，然后这些模仿者又是把他与天才一道安置在圣坛之上。这是因为大众没有辨别能力。大众完全真心实意地认为这一模仿者就是另一伟大人物。为此理由，依利亚特[1]以下面这些词句开始了他的第二十八个文学寓言：

---

[1] 托马斯·德·依里亚特（1750—1791）：西班牙文学家，代表作是《文学寓言》。——译者注

愚蠢的大众不会厚此而薄彼

无论优秀和拙劣的作品都合乎他们的品位。

莎士比亚逝世后不久，他的剧作就得让路给本·琼生[1]、马辛杰[2]、鲍蒙特[3]和弗莱彻[4]的作品；莎翁的剧作在长达一百年间不得不退避三舍。同样，康德的严肃哲学被费希特的离谱假大空、谢林[5]的折中主义和雅可布[6]一本正经和令人厌恶的扯谈挤掉了位置。到最后，情形竟然发展到了这一步：像黑格尔这样一个彻头彻尾的可悲的江湖骗子，竟被人们尊为与康德并列，甚至远远高于康德的人物。哪怕是在人们都能接触和欣赏的某一领域范围，我们也可以看到无与伦比的瓦尔特·司各脱很快就被没有价值的竞相模仿者挤出了大众的视线之外。这是因为大众对于优秀的东西从根本上是没有感觉的，这种情形无论在哪里都概莫能外。所以，他们根本没想到过，真正能够在诗歌、艺术或者哲学上有所成就的人其实是少之又少，也唯独这些人所写出的作品才值得我们关注。所以，应该把贺拉斯的句子：

神、人，甚至供贴宣传广告的柱子都不允许

文学家变得平庸、没趣。

---

[1] 本·琼生（Ben Jonson，1573—1637）：英国诗人和剧作家。著有《个性互异》等作品。——译者注
[2] 马辛杰（Massinger，Philip，1583—1640）：英国剧作家。著有《米兰公爵》等作品。——译者注
[3] 鲍蒙特（Beaumont，Francis，1584—1616）：英国文学家。——译者注
[4] 弗莱彻（Fletcher，John，1579—1625）：英国剧作家。著有《菲拉斯特》等作品。——译者注
[5] 谢林（Schelling，Friedrich Wilhelm Joseph von，1775—1854）：德国哲学家。著有《论自我是哲学的根本》等著作。——译者注
[6] 路·冯·雅可布（1759—1827）：18世纪德国经济学家。——译者注

在那些染指文学以及其他高级学问的敷衍者的眼前，每天毫不留情地晃动几回。这些人搞出来的东西的确就是野草——这些野草不会允许玉米苗子长出来的，因为这些野草是要覆盖一切。这样就出现了费希特莱本所描述的情形：

> 根本就没有好的作品问世，
> 他们狂妄地叫喊。
> 伟大的作品却一直
> 悄无声息地成熟。
> 伟大的作品终于露面，
> 但人们却视而不见，
> 它们的声音淹没在喧哗和呐喊，
> 怀着腼腆的悲凉，
> 好的作品就是这样悄无声息地过场。

人们这种缺乏判断力的可悲情形同样反映在科学里面，反映在错误理论所具有的强韧生命力上面——尽管这些谬误的东西已遭批驳，但仍然大有市场。一旦这些错误的理论取信于人，它们就能在五十年或者在长达一个世纪里面，蔑视和抗拒真理，就像防波石堤对抗着海涛。足足过了一百年以后，哥白尼仍然不曾挤掉托勒密；培根、笛卡儿和洛克[1]也是经过很长的时间，迟迟才发挥出影响（我们只需读一下达兰贝尔为百科全书所写的著名序言）。牛顿也是同样的情形。我们只需看看莱布尼茨在与克拉克[2]争论时，对牛顿地心吸力体系的攻击，还有所夹杂着

---

[1] 洛克（John Locke，1632—1704）：英国哲学家，感觉论奠基人。著有《政府论》等著作。——译者注
[2] 克拉克（Samul Clarke，1675—1729）：英国哲学家、神学家。著有《论自然宗教不可改变的义务》等著作。——译者注

的怨恨和蔑视。虽然牛顿在出版了他的《数学原理》以后，还活了几乎四十年，但直到他去世为止，牛顿的理论仍只是部分获得承认，并且这也只是局限在英国。而在他的国家之外，根据伏尔泰描述牛顿理论一书的序言所说，追随牛顿理论的人不会超过二十人。正是这一篇在牛顿逝世二十年以后才发表的介绍文字，极大地增进了法国人对牛顿理论体系的了解。在这之前，法国人坚定、顽固和爱国热情十足地死死抱住笛卡儿的旋转学说，而仅仅只是这四十年前，笛卡儿的哲学却在法国的院校中遭禁。再有就是达格苏的总理拒绝让伏尔泰印行他介绍牛顿理论的文章。但在另一方面，牛顿那荒谬的色彩理论却在歌德的色彩理论出现了四十年以后，竟仍然完全把持着统治地位。虽然休谟很早就开始写作，并且采用了通俗易懂的文体，但在他五十岁以前仍然是默默无闻。康德虽然一辈子都在发表作品和讲授哲学，但他还是要等到六十岁以后才开始有了名气。当然，艺术家和文学家比思想家有更多表现的机会，因为他们拥有比思想家百倍之多的观众和读者群。但是，莫扎特和贝多芬在生之时，大众又是怎样对待他们的？人们在当时是怎样看待但丁，甚至是莎士比亚的？莎翁的同时代人要是对莎翁的作品价值有一点点的认识，那莎翁就起码会给我们留下某张传神、可靠的肖像。可别忘了，在莎翁的年代，绘画可正大行其道的呀。但现在遗留下来的只是几幅让人生疑的画像、一幅画工拙劣的铜版画和一个摆放在他墓地的造工更加糟糕的半身塑像。同样道理，莎翁遗留下来的手稿就会数以百计，而不是像现在这样只有几个留在法律文件上的签名。现在所有的葡萄牙人都以他们唯一的文学家卡米奥斯[1]为豪，但卡米奥斯在生时却是靠施舍过活。他从印度群岛带回来的黑人小孩每天晚上就帮他从大街上收集人们施舍的几个小钱。当然，随着时间的流逝，每个人都会得到公正的评判，"时间老人是个公正之人"，就像一句意大利俗语所说的。但这种公

---

[1] 路易·卡米奥斯（1524—1580）：葡萄牙文学家。——译者注

正的评判却是来得既慢又迟，就像以前帝国最高法院发出的判决，而不便明说的条件就是这一作者已经不在人世。耶稣·本·西拉克[1]的格言，"不要颂扬在生之人"得到了忠实的奉行。凡是创造了不朽作品的人都得以这一印度神话安慰自己：天上只一日，世上已千年；同样，世上的千年也只是天上的一日而已。

我在这里所痛惜的人们欠缺判断力，也显示在下面这一情形：虽然在每一时代，人们对在此之前的优秀之作表现出尊重，但对在同一时代的好作品却不会赏识；本应留给这些好作品的注意力现在都投向了拙劣之作。每一年代都会产生许多这样的下三滥的作品，为以后的年代提供了笑料。这样，当真正有价值的创作在自己的时代出现时，人们却很难认出它们，这就显示和证明了大众对于久已获得了承认的思想天才的作品，也同样不会理解、不会欣赏、不会真正评估——虽然人们听从权威不得不尊重这些东西。证据就是当一些拙劣的东西一旦获得了名声，例如费希特的哲学，那些东西就能在一两代人之中畅行无阻。不过，读者人数越多，这玩艺儿的垮台就越迅速。

正如太阳需要眼睛才可看到太阳的光芒，音乐需要耳朵才可听到它的声音，同样，所有无论是艺术还是科学的巨作，其价值是以这些巨作能与之述说的读者和听众、以与作品思想相近、胜任理解这些思想的读者和听众为条件。也只有具这种头脑思想的人才掌握必需的咒语——他们以此咒语召唤起匿藏在这些作品里的精灵。头脑平庸的人面对这些巨作就犹如站在一个密封的魔法柜子之前；或者，就像面对一件他们不会拨弄的乐器——从这件乐器他们只能胡乱弹出一些混乱的、不规则的音声，尽管在这一方面他们是多么愿意蒙骗自己。正如我们观看的一幅油画，是挂在黑暗角落里抑或得到太阳光线的照射，其造成的效果都

---

[1] 耶稣·本·西拉克（Jesus Ben Sirach，约前130年）：整理圣经《旧约》希腊文部分的作者。——译者注

大不一样，同理，同样的一部巨作会给具不同精神思想能力的审视者留下并不一样的印象。所以，欣赏一部优美的作品需要敏感的心灵；而理解一部思想性的作品则需要思考的头脑。这样，这些作品才是真正存在和展现了生命力。不过，当作者把他的作品送给这一世界、在大功告成以后，经常会有的感觉就跟这样一位燃放焰火者的感觉一样：这位仁兄花费了大量时间和精力准备了焰火，现在满腔热情地为观众表演；表演完毕他才发现自己搞错了对象，因为他的观众都是盲人院出来的人。但这种情况还不至于是最糟糕的，因为如果面对他的焰火的观众恰好就是制造焰火的人，而他施放的焰火又是异常绚烂、迷人，那他可就得脑壳搬家了。

7

同声同气是感受快乐的源头。对于我们的美感来说，自己的同类，以及同类之中与己同一种族的毫无疑问是最美丽的。同样，在与他人的交往中，每个人都明显喜爱与己相仿的人。所以，一个蠢人肯定更愿意与其他蠢人交往，而不是哪怕所有具有伟大思想的人加在一起。据此，每一个人首先喜欢的是自己的作品，那只是因为这些作品是自己心灵的影像、自己思想的回音。其次，与他本人相类似的人所写出的东西合乎他的胃口。所以，那些肤浅、呆板和头脑古怪、只会搬弄字词的人，只会真心实意地赞许肤浅、呆板、古怪、乖僻和除了卖弄词藻别无其他的东西。而对于伟大思想者的巨作，他只是迫于权威而不得不接受，亦即出于害怕而不得不承认这些作品的价值；但在心底里，他其实并不喜欢这些东西。"这些东西并没有投其所好"，这些甚至是让他反感之物——但这一点可是绝对不能承认的，甚至不能向自己承认。天才创作的作品也就只有头脑思想与众不同的人才能真正欣赏；但从一开始，要在没有权威的帮助下认出这些作品的价值，那就需要具备明显优异和突出的智力才行。所以，考虑到所有这些，我们就不会为那些巨作迟迟才获得赞许和名声而感到奇怪；相反，这些作品竟还可以获得赞许和名声，反倒就是让人惊奇的事情。确实，这一结果必须经历一个缓慢而又复杂的过程。也就是说，愚笨的人慢慢就迫不得已地承认头脑比他们高一级的人具有权威。我们也可以说这些人这样做是被驯化了的结果。这一承认上一级权威的过程层层递进，到最后会到达以声音的分量，而不是数量决出胜负的地步。这种情形就是一切真正的，亦即实至名归的名声的条件。就算是走到了这一步，就算已经经历了磨难和考验，但对于最伟大的天才作品来说，这些作品在读者群中仍然就像微服出巡的国王来到了百姓当中：臣民百姓并不亲身认识这一国王，所以，除非大臣们簇拥着他，否则，他的臣民是不会听他号令的。这是因为下级官吏并不直接从国王手中接领圣旨，这些下级官员只会辨别更上一级官员的签名手谕。这种辨认过程层层推进，直至内阁秘书辨别出大臣的手迹，而大臣又能核实国王的玺印。天才在大众当中所享有的名声也就是以经过类似的逐级认可为条件。在一开始的时候，这一逐级向下的认可程序最容易滞停，因为最高的权威人物寥若晨星，在许多情形下甚至是一个都没有。但一旦认可已抵达了下层，同时接受上一级权威的人数也就越多——到了这时候，天才的名声就不会滞停、扩展不开了。

面对这样的一种实际情形，我们只能以这样的想法聊以自慰：绝大部分的人都不是根据自己的看法，而只是信赖他人的权威评判事情——这一事实其实未尝不是一件好事，因为，假如每个人都根据自己在巨作中所发现的东西和所享受的乐趣而作出评判，假如不是因为权威的强迫性力量促使他说出妥当、适合的评语——虽然这些评语并非出于真心——假如是这样的话，那么，对柏拉图、康德、荷马、莎士比亚，还有歌德的作品，绝大部分的人将会作出怎样的评判？如果情形不是现在的这种样子，那高级别的创造就根本不可能会得到声誉了。同时，每个人刚好拥有足够和必需的判断力，以认出和听从比他更高一级的权威——这也是一件好事。这样，许多人就最终服从于极少数人的权威，由此就产生了评判作品的整套程序、制度——在这整套评判程序的基础之上，那种牢固和远扬的名声也才有了奠定的可能。对于处在最低一级、完全没有能力感受到伟大思想家所作出的贡献的人，最后就只能依靠树碑立传以给他们制造出感官的印象，好让这些人对那些天才的成就和贡献有一隐约、模糊的猜测和想象。

8

除了判断力欠缺以外，在阻挡高成就者获得名声方面，发挥得毫不逊色的还有嫉妒。从一开始，甚至对于最低一级的成就，嫉妒从一开始就阻挠有所成就的人获得名声，那种不屈不挠的气概贯彻始终，永不言败。这因此使原本就已是阴险、恶毒的世道人生更平添了不少险恶。阿里奥斯图的形容是相当正确的：

> 这一阴暗、忧郁更甚于明亮、喜悦的人生
> 却是充满着嫉妒。

也就是说，平庸之辈秘密和非正式地联合起来，这种拧成一股绳的心意就是嫉妒；这种同心协力遍布各行各业，到处都可见其踪影。人们联合起来，共同对抗个别出类拔萃的人。也就是说，人们不会愿意在其发挥作用的范围内听说或者容忍这样出色的个人。相反，

> 如果有人要在我们当中出类拔萃，那他就到别处出类拔萃好了。

> ——爱尔维修

这样，除了优秀的东西难得一见和知音难寻以外，现在还得再加上这种

118

万众一心齐发挥的嫉妒：誓要压制一切秀木、奇葩，如果可能的话，甚至务必把它们连根拔掉而后快。

对于别人所作出的成就，有着两种行为态度：要么自己也做出成就，要么就是不承认有人做出了这些成就。而后一种方式由于更加便利，所以人们通常更为乐于使用。

因此，一旦有人在某一学科显现出杰出的才华，那这一学科里的所有平庸之士就会一齐动手把这种才能掩盖起来，夺走能让这杰出才能曝光和展现的机会，用尽一切手段阻挠人们了解这些东西，就像这种才华是对他们的肤浅、无能、马虎、潦草的某种背叛和指责似的。在大多数情况下，这一整套掩藏、压制才能的办法在一长时间里颇为有效，而这只是因为天才把自己的作品献给人们的时候，怀着赤子之诚，满以为这些人会享受自己的杰作——这样的天才却是偏偏最无力对付那些心怀叵测、手段老辣的卑劣家伙。要知道，这些家伙在庸俗的方面却是极为到家。事实上，这位天才甚至一刻都不曾想到，当然更加不会明白，人们会使出这些招数。在挨上当头一棒以后，懵然、失措的他还会怀疑起自己的作品呢。这样，他对自己都糊涂了。要不是他擦亮眼睛，看清楚那些毫无价值的人及其勾当，他还可能会放弃努力呢。要得到这方面的例子，我们用不着从刚刚过去或者已经远逝的年代找出具体的例子，我们只需看一看德国的音乐家如何深怀嫉妒，在整整一代人的时间里拒绝承认伟大的罗西尼[1]所作出的成就。在一次大型、隆重的男声合唱集会里，我就亲眼目睹了人们和着罗西尼不朽的 Di Tanti Palpiti 旋律，讽刺性地唱出菜牌里的菜名。多么无能的嫉妒！庸常的字词被罗西尼的旋律压过和吞没了。所以，尽管嫉妒当道，罗西尼的奇妙旋律照样传遍了全球，让每一个听者顿感神清气爽——过去是这样，现在是这样，无尽的

---

[1] 罗西尼（Gioachino Rossini，1792—1868）：意大利作曲家。著有《塞维尔的理发师》等歌剧。——译者注

将来仍是这样。我们还可以看到当一个名叫马绍尔·荷尔[1]的人让人发现他知道自己做出了某些成绩以后，德国的医学人员，尤其是医学的批评家简直就是怒发冲冠。嫉妒是表明有所欠缺的确切标志；如果是针对别人做出的成就而嫉妒，那就表明自己在这方面无所建树。人们对作出贡献的人的嫉妒态度，由杰出的格拉西安[2]在其著作中的一个篇幅很长的寓言里作了很好的描述。寓言的题目是《炫耀的人》。在这篇寓言故事里，所有的鸟儿对孔雀长有美丽的羽毛而忿忿不平，并一致联合起来对付它。喜鹊说，"只要我们能够阻止那该死的孔雀开屏，它还有什么美可言？大家都看不见，那美不就等于没有了吗？"等等。据此，谦虚的美德纯粹就是为防范嫉妒而发明出来的武器。至于无论任何时候，只有欺世盗名者才会要求别人谦虚，而看到有出色才能的人自谦又是满心欢喜——这我在《论文学》一文已经详尽讨论过了。歌德的这一名言很多人并不喜欢，亦即"只有欺世盗名者才是谦虚的"。塞万提斯也早就表达过这一意见。他在《诗坛游记》的附录中给予文学家这一忠告：

> 每一个诗人，只要写出的诗行显示出自己就是一个诗人，那他就要看重自己，并坚信这一俗语：认为自己是无赖的人，确实就是一个无赖。

在莎士比亚的许多十四行诗中——只有在这些诗作中莎翁才可以谈论自己——莎翁充满自信、异常坦白地宣称自己所写的东西是永垂不朽的。莎翁著作的当代编辑人柯利尔在为莎翁的十四行诗所写的序言中这样说：

> 在许多莎翁的诗作中，可以看到诗人自信的明显迹象，他对这些诗

---

[1] 荷尔（Marshall Hall, 1790—1857）：英国生理学家，第一个提出对生物的反射作用的科学解释。——译者注
[2] 格拉西安（Baltasar Gracián, 1601—1658）：西班牙哲学家、作家。著有《智慧书》等著作。——译者注

作能够永存深信不疑。诗人在这方面的意见是始终如一的。他从不讳言自己的看法。或许从古至今，还不曾有过一位写出如此大量作品的作者是像他这样频繁和强烈地表示出自己的这一坚定信念：对于他所写出的这些文学作品，这一世界是不会眼睁睁看着任其湮没的。

嫉妒之人为了贬低好的东西而常用的招数，就是不顾颜面、肆无忌惮地称颂拙劣的东西——而这说到底也就是贬低好东西的另一面——因为一旦拙劣的货色被奉为圭臬，优秀之作也就失势了。所以，这一伎俩可以在相当长的时间里发挥作用，尤其这一手段大规模采用的话。但到最后，清算的日子还是要到来。劣作虽曾获得为时短暂的名声，但现在，那些下作的吹捧者却要付出永远失去信誉的代价。正因为这样，那些吹捧者都很乐意藏匿起自己的真实名字。

由于直接贬损、批评杰出的作品会遭受上述同样的危险——虽然这危险距己更远一点——所以，许多人就不会傻乎乎至下定决心采用这一方法。所以，当杰出之作露面的时候，最初的结果经常就只是同行们鸦雀无声，就像鸦雀看到了孔雀开屏。那些受到了屈辱的竞争者不约而同地陷入了沉默。人们全都闭上了嘴巴，恰似早有安排。这也就是塞涅卡所说的"嫉妒者的沉默"。如果作品面对的最直接的公众纯粹就是作者的同行和竞争者，例如，在高级的学术研究领域里就是这样的情形，而更大的公众群因而只是通过上述直接的公众、间接地行使选举权，而不是自己去进行调查研究，那么，那些直接的公众只要蓄意保持阴险、狡猾的沉默，就足以达到自己的目的。而这种沉默的技术用语就是"视而不见"、"不理不睬"。就算那种"嫉妒者的沉默"终于被赞扬之声所打破，那种主持了公道的赞扬声也甚少不是带有自私的意图。

许多人也好，一个人也罢，

能够给予别人承认，

也不过是要显示一下，

承认者的本事和所能。

——歌德：《郁闷集》

也就是说，人们如果让与己相同或者相关学问领域的人得到名声，那说到底就等于剥夺了自己在这方面的名声；赞扬别人只能以自己的名声为代价。所以，人本身的确就不会是愿意称颂别人，而是感兴趣和喜欢责备、非议别人，因为这样做就是间接赞扬了自己。而如果人们发出了颂扬声，那就肯定是出于别的其他动机和考虑。既然在这里我指的不是同伙之间的无耻吹吹拍拍，那么，在此起作用的个人考虑就是：除了自己做出成就以外，仅次一级的能力就是正确评估和承认别人所作出的成就——根据赫西俄德[1]和马基雅维利所列出的三级头脑能力（参阅我的《论充足根据律的四重根》第 2 章）。谁要是放弃了幻想，不再声称自己拥有第一级的能力，就会很乐意抓住机会，展示第二级的。人们所作出的重大成就之所以有确切把握能够最终获得别人的承认，其理由几乎全在这里。同样是因为这一缘故，一旦某一作品的巨大价值得到了承认，一旦这一作品从此不再是寂寂无名和遭到否定，人们就会争先恐后地表示赞叹和尊敬，因为人们对色诺芬[2]所说的这一道理是有所意识的："要认出智者，自己首先就必须是智者。"他们承认别人就可以为自己沾上荣耀。所以，既然人们已经无法染指杰出的成就，现在就只能退而求其次，尽快得到那仅次于原创性的、仅次于他们已是无法企及的东西，亦即表现出有正确鉴赏成就的能力。因此，在此发生的情形就像一

---

[1] 赫西俄德（Hesiodos，前 8 世纪）：古希腊文学家。著有长诗《工作与时日》等作品。——译者注

[2] 色诺芬（Xenophon，约前 430—约前 355 或 354）：古希腊历史学家、作家。著有《长征记》等著作。——译者注

支被击溃了的军队：原先个个唯恐不是冲锋在前，现在大家只恨自己逃跑得太慢。也就是说，现在人们争先恐后赞许那已获得了承认的非凡作品，同样是因为人们毕竟是明白我在上一节已经探讨过的同气相通、物以类聚的原理，虽然人们通常向自己隐瞒起这一点。这样，赞叹非凡作品的人，其思维方式和对事情的看法就似乎与那非凡作品的作者相类似了。起码，这样做能够为自己的趣味保全了颜面，而这现在已是唯一剩下的东西了。

由此可以轻易看出，虽然获得名声是很难，但名声一旦到手，要保存这一名声却是轻而易举的事情。同样，唾手可得的名声，其失去也是转眼间的事情——这在拉丁成语中叫做"来得快，去得也快"。其中的道理是明摆着的：某一成就的价值能为常人所轻易认识并为竞争同行对手所愿意承认，那做出这一成就的能力就不会比常人和同行的能力高得了多少，因为"每人只会称颂自己有望和期望达到的成就"。再者，由于同气相通原理的作用——这一原理我已多次提及——迅速冒起的名声是一个值得怀疑的信号：也就是说，这一名声就是大众所给予的直接赞许。这一大众的赞许意味着什么，是福基翁[1]最清楚知道的，因为在他演讲时，他听到了热烈、响亮的喝彩声，他问站在他旁边的朋友，自己是否无意中讲错什么话了（普卢塔克[2]的《箴言录》）。基于相反的理由，能够维持长久的名声，却需时很长才奠定起来；要得到延绵多个世纪的名声，经常必须以得不到同时代人的赞许为代价。这是因为要能够持续得到人们的重视，就必须具备能人所不能的非凡之处，甚至只是看出别人的这一非凡之处就已经需要非比一般的头脑思想了；而具备这样非比一般思想能力的人，却不会随时都有，起码不会随时凑够数目让人们听得见他们的声音。而总是警觉、提防着的嫉妒却会不惜一切把这些声音

---

[1] 福基翁（Phokion，前402—前318）：雅典政治家、战略家。——译者注
[2] 普卢塔克（Plutarchus，约46—约120）：古希腊传记作家。著有《希腊罗马名人传》等著作。——译者注

扼杀在萌芽之中。相比之下,平庸的成就很快就会获得人们的承认,但这些成就的寿命却很有可能短于作成这些成就的人。这样,在青年时代享有如雷贯耳的名声,到了晚年,却是默默无闻。而作出伟大成就的人却变得恰恰相反的情形:他们长时间内生活在默默无闻之中,但以此换来的却是晚年的赫赫名声。但如果显赫的名声只在他们死了以后才到来,那这种人就像约翰·保罗[1]所说的:涂抹死人的香油却成了新生儿洗礼的圣水。他们也就只能以圣人在死后才获封圣徒来安慰自己。所以,马曼[2]在《希罗德》一诗中的优美描述得到了证明:

> 在这世上称得上真正的伟大的,
> 肯定不会马上取悦于人。
> 大众所尊奉为神的,
> 很快就从神坛撤下。

值得注意的是,这一规律在油画中得到了完全直接的证实,因为油画鉴赏家都知道:最伟大的作品不会一下子就吸引住人们的眼睛,也不会在初次观赏就能马上造成难忘的印象,而只是经过反复观摩以后,印象才会越来越深刻。

另外,某一作品能否得到及早、正确的评估和赏识,首要的是取决于这一作品的类别和性质,亦即根据这类作品水平的高低,以及相应在理解和评判上的难易,和根据这类作品面对的公众群的大小而定。虽然后一个条件,即公众群的大小,主要取决于第一个条件,即作品水平的高低,但也部分取决于这类作品是否可以大量复制,就像书籍和乐谱

---

[1] 约翰·保罗(Jean Paul,1763—1825):即约翰·保罗·弗里德里希·里希特,德国评论家、作家,其小说作品以注重细节著称。——译者注
[2] 马曼(Mahlmann,Siegfried August,1771—1826):德国政治评论家。——译者注

那样。在上述两个条件结合作用以后，那些并不是服务于有用目的的成就——在这里谈论的也就是这一类成就——其价值在尽早获得人们的承认和赏识方面，依次组成了下面的序列，排得越前就越有希望快速获得公众的赏识：走钢丝演员、马戏团的花样骑手、芭蕾舞演员、魔术师、演员、歌手、乐器演奏家、作曲家、文学家（作曲家和文学家都是因其作品能被复制）、建筑师、画家、雕塑家、艺术家、哲学家。排在末席的毫无疑问是哲学家，因为哲学家的著作给读者带来的不是娱乐，而只是教诲；要理解这些著作必须具备一定的知识；并且，这类著作也要求读者在阅读时付出相当的劳动。所以，哲学著作的读者群相当小，这类作者所得到的名声与其说是在宽度（范围），还不如说是在长度上见称。总的来说，名声能否持续是与这一名声到来的早迟大致上成反比；所以，上面的序列倒过来就可以反映名声持续的情况。这样，在维持名声方面，文学家和作曲家也就紧随哲学家之后了，因为他们写下来的所有作品都有永久保存的可能。但不管怎么样，第一号位置理所当然地属于哲学家，因为在这一领域里所作出的成就稀有得多，并且也非常重要。同时，人们还可以把这些哲学著作近乎完美地翻译成所有语言。有时候，哲学家享有的名声甚至超过了他们著作的寿命，例如，泰勒斯[1]、恩培多克勒[2]、赫拉克利特[3]、德谟克里特[4]、巴门尼德[5]、伊壁鸠鲁[6]，等等。

相比之下，那些具有某一用处、或者直接提供感官乐趣的作品却不

---

[1] 泰勒斯（Thales，前 640—前 548）：古希腊哲学家。——译者注
[2] 恩培多克勒（Empedocles，前 5 世纪）：古希腊哲学家、医学家。——译者注
[3] 赫拉克利特（Haraclitus，约前 500）：古希腊哲学家。著有《论自然》等著作。——译者注
[4] 德谟克里特（Democritus，前 460—前 370）：古希腊哲学家。——译者注
[5] 巴门尼德（Parmenides，前 5 世纪）：古希腊哲学家，爱利亚学派的代表人物。著有《论自然》等著作。——译者注
[6] 伊壁鸠鲁（Epicurus，前 341—前 270）：古希腊哲学家。——译者注

费吹灰之力就能得到人们的赏识。在许多城市里，一本写得出色的糕点制作手册是不会长时间受到冷落的，更加不用等到后世才碰上知音。

与迅速获得的名声归于同一类的是虚假的名声。虚假的名声就是人为的炒作、不实的颂扬、一众好友和收受了贿赂的批评家的帮腔、上头的暗示和下面的合谋，共同作用的结果，是以大众缺乏判断力为前提条件。这种虚假的名声就像人们用充气水泡在水里浮起重物。这些充气水泡会在水中浮起这一重物或长或短的时间——视乎这些水泡缝合得是否完好。但水泡里的空气终究慢慢漏走，重物也终将沉没。这也是所有不是依靠自身获取名气的作品终将遇到的命运。虚假的赞扬声逐渐减弱和消失了，从一开始就定下的谋约也寿终正寝了。识货者开始发现这一名声其实名实并不相符；随着这一名声的消失，换来的只是人们对其越发鄙视。相比之下，真正的作品，亦即全凭作品本身获得名声，并因此在各个不同的时候都重新能够引发人们赞叹的创作，却像特别轻盈的浮体，依靠自身就能浮上水面，并沿着时间的长河漂浮。

纵观文字写作的历史，无论古今，还真不曾有过什么虚假名声能与黑格尔哲学的虚假名声相比。还从来不曾有过如此拙劣、如此明显荒唐虚假、如此赤裸裸的空话、不知所云的字词、令人恶心和作呕的内容，能像这一彻头彻尾毫无价值的假哲学那样，竟然可以这样被厚颜无耻地捧为这一世界至今为止还从未见过和赞颂过的、最博大精深的智慧。这些荒诞的事情，用不着我说，都是在太阳底下发生的。但是，值得指出的是，所有这些伪劣货色却在德国公众里取得了彻底的成功。而这正是德国人的耻辱所在。在长达四分之一的世纪里，这一厚着脸皮生造出来的名声被人们视为名副其实；这一"不可一世的怪兽"（乔尔丹诺·布鲁诺语）在德国学术界风头之劲，可谓一时无两。甚至对这种傻事并不买账的寥寥几个人，在谈起这种荒谬事情的始作俑者时，也不敢不毕恭毕敬，除了用上绝无仅有的天才和伟大的精神思想者一类的字词，不敢再用其他。所有这一切将如何收场，我们还是忍不住推论一番。这样，在文字写作的历史中，这一时期就将作为一个民族和时代的耻辱污点，永远成为今后多个世纪的笑谈，并且是罪有应得！当然，时代或者个人都有自由颂扬拙劣的货色、蔑视优秀的作品，但复仇女神最终不会放过他（它）们，耻辱的钟声终将敲响。正当被收买了的伙计们发出大合唱，以有计划地传播这位冒牌哲学家的名声、宣扬他的毒害头脑思想和无可救药的信笔胡写之时，人们马上就可以看出这种赞美大合唱的特质，如果在德国还具有稍为细腻一点思想的人的话。这种大肆吹捧纯粹是出自某一目的，而完全不是来自认识（Einsicht）。这是因为这种赞美铺天盖地，一发不可收拾；这片赞美之声传往地球的四面八方，从所有人的大嘴里奔涌而出，毫无条件、毫无节制，也毫无保留，直到词语告罄为止。上述那些受人钱财、站好了队列替人吆喝、鼓掌的人，甚至不满足于只是唱出混声即兴赞歌，他们还费尽心机搜索德国以外称得上赞扬的只言片语。一旦捡到这些未经贿赂的东西就马上如获至宝地炫耀。也就是说，假如某一名人让自己不得不说出几句恭维话语，或者偶然赞扬了几句话，又或者，反对者在批评的时候，出于害怕或者同情而把责备的话语说得委婉一点，——假如出现这种情形，那些马屁精就迫不及待地到处招摇。这样，推动这一切的只是目的，大唱赞歌者其实就是博取酬劳的雇佣兵、受人钱财以及誓要共同进退的文人同伙。相比之下，纯粹发自认识的真心实意的赞扬，却是完全另外的一种性质。费希特莱本很美妙地说过，

> 人们搪塞和支吾，
> 只是为了不敬重美妙的事物！

也就是说，发自认识的真心赞扬来得既慢又迟，就算来了，也只是零星分散、少得可怜。并且，这些赞语始终带有一定的保留。因此，接受者的确可以这样说这些赞扬者，

只是嘴皮子嚅动，
上腭却不动分毫。

——《伊利亚特》

赞扬别人的人在心里可是老大不愿意这样做。这是因为真正伟大的成就已经再也无法掩藏起来，这些赞语奖赏是从那些呆滞、粗糙、倔强，并且心生嫉妒和极不情愿的平庸之辈的手中硬夺过来的。就像科洛斯托[1]所说的，这一月桂花环也只有高贵之人挥洒的汗水才可以换来。那是

勇气的结果——它终将
战胜愚蠢大众的抵抗。

——歌德

据此，这种性质的赞赏与那种受目的驱动的无耻吹拍、逢迎相比，就像一个高贵、真情，但并不容易获其芳心的恋人与付钱得到的街边妓女之比；人们在黑格尔的名声光环中马上就会认得类似这街边妓女脸上所搽的厚厚脂粉、唇膏——如果，就像我已说了的，在德国人们还有点点敏锐眼光的话。如果真有这样的敏锐眼光，那席勒在诗歌《理想》中所描述的情形就不至于作为德国民族的耻辱刺眼地出现在现实中：

我看见了名声神圣的花冠，
在平庸者的头上遭受亵渎。

在此作为虚假名声实例的黑格尔光芒，当然是史无前例的，甚至在德国

---

[1] 弗·戈·科洛斯托（1724—1803）：德国文学家。——译者注

也找不到相似的例子。因此，我请求公共图书馆保存好歌颂黑格尔大名的所有文献，就像小心保存好木乃伊一样，包括这一冒牌哲学家本人及其崇拜者所写的全部文章，以作将来后世的教育、警醒和娱乐之用。同时，这也可以为这一时代和这一国家立此存照。

但如果我们把目光放远一点，把注意力集中在历史上各个时期的同时代的人的赞语，那我们就会发现：同时代的人的赞语根本就和一个街边妓女没有两样：她已受尽成千上百个下流家伙的玷污。谁还会对这一娼妇产生欲望？谁还会以得到她的青睐为豪？又有谁不会鄙视她、拒绝她？相比之下，流芳后世的名声却是骄傲、矜持的绝色美人，她只把自己献给配得上她的人、献给胜利者和难得一见的英雄。事情就是这个样子。此外，我们也可以推断两足的人类是处于何种境况了，因为要经历几代人，甚至数个世纪以后才可以从上亿人当中产生出屈指可数的具判断力的人；也只有他们才懂得区别好与坏、真与假、黄金与黄铜。这些人因此也就被称为后世的裁判员。对于这些人来说，另一个优势就是无能者难以消除的嫉妒，还有卑鄙者带目的的阿谀奉承都沉寂了，真知灼见到现在才有了机会发言。

与上述人类可怜的境况相对应，我们难道没有看到那些伟大的天才——无论是在文学、哲学和艺术——都总是孤身奋战的英雄，赤手空拳与漫山遍野的大部队进行一场堪称绝望的搏斗！这是因为绝大多数的人类那呆滞、粗野、反常和粗暴的特性，永远以各种各样的方式方法抵消天才所发挥的影响，它们在这一过程中组成了庞大的敌对势力——在敌众我寡的形势下，英雄们最终倒下了。每一个英雄都是参孙[1]式的大力士：但强力者仍被施放诡计和人多势众的弱者所击败；一旦他最终失去了耐性，那他就把对手和自己都一并毁灭了。或者，那些英雄就像到

---

[1] 参孙（Samson，前1100年）：《圣经·士师论》中一位犹太人士师，以身强力大著称。——译者注

了小人国的格利弗：最终还是被庞大数目的小人制服了。这些零星、个别的英雄真还能有所成就的话，这些成就都很难和很迟才得到人们的承认，并且那也只是仗仰权威的力量；而轻而易举这些成就又会被撵到了一边去，至少暂时是这样。这是因为与之作对的虚假、肤浅、乏味的东西始终源源不断流入市场，而这些东西与大众更加投契，因此能够坚守大部分的阵地。那些识货的评论家就尽管对着大众呐喊吧，就像哈姆雷特把父亲和叔父的两张画像拿到他那下贱母亲的眼前，"你长眼睛了吗？你到底长眼睛了吗？"（第3幕第4景）——唉，他们不就是没长眼睛嘛！当我看着人们欣赏大师作品的情景，还有他们喝彩的方式，我就经常想起那些所谓的猴戏：那些受过训练的猴子虽然也做出与常人一样的动作，但这些模仿人的举止、动作不时就会暴露出缺乏某一真实的内在原则，让我们看出了这些动物欠缺理智的本性。

那么，根据以上所述，人们经常使用这一说法，一个人"高于他的世纪"，就应理解为总的来说，这个人是高于人类的。为此理由，能够直接了解这样一个人，本身就得具备大大高于常人的能力；但像这样能力大大高于常人的人太过稀有了，不可能在任何时候都大量存在。所以，在这一方面，如果这一个人不曾受到命运特别的眷顾，那他就会被"他的世纪所误解和低估"。换句话说，他的作品不会得到承认——直到时间逐渐凑齐了稀有者发出的声音，这些稀有者也就是具足够的头脑思想以评判高级别的作品。在这之后，后世的人就会说，"这个人高于他的世纪"，而不是"这个人高于人类"。也就是说，人类巴不得把自己的过错推诿给仅仅是某一世纪。我们由此可以推论：高于自己的世纪的人的确也就已经是高于其他的世纪——除非在某一世纪里，凭借好得不能再好的运气，在这个人的成就领域里，某些公正和有能力的评判员与这个人同时诞生。就像一个美丽印度神话所说的，正当维喜奴投胎为一个英雄的时候，婆罗门在同一时间也降生在这一世上，并成为吟唱维喜奴事迹的人；所以，瓦米基、瓦萨和卡里德萨都是婆罗门的化身。在这一意义上，我们可以说每一不朽的作品都在考验它所处的时代是否能够慧眼识宝。在大多数的情况下，这些时代都无法通过考验，情形并不比菲勒门和包吉斯的邻居好得了多少——这些邻居因为认不出这些神灵而把他们赶走了。据此，用以评估一个时代的精神思想水平的正确标准，就不是有多少伟大的思想者在这一时代出现，因为这些思想者的能力是大自然的产物，这些思想者的潜力能够得到发掘和修养也只是机缘巧合所致；其实，正确的评估尺度应该是：这些思想者的作品在这些同时代人的手里得到了什么样的对待。也就是说，我们要看一看这些杰作是迅速受到了人们热情的欢迎，抑或对这些杰作的赞许姗姗来迟、不无怨恨；又或者，这些赞许和欢迎要完全等到后世才会出现。尤其当这一时代出现了高级别的作品，那这更加需要采用这一衡量尺度了。总而言之，越少人能够有缘涉足伟大思想者工作的领域，那上述的好运就越难出现。在这一方面，诗人文学家享有巨大的优势，因为他们的作品人人都可以接触到。如果把沃尔特·司各脱[1]的作品给当时一百个人阅读和评论，那或许随便一部瞎写一通的作品都会比司各脱的作品更能得到这些常人的欢心。但司各脱在终于奠定名声之后，人们照样可以赞扬司各脱"高于他的世纪"。而如果那一百个以整个世纪的名义对作品作出判断的读者，除了缺乏判断力以外，还再加上嫉妒、不诚实和追求个人的利益，那么，等待判决的作品就将遭受悲惨的命运，情形就像一个诉讼人等候已被收买了的裁判官作出判决。

与此相应，文字著作史普遍显示出那些追求思想和认识的人，写出的作品备受冷落、不为人知，而貌似追求和拥有认识与见解的人却获得了同时代人的赞叹和金钱上的进账。

这是因为一个著作者要让其作品发挥作用，就必须获得号召力，让

---

[1] 司各脱（Scott，Walter，1771—1823）：英国历史小说家和诗人，英国历史小说奠基人。著有《艾凡赫》等作品。——译者注

人们知道他的作品是必读品。但许多根本没有价值的作者通过玩弄花招、通过偶然的因素和与大众的同声相应，轻易就可获得这一号召力。而真有水平的作者却迟迟无法获得这种名气。也就是说，前一类作者可谓知音遍天下，因为庸常之辈总是大量存在；而后一类作者招徕的则只是敌人，因为智力上的优势无论在哪里、无论在何时都是在这世上最招人讨厌的东西，尤其对于在同一行学问中想混出个名堂的混混，就更是这样。[1] 如果大学里的哲学教授认为我在此暗指他们，暗指他们这三十多年来对我的著作所采用的战略战术，那他们是猜对了。

既然现实情形就是这样，那真要成就一番伟业、创造出一些能流芳后世的东西，主要的条件就是：不要理会同时代人及其意见、观点，以及由此产生的赞语，抑或批评。这一条件是自动形成的，只要其他人抱成一团的话。而这却是幸运的事情。这是因为在创造伟大作品的时候，如果作者考虑到广泛的意见，或者同行的判断，那所有这些都会在他迈出的每一步把他引入歧途。所以，谁要想把作品留给后代，那他就要摆脱自己时代的影响。当然了，如果他这样做，那在大多数情况下，他也就只能放弃对同时代人发挥影响：他只能牺牲同时代人的赞美，以换取延绵数世纪的声名。

因此，当某一新的、因而是与通常见解相对立的基本真理出现在这世上的时候，人们普遍都顽固地和尽可能长时间地予以抗拒；甚至当人们到了开始动摇、几乎已经不得不承认这一真理的地步，也仍然要矢口否认它。与此同时，这一基本真理悄无声息地发挥着影响，就像强酸般发挥着腐蚀作用，直到一切都销蚀净尽。到了那时候，喀啦啦的开裂声音时有所闻；古老的谬误终于轰然倒塌了，而一个新的思想大厦就好像在一夜之间耸立了起来，就像是人们新发现的一处纪念碑。面对这一新

---

[1] 一般来说，某一作品的读者群，其数量与质量是成反比的；所以，例如，仅从一部文学作品很大的印数，是一点都无法推断出这部作品的价值的。——叔本华著

的思想大厦，人们啧啧称奇、奔走相告。当然，所有这一切的发生过程经常都相当缓慢，因为一般来说，值得人们倾听的说话者已经不在的时候，"说得好！""说得妙！"等一类的喝彩声才会响起来。

相比之下，才具平平的人所写出的作品却遭遇更好的命运。这些作品在时代总体文化的发展过程中产生，与这一时代的总体文化有着密切的关联。所以，这些作品与特定时代的精神，亦即与正巧在当下流行的观点紧紧地结合在一起，并着眼于为刹那瞬间的需要服务。所以，这些作品真有那么一些优点的话，人们很快就会认得出来；并且，由于这些作品深受同时代的文化氛围的影响，两者也几乎融为一体，这些东西很快就能吸引住人们的兴趣。这些作品会得到公正的待遇，甚至经常会得到远远超出公正的待遇。它们也不曾给予嫉妒者多少能让他们嫉妒的材料，因为就像我已说过的，"每个人只会称颂自己所希望做出的成就"。但那些非凡的创造，那些注定是属于整个人类、要在多个世纪中存活的著作，在其产生之时就已走在了远远的前列。正因为这样，这些巨著对于同时代的文化和同时代的精神而言就是陌生的。这些巨著并不属于这些时代文化和精神，并且与这些东西格格不入。这些著作也就无法赢得与时代文化和精神同时迈步的人的兴趣。这些作品属于另一更高的文化阶段和某一仍然遥远的时期。这些作品的运动轨迹与其他作品的运动轨迹相比，就犹如天王星的轨迹与水星的轨迹相比。所以，这些作品暂时是不会得到公正待遇的，因为人们不知道应该如何评判它们。这样，人们就只能让这些作品自个儿走着自己的蜗牛步子。地上的爬虫的确是无法看见天上的飞鸟。

以某一语言出版的十万本书里，大概也只有一本是属于真正的和永久的著作。而在这一本著作抛离那十万本书、终于取得其应得的荣誉之前，却经常得承受怎样的一种命运啊！这样的著作是出自不一般的、明显高超的头脑。而正因为这样，这些杰作就是明显具有各自不同的特点——这一点迟早会被人们发现。

我们可不要以为上述情形在将来某个时候会有所改善。人的可怜本性虽然在每一代人中都改换一下面目，但各个时代仍然是相同、一样的。杰出的思想者甚少在其在生之时取得成功，因为他们的作品归根到底只能被本来就与他们相似、相通的人所完全、真正地理解。

那么，既然从那许多百万人之中也难得会有一人走上通往不朽之路，那踏上这一条道路的人必然就是相当的孤独；这一通往后世的旅程所经过的，就是荒无人烟的可怕地区，就像利比亚大沙漠一样。那些从未见过这一大沙漠的人，无论如何也想象不出那种荒凉的感觉——这是众所周知的。在此，我附带给予将到这地区旅游的人一个建议：一定要尽量少带行李，免得中途要扔掉太多的东西。因此，我们应该时刻谨记格拉西安的妙语：

> 好的东西，如果浓缩，就成了双倍的好。

这一格言尤其应该推荐给全体德国人。

伟大的思想者在其所在的短暂时代，就犹如一座大厦坐落在一狭窄的广场。也就是说，人们无法看到这座大厦的整体，因为人们距离这大厦太近了。出于相似的原因，人们对伟大思想者的巨作不会有所发觉，但相隔了一个世纪以后，人们才会认出这一巨作的价值，才会怀念其作者。

的确，时间上的可朽产物，与其所创作的不朽作品相比是绝不相称的，这类似于终有一死的母亲，但却生下了长生不死的神祇，例如，西米尔或者玛雅；又或者，这类似于忒提斯与阿喀琉斯的那种不相称的关系，因为匆匆即逝与永垂不朽形成了鲜明的反差。一个人的短暂时间，他那充满欲求、受尽折磨、难得安定的一生，甚少能够允许他看到自己不朽的孩子哪怕是刚刚开始其闪光的历程，或者让他看到自己得到人们的某些承认。相反，一个享有后世名声的人，其境遇却与贵族恰恰相反，因为贵族在人们对其本人了解之前就已有了名声。

但是，对于一个享有名声的人来说，在当世抑或在后世享有名声，两者间的差别其实只在于：如享有当世名声，他的崇敬者与他就在空间分隔；如享有后世名声，那他的崇敬者则与他在时间上分开。这是因为哪怕是享受到了当世的名声，一个人一般来说也不曾亲眼看见他的崇敬者。也就是说，崇敬之情承受不了太过接近的距离，能够保持崇敬的几乎总是相隔较远的距离，因为贴身靠近我们所崇敬的人物的话，崇敬之情就会像冰雪融化于炎阳之下。因此，就算一个人是在当代人之中享有盛名，但在他周围百分之九十的人也只是根据这一名人的地位和财富而对他另眼相看，其余百分之十的人顶多只是由于从远处传来的信息而模糊意识到这个人的过人之处。这种崇敬之情与我们面对面看着所崇敬的对象时的感觉无法协调起来，谈论这种名声与实际生活不相协调的，我们有彼特拉克[1]所写的一封美妙的拉丁文书信。那是 1492 年威尼斯版的《书信集》中的第二封信，收信人为托玛士·马萨兰西斯。在信里，彼特拉克提到所有他那时代的学者都认可和谨守这一格言：著作者只要给读者见上哪怕一面，那所写的作品就会受到这些读者的轻视，所以，得到人们承认和尊崇的大名人，如果他们总要与常人保持远远的距离，那这距离是在空间上抑或是在时间上，都差不了多少。当然，他们有时候可以了解到空间距离的名声，但却永远不会知晓时间距离的名声。但作为补偿，真正和伟大的成就却可以确切预计到后世的名声。的确，谁要是有了某一真正伟大的思想，那在这一思想孕育的瞬间，他就已经意识到自己与将来的后代产生了关联。这样，他就可以感到自己的存在扩展了多个世纪；以此方式他不仅是为了后世而活，而且还将与后世同活了。在另一方面，假如我们在研究过巨作以后，对这一位伟大的思想者钦佩不已，亟盼见到这一思想者，与他交谈、和他在一起，甚至这一渴

---

[1] 彼特拉克（Francisco Petrach，1304—1374）：意大利诗人，人文主义先驱之一。著有《歌集》等作品。——译者注

望也不只是单方面的，因为这一作者本人也渴望后世能够欣赏他，把感谢、爱意和荣耀献给他——所有这些却是与这一思想者同时代的嫉妒者拒绝给他的。

9

假如最高级的精神产品通常只能从后世裁判庭那里获得承认和赞赏，那对于某些曾经不可一世的错误思想，等待它们的却是相反的命运。这些错误思想由颇有才华之士提出，看上去似乎有理有据，人们为维护这些错误见解花了不少脑筋、动用了不少知识。这样，这些错误思想在当代人中获得了名声和威望，起码在提出这些错误观点的人在生之时是这样。这一类谬误包括许多错误的理论、错误的批评，还有就是由时代的偏执定见所带来的某种虚假趣味或者风格，以及根据这些而炮制出来的文学、艺术作品。所有这些虚假的东西之所以取得威望、风行于一时，只是因为暂时还没有人懂得如何指出、证明或驳斥那些虚假所在。通常要等到下一代才会产生有识之士。那些冠冕堂皇的谬论也就寿终正寝了。只有在个别的情形，谬论才苟存长一点的时间。牛顿的色彩理论就曾经是、现在仍然是这样的情况。其他的例子包括古希腊天文学家托勒密的宇宙体系理论、斯达尔[1]的化学理论、弗·奥·沃尔夫[2]否认真有荷马其人的说法，或许还有尼布尔[3]对罗马皇帝历史的疑古批评，等等。因此，无论当世的判决是有利抑或不利，后世的裁判庭都会审议、推翻当世的判决。那是公正的最高法院。所以，能够同时满足当

---

[1] 乔·恩·斯达尔（G.E.Stahl，1660—1743）：德国医学家、化学家、生理学家。——译者注
[2] 弗·奥·沃尔夫（1719—1824）：德国古典语言学家。——译者注
[3] 尼布尔（Barhold Georg Niebuhr，1776—1831）：普鲁士政治家、历史学家。著有《罗马史》等著作。——译者注

世和后世是相当困难的，也是相当稀罕的。

　　总而言之，我们应该谨记时间在纠正认识和判断所必然发挥的作用。这样，无论是在艺术、科学，抑或在实际生活当中，每当我们看到某一严重的错误思想观点出现和流传开来，或者，某些不当，甚至根本荒谬、反常的事情造成了影响，而人们又对此表示赞许，我们就能让自己平静下来。也就是说，我们用不着气急败坏，也用不着沮丧和气馁，而应该记住：那些人终将要从迷途折返；他们只需要时间和经验就会自然发觉明眼人一眼就可认出的东西。如果真理是以事实说话，那我们用不着急急忙忙以言词帮腔，因为时间自会雄辩滔滔地为真理主持公道。所需时间的长短，当然得取决于所认识对象的难度和虚假道理以假乱真的程度。但不管怎么样，这些谬误还是要走完它的路。在很多的情况下，试图提早揭穿这些东西是不会达到什么结果的。这些荒谬的观点或者做法大不了由于所向无敌而变得更加大胆放肆。情形变得越发离谱和疯狂，到最后，人们的醒悟已经是不可避免的了。也就是说，甚至在理论思想方面，荒诞的东西由于愚蠢家伙们的盲目自信而越闹越不像话，到最后，就算是最呆滞的眼睛也会一眼洞穿其中的荒谬。所以，我们应该对这些人说，"尽管疯狂吧，越疯狂就越好！"回头看一下那些曾经得意于一时、然后就销声匿迹的狂想和怪行，我们就能更加坚定信心。在语言的风格、语法、拼写等方面都有这样的一些怪诞玩艺儿，各领风骚三四年。至于异乎寻常的谬误，那我们就只能慨叹人生苦短了，但在看到这些终将走上回头路时，切记不要跟风，因为不想与潮流俱进可以有两种方式：要么在潮流之先，要么在潮流之后。

比喻和寓言

1

凹面镜可作许多不同比喻之用。例如，我们可以把它比作天才的头脑——假如这一天才的头脑也能把其力道集中在一点上，从而像凹面镜一样让人们看到事物美化了的、不再是原来样子的图像；或者，把光和热的作用聚至令人吃惊的程度。相比之下，博学多闻的人则像是一面凸面镜：在镜面里可以同时映照出众多东西，还有缩小了的太阳；从不同的角度都可以看见那些图像。但凹面镜却只向着一个方向映照出图像，并且要求观者选取特定的某一位置。

我们还可以把每一真正的艺术品与凹面镜相比拟，假如这一艺术品要真正传达的并不是那可触摸的自身、它的经验内容，而是存在于这一艺术品以外的、无法用手抓住、只能以想象力追寻的东西；那是事物难以捕捉的神韵。对此话题的讨论可参阅《作为意欲和表象的世界》第二卷第 34 章《论艺术的内在本质》。

最后，一个绝望的恋人可以把那狠心的美人儿简练地形容为一块凹面镜子，因为这一美人儿就像凹面镜子一样闪光、燃起火焰和消耗能量，但自己却无动于衷、冰冷无情。

2

瑞士就像一个思想天才，美丽、庄严、高贵，但瑞士却不是一块能够种出有营养果实的好地方。相比之下，普鲁士北部的波美扎尼亚省和荷尔斯坦的沼泽地特别富饶，盛产有营养的果实，但却平坦、单调，就像有用的菲利斯丁人一样。

3

在一块成熟了的玉米地里，有一处被人胡乱踩出来的缺口。我站在那里，看见到处都是沉甸甸的玉米棒子。在那些长得笔直的玉米棒子之间，长出了一些蓝色、红色、紫色的花朵。这些花朵气质天成，在其绿叶的衬托下，显得分外妖娆。但我在想，这些花朵可是没有什么用处，也结不出果实。纯粹只是属于杂草而已。这些花草长在这里只是因为人们无法把它们清除干净。不过，正是这些花朵使这里的景色平添了妩媚和艳丽。所以，这些花朵无论在哪一方面都与文学、艺术相类似：文学、艺术在严肃认真、讲究实用和注重得益的市民生活中，所扮演的角色是和花朵一样的。因此，这些花朵可被视为这些文学、艺术的象征。

4

在这地球上有着一些确实美丽的景观，但这些都被人为的修饰糟蹋了。我们最好不要欣赏这一类的风景。

5

一个城市有着漂亮的建筑物、纪念碑、喷泉、希腊式的方尖塔等装饰，但街道路面却铺砌寒酸、难看，就像德国现在的情形，那就犹如一个穿金戴银、珠光宝气的妇人，身上却都是破衣烂衫。如要把城市美化成意大利城市的样子，那首先就要像意大利城市那样铺砌好街道路面。顺便在此一提，不要把雕塑放置在屋顶一般高的基座上面。在这方面就采用意大利人的做法好了。

6

苍蝇可被视为狂妄无知、肆无忌惮的象征，因为所有动物都惧怕人类甚于一切，巴不得躲得越远越好。唯独苍蝇却可以在人的鼻子上安坐！

7

两个中国人初次在欧洲上剧院。其中一个忙于了解舞台机械装置的运作，并成功达到了目的。另一个人则虽然不懂本地的语言，但却尽力了解戏的含意。天文学家酷似这第一人，哲学家则酷似第二人。

8

一个人的智慧只是一种理论性的东西，并没有多大的实际用途，那就类似于这样的重瓣玫瑰：其芬芳和色彩使观者赏心悦目，但至凋谢为止，仍不曾结出果实。

没有玫瑰是不带荆刺的，但很多带刺的却不是玫瑰。

9

犬只完全有理由成为忠实的象征。在植物里面，忠实的象征则应该是冷杉树，因为无论天气好坏，只有冷杉树与我们一道忍耐和坚持，而不会像所有其他树木、植物、昆虫和飞鸟一样，一旦我们失去了太阳的青睐，就会舍我们而去；当上空重又对我们绽开笑脸时，则又重返我们身边。

10

一棵苹果树开出了灿烂的花朵。在其身后，冷杉高昂着又尖又黑的树梢挺立着。苹果树向冷杉说道："瞧！我身上挂满了美丽、活泼的花朵！你能有什么可以与我一比？墨绿的树针罢了！""你说的是事实，"冷杉回答说："不过，冬天到了的时候，你就掉光了叶子站在那里。可我仍然还是现在的样子"。

11

曾经有一次，我在一棵橡树下采集植物。在一些同样高度的植物中间，我发现一棵植物颜色较深、叶子紧闭、茎秆挺直。在碰到这一植物以后，它语气坚定地对我说："别采摘我！我不是供你们制作标本的。我跟其他植物不一样。大自然给予其他植物只是区区一年的寿命。我的寿命却是以世纪算量的。我是一棵小橡树。"有人能够造成绵延多个世纪的影响。这个人在童年、青年、很多时候到了成年，甚至有的的确终其一生，都似乎与常人无异，显得同样微不足道。但只要让时间走过一段日子并带来识货之人！这个人是不会与常人一样逝去无声的。

12

我看见过一朵野花，并被这花的美丽、这花各个部分的完美所倾倒。我大声叫了起来："难道像你，还有其他像你一样美丽的花朵，就是这样花开花落，得不到别人的欣赏，甚至难得有一双眼睛对你们瞟上一眼？"野花回答我说："傻瓜！你以为我开花是为了给别人看的吗？

我开花是为了我自己，而不是因为别人的缘故。我开花是因为我喜欢开花。我活着，我开花，这就是我的愉快和乐趣所在。"

13

正当地球的表面还只是平坦、整齐的花岗岩、生命的种子还不曾形成之时，一天早上，太阳升起了。众神的信使埃利斯接受了朱诺委派的差事，一路飞来。埃利斯一边急匆匆地赶路，一边大声向太阳喊道："你这么勤快是干嘛？又没有眼睛要看你，也不需要照射、鸣响门农的柱子。"[1] 太阳回应说："但我是太阳啊，我升起来只是因为我是太阳。别人看不看得见我，那是他们的事情。"

14

一处草木茂盛的美丽绿洲抬眼四顾，周围除了沙漠以外，还是沙漠。她始终看不到一块像她一样的绿洲。她大声地抱怨着："我是多么的可怜、多么的孤独啊！我就只能这样孤独下去了！到处都找不到我的同类！到处都找不到哪怕是一双眼睛，可以看上我一眼，可以分享我的草地、泉水、棕榈树、灌木丛。我的周围除了荒凉、没有生命的沙漠和岩石，再没有别的东西！在这种无人理会的孤独之中，我的那些优势、美丽和财富又有什么用呢？"

这时候，白发苍苍的沙漠老太太说话了："我的孩子，假如情形是

---

[1] 门农（Memnen）是一个勇敢的战士，在特洛伊战役中被阿喀琉斯所杀。在埃及，门农的名字是和底比斯附加的阿孟霍特普三世的巨大石像联系在一起，靠北的一座于公元前 27 年被震毁，但却发生了一个奇异现象。每天早上当太阳照到它时，它就发出竖琴的声音。人们认为是门农在回答他悲伤的母亲厄俄斯。——译者

另外一个样子，假如我不是荒芜、凄凉的沙漠，而是青葱、茂盛、充满生命的地方，那你就不会是绿洲，就不会是一块人见人爱的去处，旅游者也就不会从老远看到你就眉飞色舞了。你就只是我的一小部分。那样的话，你就变得渺小、无闻。所以，你获得的名声和称颂是有条件的，你就耐心将就这一条件吧。"

15

坐气球升上空中的人，并不会看到自己在上升，而只会看到大地从脚下下沉。这是怎么一回事？只有那些在这方面有同感的人才会明白这一神秘之谜。

16

测量一个人的伟大，在精神方面和身体方面各用彼此相反的不同定律：身体的大小由于距离加大而缩小，精神上的伟大则因距离加大而加大。

17

大自然让所有事物都披上了一层漂亮的外表，就像蓝色的李子上面呵上的一层薄露。把这一层外表取下，然后集中起来献给我们慢慢欣赏——这是画家和文学家热切投入的工作。然后，我们贪婪地享受着这些东西——此时，我们甚至还没进入真正的生活呢。但随后当我们进入这生活的时候，我们自然就会看到事物在剥落了大自然所覆盖的漂亮外表以后的样子，因为艺术家已经把这些美丽完全耗尽，我们也已经提前把这些美丽享受完了。这样，我们所见的事物通常都会显得缺乏吸引力，并不那么令人愉快，在很多情况下甚至是令人厌恶的。因此，如果就让我们自己去接触和发现大自然赋予事物的美，那情形将会更好，虽然这样一来，我们就不能够一下子领略到如此之多的、浓缩的美。但以此换来的却是在明朗、愉快的光线下看视事物——这也只有那些自然之子才可以偶尔这样做，他们不曾通过欣赏优美艺术而提前享受了审美愉悦和生活的魅力。

18

缅恩茨大教堂前后周围都盖起了房子，我们甚至找不到一个位置可以观赏大教堂的整体。这一大教堂于我而言是一个象征，它代表了这世间一切伟大和美丽的东西，因为伟大和美丽之物都应该只是因自身的缘故而存在。但是，美丽和伟大的东西很快就会因需求而遭滥用。需求从四面八方汹涌而至，以伟大和美丽之物作为自己的支撑和依靠。这样，这些非凡、脱俗的东西就被需求遮盖和败坏了。当然，在这一充满需求的世界里，发生这一事情是毫不奇怪的，因为所有一切都的确必须为解决需求而尽绵力，一切都要动员起来，要成为实现这一目的的手段。那些只是在需求消失了的瞬间才得以产生的东西也不例外，这些也就是美和纯粹为了真理的缘故而追求的真理。

对我上面所说的一个很好的解说例子和证明就是：在各个时候和各个地方，为了保存人类的知识、鼓励人们展开智力上的追求——人类因此而显尊贵——人们建立起大大小小、财力不一的学术机构；但用不了多久，粗野的动物性需求就会蹑手蹑脚地靠近。那些人披着为上述高贵的目的服务的外衣，强夺为上述目的而设的薪金。这就是学术蒙混、造假的根源，而这种弄虚作假在各个学问领域里面频繁出现。尽管表现出来的面目不尽相同，其实质却是这种造假者对这一学问本身并不关心，他们注重的只是似有学问的外表，为的就是他们个人的、自我的和物质方面的目的。

19

一位母亲把一本《伊索寓言》给了她的孩子们，希望她的孩子能够受到教育和取得进步。但孩子们很快就把书还给了母亲。那位最大的、一脸老成的孩子是这样说的："这本书不适合我们读！太过幼稚，也太过愚蠢了。我们不会再上当，不会真的还以为狐狸、狼、乌鸦能够说话；我们早就过了看这些瞎胡闹的年纪了！"从这些充满希望的孩子身上，谁还会看不出将来的自以为开了窍的理性主义者呢？

20

在一个寒冷的冬日，为了避免冻僵，一群箭猪相拥在一起取暖。但它们很快就被彼此的硬刺扎痛了。这样，它们被迫分开。但为了取暖，它们的身体又再度靠近，身上的硬刺又再次把它们扎痛了。这些箭猪就被这两种苦处反复折磨，直到它们终于找到一段恰好能够容忍对方的距离为止。所以，由于人的内在空虚和单调而产生出来的社交需要把人们赶到了一块。但各人许多令人厌恶的素质和无法让人容忍的缺点又把人们分开了。人们最后找到的、可以让大家在一起而又能相互容忍的适中距离就是礼貌周到和文雅规矩。谁要是不保持这一距离，在英国人们就会冲他喊到："Keep your distance！"[1]因为这一距离的缘故，虽然相互取暖的需求并非完美地得到满足，但大家起码不会受到硬刺的烦扰。谁要是自身拥有足够的热量，那他就更宁愿对社交敬而远之，既不给别人麻烦，自己也不会遭受来自别人的烦扰。

---

[1]英文，意为"保持一定的距离！"——译者

论学者和博学

1

乍一看见许许多多、五花八门的求学和传授知识的机构，还有熙攘不堪的学生和教师，大家会以为人类很热衷于真理和学问之事。不过，在这里，表面现象仍然是靠不住的。教师授课是为了挣钱：他们追求的不是什么智慧，而只是有智慧的外表和名声。学生学习不是为了获得认识和见解，而只是为了可以夸夸其谈、显示出派头。这样，在这世上每过三十年就涌现出新的一代人。这些年轻人头脑中一无所知，现在就想要把人类历经数千年点滴积聚起来的知识，概括、扼要并以最快的速度塞进头脑里面。然后，他们就可以比所有前人都更聪明了。为此目的，年轻人走进大学、拿起书本，而且是最新出版的书本——这些时代的伴侣。只要够新、够短就行！就像他们一样都是最新的！然后，他们就可以妄加评判、擅发议论。在这里我还没有包括把学习当作是饭碗的人。

2

各个年代和各种各样接受过或正在接受高等教育的人，求学的目的一般来说只在于获得资料、信息（Kunde），而不是对某事某物能有一个深刻的认识。他们以掌握多样资料、信息为荣，这些资料可以是关于石头的、植物的、战争的，或者人们所进行的实验，当然还有关于各种书籍的信息和介绍。这些人可从来不曾想到过：资料知识纯粹只是帮助我们获得某一深入认识的工具而已，这些资料知识本身却没有或者只有很小的价值；而一个具哲学头脑的人，其特征全在于他的思考方式。看到那些对什么事情都略知一二的多面手，以及他们所表现出来的博闻强记的功夫，有时候我会对自己说："原来不用怎么动脑子，就可以阅读那么多的东西！"甚至当我听别人说起老普林尼[1]总是手不释卷，或者让人念书给他听，无论是在进食、旅行抑或洗澡都是这样——我头脑中就会升起这样的疑问：老普林尼难道真的欠缺自己的思想到这个份上，以致要把别人的思想源源不断地灌输给他，就像痨病患者要吃炖肉汤才能维持生命？老普林尼在作品中那种缺乏自己判断的轻信，还有那难懂、一味只要省略字词的讨厌文体，都无法让我高度评价老普林尼的独立思考能力。

3

正如大量的阅读和学习会损害自己的思维，大量的写作和教学也一样会逐渐让人不再对事物有一清晰、透彻的理解和认识，因为人们再没有时间去得到这样的理解和认识。这样，在写作或者教学、作报告的时候，人们就得用语词填塞清晰认识里面的空白和缺口。很多书籍之所以写得又长又臭，原因就在这里，跟书籍所讨论的问题是否枯燥无关。就像人们所说的，一个好的厨子用一只旧鞋底就能烧出一道好菜，同样，一个优秀的作者能把最枯燥的话题讨论得引人入胜。

4

对于绝大多数的学者来说，他们的知识只是手段，而不是目的。这

---

[1] 老普林尼（Gaius Plinius Secundus, 23—79）：古罗马学者。著有《博物志》等著作。——译者注

就是为什么这些人永远不会在他们的知识领域里取得非凡的成就，因为要有所建树的话，那他们所从事的知识或者学问就必须是他们的目的，而其他别的一切，甚至他们的存在本身，就只是手段而已。这是因为假如我们从事某些工作并不是因为这些工作本身，那我们就只是半投入到这工作。能够真正做出成绩的人——无论所从事的是何种工作——都是为了这工作本身而工作，而不是把这一工作只视为达至某一目的的手段。同样，能够获得新颖、伟大的基本观点的人，也只是那些把求知视为自己学习的直接目的、对此外别的目的无动于衷的人。但学者们的学习和研究普遍都是为了应付教学和写作。因此，他们的头脑就像不曾消化食物就把食物排泄出去的胃肠。正因为这样，他们所讲授和写出的东西用处不大，因为从未经消化的排泄物中人们是得不到养分的，而只有经血液分离出来的奶汁才可以营养我们。

5

假发的确是代表纯粹学者的很好象征。数量可观的假头发刚好遮盖和美化了缺少头发的脑壳，正如学者的广博知识只不过是以大量属于别人的思想装潢了自己的头脑。当然了，这些别人的思想并不会把自己的头脑包裹得那样贴伏、自然，这些杂烩也不会在任何情况下都能运用得得心应手，左右逢源；别人的这些思想也没有在自己的头脑中深深扎下根子，不会在耗尽以后，从同一源泉又会马上生发出新的东西。正因此，斯泰恩[1]在《特里斯坦·桑迪》这部小说中大胆地说出：

> 一盎司自己的见解就等同于一吨别人的智慧。

---

[1] 斯泰恩（Laurence Sterne，1713—1768）：英国神学家、小说家。著有《感伤的旅行》等作品。——译者注

最渊博的知识与天才的思想，两者间的关系千真万确就犹如植物标本与永远更新和发展、永远清新和年轻、永远是千变万化的植物世界之比。注释者的旁征博引与古老作家的单纯朴实——还有什么可以造成比这更强烈的反差？

6

业余爱好者（Dilettanten），你们只是业余爱好者！这一带有轻视意味的称呼是针对那些由于欣赏和热爱学问或艺术而学习和研究这一门学问或艺术的人。而这样称呼别人的人本身却是为了利益而从事这些学问或艺术，因为吸引他们的只是从事这些行当可以赚钱。之所以产生这种轻视是因为这些低级的人都坚信：除非是被饥饿、困苦所迫，或者受到其他贪欲的刺激和推动，否则，一个人是不会认真从事某一样事情的。公众也是同一样的心理，因此也持同一样的看法。由此造成了人们普遍尊崇"专业"人士、怀疑和不信任所谓的业余研究者。但其实，对于业余爱好者、研究者来说，他们所乐于研究的事情就是目的，而对于专业人士，这一工作只是手段而已。也只有那些直接感兴趣于他们的工作、怀着挚爱投身其中的人才会完全认真地对待这一工作。最伟大的成就永远是由这一类人所创造，而并非那些受薪的雇工。

7

这样说来，歌德也是在色彩理论方面的业余研究者了。关于这一话题，我想说上几句。

人的愚蠢和劣性会得到人们的默许，因为"愚蠢却是人所享有的权利"。但谈论这些愚蠢和劣性却是一桩罪过，是对良好礼仪和规矩的粗暴破坏。这一预防措施果然聪明！但我这一次还是要破坏规矩一次，跟德国人来个实话实说。这是因为我要向他们说：歌德的色彩理论所遭受的命运就是一个触目惊心的例子。这一例子证明了德国学术界要么是不诚实，要么就是完全欠缺判断力。情形极有可能是这高贵的一对正在联手作祟。广大受过教育的读者寻求的是惬意舒服和打发时间，所以，不是小说、诗歌、喜剧小品一类就会被随手推到一边去。如果他们例外想要获得一些真谛的话，那该读什么，不该读什么，他们首先是要听取那些更懂行的人的确切意见。按照这些读者的意思，所谓更懂行的人就是"专业"人士。也就是说，人们把以这一学问行业谋生的人和为这一学问而生的人混为一谈，尽管这两种人甚少属于同一种类。狄德罗在《拉摩的侄儿》一书中就已说过，向学生讲授某一学问的人，并不就是懂得这一学问和认真研究这一学问的人，因为真正懂得并认真钻研这一学问的人可没有多余的时间向学生讲课。开班授徒的人，只是以这一学问谋生。对于他们来说，这一学问是

　　一只能给他们下蛋的鸡。

——席勒：《学问》，箴言诗

当一个民族最伟大的思想者集中精力研究某一课题——就像歌德投入研究色彩的理论——而又得不到人们接受的时候，政府就有责任委托由政府资助的学士院成立委员会，以考察这一学术上的课题。在法国，远没有这么重要的事情也是以如此方式处理。否则，政府养着这些学士院是为了什么？难道就是为了让这些愚蠢的家伙坐在一起自吹自擂、目中无人吗？任何新的和重大的发现都甚少来自这些人。因此，这些院士至少理应有能力对别人做出的一些重大成就作出判断，必须根据职权发表意见。到目前为止，柏林学士院院士林克先生在他的《博物学入门》(1836) 第一卷里就为我们提供了一个样品，向我们显示出他的学士院

判断力到底是怎样的水平。林克先生先验地认定他的大学同事黑格尔是一位伟大的哲学家，歌德得出的色彩理论则是一件粗活。在《博物学入门》第 47 页，林克先生把黑格尔和歌德两人扯到了一块，

一旦转到了牛顿的话题，黑格尔简直就是大发雷霆；对歌德，那或许是出于照顾吧，但劣活毕竟应该受到劣评。

这一位林克先生竟然够胆说得出来，一个可怜的江湖骗子是照顾了我们民族最伟大的思想者！我在下面补充同一本书里的一些话，作为林克先生可笑的判断力和大胆放肆行为的例证：

在思想的深奥方面，黑格尔超过了所有他的前人。我们可以说，那些前人的哲学在黑格尔哲学面前无地自容。

——《博物学入门》，第 32 页

在描述了一番黑格尔的那些在大学讲坛上的胡言乱语以后，林克先生写出了这样的结语：

这一学说是由最高一级的形而上的思想见解所组成的巍峨大厦，其基础深厚而坚固。这在知识科学中迄今为止还不曾有过。黑格尔的这些话语，"必然性的思维就是自由；精神为自己创造了一个道德的世界——在这世界里，自由重又变成了必然性"，让与黑格尔思想相近的人肃然起敬。一旦领会了这些话的含意，人们会让说得出这样见解的人永垂不朽的。

由于这一位林克先生不仅是学士院院士，他同时在学术界也具一定的名气，甚至或许还称得上是德国学术界的名流，所以，他的这些话——尤

其是这些话从来不曾遭受任何批评——也可被视为说明德国人的判断力和德国人的公正性的一个样品。据此，人们就不难看出为何在至今长达三十年里，我的著作竟然会一直被视为不值得看上一眼。

8

但德国的学者却是太过贫穷了，简直就不能做到诚实、正直。因此，德国的学者窥测风向、见风使舵，迁就、逢迎别人，否定自己的信念。平时课堂上讲的和书里写的尽是一些连自己都不相信的东西。溜须拍马、拉帮、结党，对大臣、有权有势的人物，对同事、学生、书贩、书评人，一句话，对除了真理、别人的优点和成就以外的一切都毕恭毕敬。这些就是他们为人处世的做法。通常，他们就由此变成了谨小慎微的庸人。结果就是在德国的文学创作领域里，尤其是在哲学界，虚假、不诚实已经明显占了上风。现在唯有希望这种虚假风气越演越烈，到最后，由于它再也无法欺骗得了任何人而失去威力。

9

此外，学术界一如其他的领域，在这里，人们喜欢那些谦逊、木讷、不会刻意要显得比别人聪明的人。对那些古怪、偏执和构成某种威胁的人，人们是一致联合起来共同对付——在这方面，他们可真的是人多势众啊！

就总体而言，学术的国度就像墨西哥国一样，因为在现在的墨西哥共和国，各人只想着各人自己的利益，一心一意只为自己追求权力和声望，哪管国家的整体利益会因此而蒙受极大损害。在学术的国度里，每个人同样只想突出自己，以争取声望。人们唯一取得一致意见的是这一点：一旦真有出色思想的人暴露出来，大家都不能允许其继续露面，因为这样一个人对大家都构成威胁。整个学术界的情形由此可想而知。

10

自古至今，在教授和独立学者之间就有着某种相互敌视。或许我们可以用家犬和野狼之间的相互敌视来说明这种情形。教授由于其所处的地位，在让同时代人知道自己方面拥有很大优势；而独立学者也因其自身的处境，享有自己这方面的优势：能让后世的人知道自己。因为，要达到这一目的，除了其他的、更加稀有的要素以外，一定的闲暇和独立自主是必不可少的。

由于人们需要很长时间才会发现应该把注意力留给上述两者中的哪一方，所以，以上两者就可以各自发挥作用。

总的来说，教授得到的是厩棚里的喂饲，他们很适合于反刍食物，相比之下，在大自然中获得猎物者，却更适宜生活在自由的野外。

11

人类各种各样的知识，其绝大部分永远只是存留在纸页上、书本里——这些也就是人类的纸上记忆。只有一小部分是在某一特定时刻在某些头脑里存在。之所以是这种情形，原因特别在于人生的短暂和无常，除此之外就是人的惰性和追求享乐。每一代人都像匆匆的过客，从人类的知识宝库中也只拿到了自己所需的分量。很快，这一代人又告完结了。大部分的学者都是相当肤浅的。接下来是新的满怀希望的一代：他们一无所知，一切只能从头学起。同样，他们学到了自己所能学到的东西，或者，掌握了在自己短短的一生旅程中所用得上的知识，然后，人生又告谢幕了。所以，如果没有书写和印刷，人类积聚的知识可就遭殃了！因此，图书馆是人类唯一可靠、长久的记忆，人类单个成员的记忆都只是相当有限和欠缺完美的。正因此，大部分的学者都很不愿意别人检查、核实自己的知识，就好比商家不会喜欢客人检查、核实账单一样。

人类的知识在各个方面都是一望无际。对于应该知道的大概知识，我们个人甚至还没了解到千分之一。

既然，各个学科已经覆盖了如此之大的范围，谁要想在学问知识里有所点滴"成就"，就只有埋首于某一专门学科，对其他的知识就无暇顾及了。这样，他虽然可以在自己的专科领域里超过泛泛众人，但在除此之外的其他任何方面都与普罗大众没有两样。如果再加上现在已日渐普遍的忽略对希腊语、拉丁语的学习——对古老语言只是浅尝辄止是没有多大作用的——那全面的人文教育就形同虚设了。这样，我们就将看到学者们在自己专业以外，完全就是笨蛋和呆子。总的来说，这样一个专科学者就类似于这样一个工厂工人：这个工人一辈子就是制造一些特定的螺钉、钩子、把手——这些是制造机器或者设备所需的——除此之外，再没有做过别样的工作。这个工人当然在特定专项工作中达到了异常熟练的程度。我们也可以把这一专科学者比之于只呆在自己家里、从来不曾迈出过家门的人。这个人对自己家里的一切都很了解，包括每一细小的台阶、每一隐蔽的角落、每一根横梁，就像维克多·雨果笔下的敲钟人卡西莫多对整个圣母院的了解。但一踏出家门，一切就都是陌生和不了解的。而真正的人文教育却绝对要求多方面的知识和对事物的总体了解。一个更高意义上的学者因此当然应该是有着全面、统揽的知识。如果还要想成为哲学家，那在他的头脑里，最偏僻、最尖端的人类知识都得联系起来，因为——这些知识又能够在除此之外的哪里可以联系起来？第一流的思想者从来就不会成为一科的专家。对于这样的思想者来说，整个的存在就是一道难题，而对于这一难题，每一个思想者都以某一方式方法为人类提供新的解答。这是因为配获天才之名的人，只能是那些把事物的整体、事物根本的和普遍的特性作为自己的课题，并为此课题作出贡献的人，而绝对不是把自己一生都花费在试图解释事物间某些专门、特殊联系的人。

12

在欧洲，废除了作为学者间通用语的拉丁语和引入了小家子气的民族语言，这是知识、学术界的真正不幸。首先，只有依靠拉丁语的作用，才可以在欧洲有一广大的、有知识的读者群。这样，每一本新出的书籍都可以直接面向这些读者。现在，欧洲真正有思想、有判断力的人本来就已经很少了，如果再由于语言的限制而把学术的论坛分割和拆散，那这些人所发挥的良好作用就更是大为削弱了。由那些混饭吃的写作匠所炮制、经出版商所随意挑选的译文，却是废除了普遍通用的拉丁语以后至为糟糕的代替品。正因此，经过短暂一段闪亮时间以后，康德的哲学就陷入德国人迟钝判断力的重重包围，而费希特、谢林鬼火般的哲学，最后还有黑格尔的伪科学却闪烁于一时。正因此，歌德的色彩理论得不到公正的对待。正因此，我得到的是人们的无视和忽略。正因此，独具智力和判断力的英国民族仍然由于让人脸红的信仰狂热和教士约束而被贬低了身份。正因此，法国遐迩闻名的物理学和动物学才缺少了有力和相称的形而上学所提供的支撑和调控。我还可以举出更多的例子。但是，用不了多久，比这更大的第二个坏处就会随后而至，亦即人们不再学习古老的语言。现在法国，忽略对这些语言的学习已成风气，甚至在德国也是如此。在 19 世纪 30 年代，Corpus juris[1] 已被译成了德文。这一迹象清楚表明了人们不再懂得作为所有学问基础的拉丁语。因此，这也表明了蒙昧、粗野到来的信号。现在情形已经发展到了这种地步：连希腊文甚至拉丁文的原文现在却是附带着德文注释一同出版。这简直就是乱七八糟的瞎胡闹。这里面的根本原因就是编者不再懂得拉丁

---

[1] 拉丁语，意为"法典"。——译者注

文写作（尽管那些先生们如何显得很有学问的样子），而可爱的年轻一辈在他们的手里也巴不得走上懒惰、无知、粗陋之路。我原以为有识之士会在学术杂志上对这种编辑做法理所当然地鞭挞一番，但让我吃惊的是，没有人对此予以责备，就好像这一切都是理当如此。这意味着书评家只是书籍编者或者出版商的无知保护人、亲朋戚友。做得稳妥、天衣无缝的低级行径，在德国的各类文字出版物中已经习以为常了。

我在这里要指责的另一越来越明目张胆的做法，就是人们在学术著作、在真正探讨学问，甚至是在学士院出版的杂志、期刊里，在引用希腊文甚至拉丁文著作时，作者搬出的竟然是德语的译文。这是低级、平庸的又一例子。天哪！难道你们的文章是要写给裁缝、鞋匠看的吗？我想是的——这样就可以为书刊打开销路了。那么，就让我说出这样的话吧：你们的确无论在何种意义上都是俗，请你们骨子里多一点自重，口袋里就让它少一点钱吧。就让那些不学无术的人自感不如好了，不要盯着人家的钱包哈腰、鞠躬！用德语译文代替希腊语和拉丁语原文，就等于用菊苣根代替真正的咖啡。此外，这些译文的准确性我们可是一点都不敢放心的。

如果事情到了这步田地，那就再见了，人文科学！再见了，高雅的趣味和高贵的思想！蒙昧、野蛮又将降临——虽然现在我们已经有了铁路、电报和热气球。最后，我们也一并失去了我们的先辈曾经享受过的一大优势。也就是说，拉丁文不仅为我们打开了古代罗马帝国的大门，而且也直接让我们了解到在整个中世纪时期和一直到上个世纪中叶为止的当代时期，在欧洲各个国家、地区的情况。这样，9世纪的司各图斯、12世纪的萨利斯伯里、13世纪的雷蒙·鲁露斯，以及无数其他的人就可以直接向我们说话，所使用的语言是这些人在谈论学问事情时自然就会用上的。这样，直至现在，这些人仍然与我那样的贴近，我可以直接与他们接触，真正认识他们。但如果他们每人都用自己当时特别的地区、国家语言著书立说，那现在将是怎样的情形？那他们写出的东西过半是我无法弄懂的，与他们进行真正的精神上的接触就将是不可能的事情。在我眼里，他们就将是遥远地平线上的幻影，或者，我甚至只能透过译文这一望远镜了解他们。正是为了避免出现这种情形，根据培根自己明确的说法，培根就在霍布斯的帮助下，把自己已出版的英文《随笔录》翻译成了拉丁文。

在此必须附带提一下，在知识、科学的领域里出现的爱国主义，就像是一个猥亵、肮脏的家伙——人们不把他撵走才怪呢。这是因为在这里，人们从事的是纯粹和普遍人性的东西，也只有真、美和清晰才可以登堂入室，获得人们的首肯。但现在，由于偏爱自己所属的那一不得了的国家，这份偏爱就作为砝码放在了衡量事物的天平上。还有什么比这更加离题和更加荒谬的？由于掺进了爱国主义的考虑，现在就得罔顾真理，或者不公平对待别国的伟大思想者——目的就是歌颂自己本国更为逊色的头脑。这种庸俗行为的例子我们每天都可在文章中看到，所有欧洲国家都有。这种爱国情感因此在依里亚特的三十三个文学寓言里受到了奚落。

13

为改善大学生的质量——而这是以削减已经超出的学生数量为代价——我们应该订下这些法律上的规定：

（1）未满 20 岁的不可以进入大学。学生必须通过古希腊语和拉丁语的严格考试才可以获得大学录取。这样，学生就必须免除兵役，以取得"优异学者成绩"。大学生该学的东西实在太多，不可以这样虚掷一年或者更多的青春在舞刀弄枪上面——这些军人的技艺与他们将来的职业可是完全两样。而且，这种行伍训练会削弱没有文化的人——不管他是谁——对学者自始至终都会怀有的尊敬。让从事学问的人免除兵役并不曾使军队缩小，但却会减少不称职的医生、律师、法官和不知所谓的教师，还有各种各样学术骗子的数目；并且，士兵生活的各个方面都的确对将来的学者有着败坏的作用。

（2）法律上应明确规定：大学的第一年级学生所修的课程必须是哲学科目，在第二学年之前他们当然不能上那三种高级科目的课程。但对于这些高级科目，神学学生、法律学生和医科学生则各需要学习两年、三年和四年。在另一方面，在中学里，课程则需局限在古老语言、历史、数学和德语写作文体；这些科目在第一年尤其要全面细致打好基础。因为学习数学的资质是相当专门和特别的一种，这一资质与这个学生其他方面的资质并不同步发展，并且的确与其他资质没有共通之处，所以，数学应该分班讲授。这样，读六年级其他科目的学生可以跟四五年级的学生一块上数学课，而不会有伤体面。反之亦然。只有这样，学生才可以根据自己这方面的能力学习到数学科目。

论音乐

　　读者还记得，我在《作为意欲和表象的世界》第 1 卷第 52 章里，对音乐这一奇妙艺术所具的真正含意作了阐述和解释；我得出的结论就是：音乐作品与作为表象的世界——亦即大自然——之间虽然不一定有相似性，但这两者之间却肯定有着某种明显的平行关系——这后面一点我也是证明了的。我在此必须补充的是对这种平行关系的一些重要和更加仔细的含意确定。所有和音（Harmonie）的四个声部，亦即低音、次中音、中音和高音，或者说根音、三度音、五度音和八度音，都对应着存在物序列中的四个级别，亦即矿物王国、植物王国、动物王国和人。这一点在音乐的这一基本规则里得到了引人注目的印证：低音与低音的上三个声部的间隔必须远远大于以上这三个声部之间的间隔，以致低音与以上声部至少要保持一个八度音程的间隔，通常留在比这更低的位置。据此，合乎规则的三和弦，位置是在与根音间隔的第三个八度音。与此相应，宽广和音因为低音保持与以上声部较大的间隔，其效果就比那些狭窄和音有力得多和优美得多——在后者，低音移近了低音以上的声部。这种狭窄和音的形成也只是迫于乐器音域有限的缘故。音乐的这一整个基本规则却不是人们随意制订出来，而是有其乐音系统的自然根源；也就是说，假如最短的、经由次要振动而产生共鸣的和谐音阶就是八度音及其五度音的话。从这一规则，我们可以看出音乐就类似于大自然基本构成——由于大自然的这种基本构成，有机体生物相互之间的关系，其密切的程度就远甚于有机体生物与矿物王国里没有生命的无机团块之间的关系；有机体生物与没有生命的无机物，两者之间有着整个大自然当中最明显的界域和最宽广的鸿沟。歌唱旋律的高音部当然同时也是和音的一个组成部分；并且，在这和音里面，这一高音部甚至与最深沉的基本低音相连。这可被视为类似于这一事实：在人的机体里，支撑起人的理念的同一样物质，因此也必然支撑着和表现出重力和化学性质的理念，亦即意欲在最低级别的客体化。

因为音乐并不像所有其他艺术那样表现出理念，或者说，表现出意欲客体化的级别，而是要直接表现意欲本身，所以，由此可以解释为何音乐直接作用于听者的意欲，亦即直接作用于听众的感觉和情绪，在顷刻之间就能加强，甚至改变听众的情绪。

音乐非但远远不只是辅助诗文的工具，其实，音乐就是一门独立自足的艺术，而且的确是所有艺术之中的最强有力者。因此，音乐全凭自身就可达到自己的目的。音乐同样的确不需要得到唱词或者歌剧中情节的帮助。这样的一种音乐眼里只有音声，而不会理会产生这些音声的原因。所以，对于音乐来说，甚至人的声音根本上就不是别的，而是经调校了的音声，与乐器所弹奏出来的音声一般无异。并且，就像所有其他乐器音声一样，人的声音有其特定的优缺点——这些优缺点是由产生这些声音的工具所造成的。在人声作音乐用途时，至于这一发音的器具也可作其他用途，可以作为语言工具为传达概念服务，那只是一种偶然。虽然音乐可以附带利用这一巧合，以把音乐和诗文扯上关联，但音乐却永远不可以本末倒置，让诗文喧宾夺主；不可以一门心思只放在通常都是、并且在本质上确实就是乏味、无力的诗句上面（就像狄德罗在《拉摩的侄儿》所说的那样）。字词对于音乐来说始终是一种陌生的附加物，只具有次一级的价值，因为音声所造成的效果比字词有力得多、有效得多和快捷得多。所以，如果真要把字词与音乐合为一体的话，那字词就只能处于全然从属的位置，并要完全契合音乐。但是，在为既定的诗文谱曲，因而在为咏唱词谱写音乐方面，音乐与字词的这种关系却被颠倒了过来。但一经谱上音乐以后，音乐艺术高出一筹的威力马上就显现出来了，因为音乐现在就把唱词所要表达的感情或者剧里所表现的情节、行为，把所有这些里面的最幽深、最根本和最隐秘的东西和盘托给我们；把感情和情节的真正本质明白表达出来；让我们了解到剧中事件所具有的最内在的灵魂——而舞台上向我们展现的只是这些事件的肉体和外衣而已。考虑到音乐的这一优势，并且，只要音乐与歌词和情节之间的关系保持在普遍与个别、规则与实例的关系，那为音乐而作词似乎就比为词而谱曲更加妥当。通常的做法就是让剧本的字词和情节，把作曲家引向隐藏在这些字词、情节后面的意欲刺激和活动，唤起作曲家所要表达的感情；所以，它们所发挥的作用就是激发起作曲家的音乐想象。此外，音乐加上诗文之所以这样受到听众的欢迎，字词通俗易懂的某一唱段之所以让我们感受到内心的喜悦，全在于以此手段可以在同一时间刺激起我们的最直接和最间接的认知方式，让这两种认知方式联合起来发挥作用。也就是说，对我们的最直接的认知方式，音乐表达了意欲本身的激动；对我们最间接的认知方式，字词则表达了概念思想。在感情语言发话之时，我们的理性并不喜欢完全无所事事地袖手旁观。虽然音乐可以全凭自身表达出意欲的活动、每一种的感触和情绪，但附加了字词以后，我们就另外还获得了意欲（感情）的对象物、引起意欲（感情）活动的动因。一部歌剧的音乐本身有着全然独立、分开和仿佛是抽象的存在；剧里的事件、人物对于这音乐来说是陌生的，这音乐遵循着属于自己的、不变的规律。因此，这音乐就算没有唱词也可以完美地造成效果。但由于音乐的谱写考虑到了这戏剧，这音乐也就仿佛是这戏剧的灵魂，因为音乐把事件、人物、言词结合一道，表达了所有这些事件的内在含意，以及以这些内在含意为基础的这些事件的最终、秘密的必然性。对此隐约、朦胧有所感觉，其实就是观众能够感受到乐趣的基础——如果观众并非只是张开嘴巴傻看的话。但在歌剧里，音乐全然不关心事件的所有有形素材，并以此显示出音乐别具一格的特性和更高一级的本质。正因为这样，音乐在其表达暴风骤雨般的激情和感觉时，无一例外都采用同一样的方式，都是伴以同样壮观、华丽的音声——不管这是阿伽门农、阿基利斯，抑或是一个市民家庭的口角纷争提供了戏剧的有形素材。这是因为音乐只着眼于激情、只着眼于意欲的活动。音乐就像上帝一样，只看重人心。音乐从来不会逢迎、适应素材，所以，甚至在伴随着歌喜剧中最可笑和最离谱的胡闹场面时，音乐仍保持着自己那本质上的优美、纯净和伟大；与剧中事件的融合并不会把超越的音乐从其与一切可笑、胡闹格格不入的高度拉下来。这样，我们存在的严肃、深刻的含意悬浮在人类生活的滑稽胡闹和无尽痛苦之上，两者须臾不离。

现在让我们看一下纯粹的器乐。我们会发现：一首贝多芬的交响乐虽然向我们展现了极为混乱的乐音，但这混乱的乐音，却分明有着最完美的条理和秩序基础；我们听到了至为激烈的争斗，但这些转眼间又化成了优美无比的和谐一致。这是"世界不和谐之中的和谐"（贺拉斯语），是对这一世界本质的忠实和完美写照；这种和谐一致就在这夹杂着无数形态的无边混乱之中，通过持续不断的破坏维持自身。与此同时，这一交响乐却倾诉着人的激情和感受：爱、恨、欢乐、悲哀、恐惧、希望，等等，及其无数细微的差别。但这种倾诉却仿佛是在抽象中进行，并没有任何个别化和具体化；这些也只是徒具形式而没有内容，就像只是一个精神的世界而没有物质一样。当然，我们在倾听的时候，会喜欢把这音乐现实化，在想象里给音乐裹以骨头、血肉，并在这音乐里看到生活和大自然的种种画面。但是，总的来说，这种做法既无助于对音乐的理解，也不会增加音乐的乐趣；这其实只为音乐带来了某种陌生的和任随人意的累赘。因此，我们更应该直接和单纯地理解音乐本身。

在上文和在《作为意欲和表象的世界》第 52 章对音乐仅从形而上的一面作出了考察以后，亦即考察了音乐作品的内在含意以后，现在，我认为有必要也泛泛考察一番音乐作品是采用何种手段作用于我们的精神，表现出音乐的内在含意；因此我们就要表明音乐形而上的一面是如何与有形（物理）的一面统一、联系起来——音乐中有形、物理的一面已经受到足够的探究，其原理也已是人所共知的了。我先从这一普遍为人所知悉、丝毫不会被新的反对意见所动摇的理论出发，亦即所有音之和音都以共振为基础。当两个音一齐鸣响时，这种共振发生在例如每一第二、第三或第四振动时，那这两个音相应地就是彼此的八度音、五度音和四度音等。也就是说，只要两个音的振动，彼此之间是一种有理数式的、可以用小数字表达的关系，那这些音就可以透过其经常重复出现的巧合共振，而在我们的理解中互相联系起来；这些音也就融合一道，以此形成和谐、共鸣。相反，如果两个音之间的振动关系是无理数式的，或者说只能以长串数字表达，那就没有可被我们理解的巧合共振，有的只是"声音总是喧闹不停"的情况。这样，这些音声就是我们在理解中无法联系起来的，这些音声因此可称为不和谐。根据这一理论，音乐就是帮助我们理解有理数式或者无理数式的数字关系的一个手段；但音乐手段却不像算术那样借助于概念来达到这一目的；音乐是让我们完全直接地、同时也是透过感官来认识这种数字关系。音乐形而上的含意与音乐的这一有形（物理）和算术数字式的基础，这两者之所以能够联系起来就在于：妨碍、抗拒我们理解的、无理数式的关系，或者说不和谐，变成了妨碍和拂逆我们意欲的自然图像；反过来，和谐或者说有理数式的关系，由于可以轻易让我们理解和把握，就成了意欲获得满足的图像。此外，由于在上述振动的数字关系里的有理数或者无理数，会有着无数的等级、次序、花样和细微差别，音乐凭借自身的特性就成了一种合适的素材，能够把人心的活动，亦即意欲的活动——其本质永远就在于满足和不满足，虽然这里面有着无数的级别——连带其至为微妙、细腻的差别和变化，忠实地塑造和重现出来。而这过程就由找到旋律而完成。这样，我们可以看到意欲的活动在这里慢慢过渡到纯粹表象的领域，而表象的领域是所有优美艺术作品发挥和活动的专有地盘，因为优美艺术绝对要求意欲本身必须置身局外，观赏者则一律作为纯粹的认知者。因此，不可以刺激起意欲本身，亦即不能造成确实的苦痛和确实的快感，而只能用上这些代替品，亦即适合智力观照的图像：所反映的是意欲得到满足和意欲受到妨碍而产生的或大或小的苦痛。唯其如此，音乐才永远不会给我们造成确实的痛苦，并且，就算在其最苦痛的和音之中，我们也能感受到愉悦。我们多么喜欢在音乐的语言里，听见我们意欲的历史，意欲的所有激动、挣扎和追求，以及在这过程中所受到的种种阻碍、延误和折磨——哪怕我们听见的是最哀伤的旋律。相比之下，在恐怖和祸害迭生的现实生活里，我们的意欲本身却受到刺激和折磨，我们关注的就不是音声及其数字关系；我们现在本身实已成为了绷紧、夹紧、颤动的琴弦。

　　再者，根据音乐形成的物理理论，既然音的真正音乐特性在于这些音的振动速度的匀称、调和，而并不在于这些音的相对强度，那么，具音乐感的耳朵在倾听和音时，总是宁愿追随最高音，而不是最强音。因此，甚至在最强劲的乐队伴奏之下，高音演唱者仍然鹤立鸡群，并因此取得了演唱旋律的天然特权。在演唱旋律的同时，高音那极大的灵活性也给予了帮助——而这灵活性是以相同的振动频率为基础——就像在和声华彩化的声部处理所显示的那样。因为这样，高音就成为提升了的感觉力的合适代表——这提升了的感觉力能够接收最细微的印象并被这印象所影响；高音因而也就是极大提升了的意识——这是事物序列之中级别最高之物——的合适代表。高音部的对立面，出自相反的原因，则是活动笨拙的低音：它只以第三音阶、第四音阶和第五音阶进行大音距的上下升降；在这个过程中，低音每移动一步，都受到固定规则的指引。低音因此就是无机的自然王国的天然代表——这一无机的大自然没有感觉、与细腻印象绝缘、只受制于最普遍的定律。这低音甚至永远无法攀升一个音阶，亦即从某一第四音阶攀升至某一第五音阶，因为这会在高音里产生不准确的第五音阶或第八音阶模进（Folge）。因此，低音本来就是永远不可以演奏旋律的。但如要把旋律交由低音演奏，那就得借助于对位法，亦即这一低音就是一可移动的低音；也就是说，把某一上级的声部下调，只是冒充低音使用，因为它其实还需要某一第二基本低音的伴奏呢。这种以低音演奏的旋律，其违背自然的地方，使得到了足够伴奏的低音咏叹调，不像高音咏叹调那样给我们带来纯净、不含杂质的享受；而在与和音结合时，唯独高音咏叹调才是合乎自然的。附带一提的是，这种以强行变调的低音演奏旋律的做法，在我们音乐的形而上学的意义上而言，我们把它比拟为在一块大理石上面强行压上人的形状：这因此与《唐·璜》里面的化为石头的客人极为相似。

但现在我们要更深入地探究旋律的形成过程，这工作得通过拆卸构成旋律的要件方可完成。这种探究肯定会给我们带来乐趣——一旦把我们每一个人都具体意识到的东西引入抽象和清晰的意识时，我们都会感受到乐趣，因为事物经此过程获得了全新的一面。

旋律，或说曲调，是由两要素所组成：节奏与和音。节奏可被形容为数量的特性，而和音则是质量的特质，因为节奏涉及音的持续，而和音则关乎音的高低。在记谱时，节奏属于垂直线，和音则用水平线。这两者的基础是纯粹算术的关系，亦即时间的关系：对于节奏来说，是音的相对持续时间；对于和音而言，则是音的相对频率（振动速度）。节奏要素是最关键的，因为节奏可以纯粹依靠自身，在没有其他要素的情况下表现出某种旋律——例如在击鼓的时候——虽然完美的旋律是需要节奏与和音兼而有之。也就是说，完美的旋律是由这两者交替着的不和（Entzweiung）与和解（Versohnung）所构成——这我马上就会向大家演示。但既然在上文我已经论及和音，在此我就更仔细地考察一下节奏的因素。

节奏之于时间就犹如对称之于空间，也就是分成相等、对称的各个部分，并且首先是分成大的单位，然后再被分为属下的小单位。在我所列出的一系列艺术里，建筑和音乐构成了艺术系列的两端。同样，这两者根据其内在本质、艺术力度、作用的范围和蕴藏的含意，是彼此最不相同的，甚至是真正的彼此对立者。这种彼此对立甚至扩展至这两者所呈现的形式，因为建筑唯独只存在于空间，与时间并没有关联，而音乐则唯独存在于时间，与空间并没有联系。[1] 由此产生了这两者之间的唯一相似、类比之处，也就是说，正如在建筑，对称起着联合和一统的作用，在音乐，却是节奏扮演着同样的角色。这也证明了"不同的端点却是互相连接"的道理。正如一座建筑物的最小组成部分就是完全一样的石块，同样，一段音乐的最小组成部分就是完全一样的拍子。但拍子可以由上拍和下拍或者大体上通过标示节拍的分数而分成相等的单位——这些各自相等的小单位就可以勉强与建筑物的小石块相比。由多个拍子组成一个乐段，而一个乐段也有对等的两半：一半上升、争取、通常都走向自然音阶的第五级音；另一半则下降、平和、重又回到基音。两个或者两个以上的乐段组成一个部分，而这一部分通常经由重复符号同样在对称方面被加倍了。由这两个部分就组成了一小部的音乐，或者一部大音乐中的一小乐章，正如一部协奏曲或者奏鸣曲经常是由三个乐章，交响曲由四个乐章，弥撒曲由五个乐章所组成一样。这样，我们就可以看到音乐的作品经由对称分配和重复分割，直至分成拍子及其分数，然后把这些各个单位各自隶属、统领、并列起来，让它们合为一个整体，就像通过对称而建成一座建筑物一样。只不过建筑物的对称只是在空间，而音乐中的对称则在时间。在过去三十年里经常被人们挂在嘴边的这一大胆俏皮话，就是对建筑和音乐这种相似性有所感觉的产物。这一句俏皮话就是：建筑是凝固了的音乐。最先说出这话的应该是歌德，因

---

[1] 如果反驳说雕塑和绘画也只在空间，那就是错的，因为这些作品是与时间相关，虽然这种关联不是直接而是间接的——这是因为这些作品描绘的就是生活、活动和行为。同样错误的反驳意见就是诗歌作为话语，纯粹属于时间。这对于字词才是这样，诗歌的素材是一切存在之物，因而是属于空间的。——叔本华注

为根据爱克曼的《歌德谈话录》第 2 卷第 88 页，歌德说：

我发现在我的一张稿纸上，把建筑艺术称为凝结了的音乐。这一句话确有一定的道理：建筑艺术所弥漫的情调，与音乐所产生的效果很接近。

歌德或许很早就在谈话里说过这一句俏皮话。我们都知道在这种情形下，总不乏人把任何歌德说过的只言片语捡起来，稍候就把它修饰一番示人。不过，不管歌德说了些什么，音乐与建筑艺术的相似、类比——我为此找到了原因，其实也就是节奏与对称的相似、类比——据此也就只反映在这两种艺术的外在形式方面，而并不曾扩展至这两种艺术的内在本质，因为音乐和建筑艺术的内在本质彼此有着天渊之别。如果要把在所有艺术中的最有局限性、力量也最弱的一种艺术，与范围最广、极具震撼力的另一种艺术在最根本方面相提并论、等量齐观，那就确实是可笑的。我们还可以补充这一点，作为对上述音乐和建筑艺术类比的发挥：当音乐仿佛有了独立的冲动，抓住了延长符号的机会，要摆脱节奏的束缚，来一番休止之前自由梦幻的华彩乐段，那这没有了节奏的音乐就可类比于没有了对称的建筑物废墟。这样，我们就可以套用那句俏皮话的大胆语言说：这一没有了对称的建筑物废墟就是凝固了的华彩乐段。

在讨论完节奏以后，现在我就要说明旋律的实质如何就在于旋律中的节奏成分与和音成分之间，从不和到和解不断更新的过程。也就是说，旋律的和音成分是以根音为前提——这跟节奏成分是以拍子单位为前提一样——然后偏离根音，经过音阶中的各个音，直到在或长或短的迂回曲折以后，终于抵达和音的音级为止——而这和音音级通常是属音（自然音阶第五级）或次属音级。这时候所获得的是某种并非完全的满足。然后接下来就是经过同样长度的途径返回根音——到抵达根音的时候，完美的满足方才出现。但要产生这两种满足，声音在达到上述音级和重新回到根音时，必须恰好与节奏的某些最佳时间点碰在一起。否

167

则，就无法造成上述满足的效果。所以，正如和音的音列需要某些乐音，首先是主音（音阶的第一音），其次就是属音，等等，同样，节奏方面也需要某些时刻，某些点出的拍子和这些拍子的某些部分——这些我们称为重拍或者"好拍"，以对应轻拍或者"差拍"。上述和音、节奏两种基本成分之间的不和就是：当这其中之一者的要求得到满足时，另一者却没有得到满足；而和解就是这两者在同一时间得到了满足。也就是说，上述那些游走的一系列乐音，在达到和音程度不一的某一和音音级之前，要经过一定数目的拍子，才会在某一"好"的分拍与这一和音音级巧遇。而这两者的巧遇点就成了这系列乐音的间歇点。同样，这系列乐音在返回主音时，在经过同样多的拍子以后，会在某一"好"的分拍找到和音与节奏的巧遇点——这就出现了完全的满足。只要和音与节奏这两种基本成分所获得的满足不是按照要求恰好在同时发生，那尽管节奏正常继续，而所需的音也足够频繁地出现，但却完全无法产生两者巧遇时所产生的效果——而旋律正是出自这一种效果。下面至为简单的一个例子可以说明我的说法：

在此，和音的音列就在第一拍子的结尾处碰上主音，只不过在这里却不曾得到满足，因为节奏正困于最"差"的拍子部分。在紧接下来的第二拍子里，节奏是在好的拍子部分，但音列却到了第七音。在此，旋律的两个基本成分完全不和，我们感到了混乱和不安。在这乐段的第二部分，一切都颠倒了过来；在最后的一个音里，节奏与和音协调、和解了。这一过程在任何旋律中都可看到，虽然通常会变换更广泛的形式。在这里我们所看到的旋律两个基本成分之间不断出现的不和与和解，从形而上的角度看，就是对愿（欲）望的产生与愿望随后得到满足的写照。正因为这样，音乐才可以深得人心，总是向我们展示完美达成心意的情形。仔细考察一下，我们就可看到在旋律形成的这一过程里，某种程度上的内在条件（和音）与外在条件（节奏）就犹如因机缘而巧合——这巧合当然是作曲者一手炮制的，并且，就这一点而言，这可以与诗的韵脚相比——但这种巧妙结合正好就是我们的愿（欲）望，与独立于这些愿（欲）望的、外在的和有利实现愿望的情势巧妙结合的写照；而这也就是幸福的图景。在此，音乐中延留音（Vorhalt）所发挥的作用也值得我们考察一下。这种延留音是一种不和谐音——它阻挠肯定将至的和谐音的到来；这样，经此阻挠的作用，对和谐音到来的要求就变得更加强烈了；姗姗来迟的和谐音也因此带来了更大的满足。这明显类似于意欲所获得的满足因推迟而加强。完美的华彩乐段需要在此之前的七和弦是处于属音，因为最深切感受到的满足和完全的平静，只会出现在最迫切的要求之后。因此，一般来说，音乐就是这两种和弦的不停交替：一种是或多或少的扰乱、不安，亦即刺激起需求的和弦，另一种是或多或少给予安慰、满足的和弦。这种情形恰似我们心（意欲）的生活就是这两者永远不断的交替：由愿（欲）望或恐惧引起的或大或小的扰乱、不安，得到相应的或大或小的满足。因此，乐音的和谐向前发展就在于不和谐音与和谐音以合乎艺术规则的方式变换。一连串纯粹和谐的和弦会让人腻烦、厌倦和显得空洞，就像所有愿望得到满足以后都会产生的那种沉闷、倦怠。所以，虽然不和谐音扰乱人心、让人不安，并且几乎让人感受到痛苦，但我们必须引入这些不和谐音，目的就是经过一番折腾以后，让这些不和谐音重又化为和谐音。确实，在全部的音乐里也只有这两种根本和弦：不和谐的七和弦与和谐的三和弦，而一切可能有的和弦都可还原为这两种和弦。这正好与这一事实相吻合：对于意欲来说，归根到底也就只有满足和不满足，无论这种满足和不满足如何以多种多样的面目出现。并且，正如我们只有两种普遍的基本心绪，亦即快活或者起码是健康、活力和烦恼甚至是痛苦，同样，音乐也有与此两种基本心绪相对应的两种乐调，大调（Dur）和小调（Moll）。音乐也就始终不是大调就是小调。但最为奇妙的事情就是我们有这样的一种痛苦标志：它既不造成身体上的痛苦，甚至也不是常规的，但它马上就让人感到兴趣和满意，这一痛苦的标志我们也一眼就可认出：那就是小调。由此可以让我们看出音乐是如何深深扎根于我们人和事物的本质。居住在北方的民族，其生活受制于严酷的条件，尤其是俄国人，小调就占据了主导的位置，甚至教堂音乐也是这样。小调快板在法国音乐里是相当常见，并且是法国音乐的特色。这种音乐情形就犹如一个人穿着夹脚的鞋子跳舞。

我再补充一些附带的思考。在主音改变，以及伴随着的所有音阶价值作用改变的情况下——因此，同一个音就要担任二度音、三度音、四度音等——那音阶上的音就类似于一个一会儿要扮演这个角色，一会儿又得扮演另一个角色的同一个演员。至于这一演员经常并不与其所扮演的角色精确吻合，那这情形我们可以与在每一和音系统里面无法避免的不尽纯粹（我在《作为意欲和表象的世界》第 1 卷第 52 章的结尾处提及）相比较——这些是由按平均律调音所引致的。

或许会有人对这一点感到不满：这一经常提升我们精神的音乐，这一讲述了另一种和更好的世界的音乐——根据我现在讲述的音乐的形而上学——究其实也只不过就是逢迎我们的生存意欲，因为它表现了意欲的称心如意。下面选自《吠陀》的一段话可以帮助打消那些疑虑：

那种属于某种心满意足的狂喜，却可称为最高的"灵魂"（Atman）[1]，因为只要有心意的满足，那就是灵魂心意满足的一部分。

---

[1] 这里所说的灵魂是印度哲学中一个最基本的概念，指的是在一个人死后仍存活，然后又转移到新的生命之中，或者能够挣脱这存在枷锁的一种核心东西。——译者注

论大自然的美

　　看到一处美丽的风景能让我们感到分外愉快，这其中的一个原因就是我们看到了大自然普遍的真理和前后一致。当然，大自然在此并没有顺着认识根据的逻辑指导原则，从（复合或者并列句中的）前句然后到后句、从前提然后到结论。但大自然却遵循着与这一逻辑指导原则相类似的因果律，从原因到结果有着清楚可见的关联。景物中的每一哪怕是最细微的变化——这些变化经由景物的位置、隐蔽、缩短或者加大了的距离、光线的分布、线条和空气透视等所造成——都通过其作用于人的眼睛而准确无误地显现出来，被我们精确把握。印度的俗语"每一小粒的稻米也会投下影子"，在此得到了证实。所以，在一处美丽的风景，所有一切都完全合乎条理和逻辑，所有一切都被连贯、统一起来，其中细节的精确性妙至毫颠，没有半点的投机取巧。如果我们考虑到我们所看到的美丽风景纯粹只是一种脑髓的现象，那么，此刻的这一现象，就是在众多复杂的脑髓现象当中，唯一一个始终合乎规则、完美无瑕，因为所有其他的脑髓现象，尤其是我们思维的过程——无论思维的形式抑或思维所处理的素材——都或多或少带有缺陷和不准确之处。美丽大自然的景象这一优异特质首先解释了它造成的印象为何如此和谐、令人满足；此外，这也解释了为何大自然美景会对我们的整体思维发挥出最良好的影响——我们思维的形式部分由此调校得更加准确，并在某种程度上得到了过滤、纯净，因为这种唯一完全没有瑕疵的脑髓现象使脑髓总体上处于完全正常的活动状态。这样，在思维活动经美景的作用恰当激发了活力以后，思维活动现在就以其前后一致、互相关联、规则、和谐的运作，试图遵循、仿效大自然的方法。因此，一处美丽的风景可以帮我们过滤和纯净我们的思想，正如音乐——据亚里士多德所言——对我们的感情所发挥的作用一样。面对大自然的美景，人的思考达到了最正确的程度。

骤然看见出现在我们眼前的大山，我们很容易就会进入某种严肃，甚至是庄严、崇高的情绪。部分的原因就在于高山的形状及由此勾勒出的轮廓，是唯一长久存在的地形线条，因为唯一只有高山才蔑视、抗拒衰败和朽坏，而这种衰败和朽坏却是席卷一切，尤其是我们自己匆匆一现的肉身。这并不是说在面对巍峨群山之时，上述会进入我们清晰的意识，但对上述隐隐约约的感觉是这种庄严、崇高心绪的基本低音。

我很想知道为何在表现人的形体和面貌时，来自上方的光线绝对会使形体和面貌产生美的效果，而从下面发出的光线则发挥出不良的作用；但在表现大自然风景时，为何却是恰恰相反的情形。

大自然是多么的富有美感！每一小块荒芜、野生、完全未经种植，亦即听其自然的地方——哪怕这只是很小的一块——只要不曾受到人爪的亵弄，就会马上被大自然以最雅致、最讲究的方式装扮起来，饰以花草植物；这些花草植物从容不迫、自然而然的风韵，及其优雅的布置和编排，显示出这些东西并不是在人们膨胀自我的严厉监管下长成，而是听从了大自然的自由调遣。每一受到人们冷落的一小片地方很快就会变得漂亮起来。英国式园艺的指导原则就是基于这一道理，所以，英式园艺就是尽可能地藏起人为的痕迹，以让花草园林看上去就像是造化自由主宰的结果。这是因为只有在这种情形下，大自然才会充分显示其美丽，亦即最清晰地显示出不带认识力的生存意欲的客体化。在此，不带认识力的生存意欲极其朴实、天真地展现自身，因为在这里所展现的形体并不像在动物世界那样受到外在目的的左右和决定，而只是直接受制于土壤、气候和某种神秘的第三因素。由于神秘的第三因素的作用，那本来出自相同的土壤、气候的花草，却出落得千姿百态、各具韵味。

英式园林，准确地说应该是中国式园林，与越来越少、典型范本所剩无几的老式法国园林，两者之间的巨大差别说到底就在于英式园林的布置是客观的，而法式园林的布置则反映出人的主观痕迹。也就是说，在英式园林里，那客观呈现在花、草、树木、山水的大自然意欲，以尽可能纯净的方式展现了那些花、草、山、水的理念，亦即花、草、山、水的独特本质。但在法式园林里，反映出来的只是园林占有者的意志和意欲。占有者的意欲（意志）征服、奴役了大自然，这些花、草、山、水现在不是展现其自身的理念，而是背负着强加在它们身上、作为奴役标志的、与占有者的意欲相符的形式。这些形式就是修剪整齐的矮篱、裁成各种形状的树木、笔直的林阴道、穹隆等。

论死亡

死亡是真正激励哲学、给哲学以灵感的守护神，或者也可以说是为哲学指明路向的引路者。正因为这样，苏格拉底给哲学所下的定义就是："为死亡所作的准备。"的确，如果没有了死亡这回事，也就很难再有哲学的探讨。所以，在本书的最后第四部分，同时也是最严肃和最重要的一部分的开首处，专门对死亡进行一番思考就是相当适宜的。

动物并不真正知道死亡这回事。所以，个体动物直接享受到了种属不灭的特质：个体动物的自身在其意识中是没有尽头的。伴随着人的理智机能而必然发生的事情，就是确切知道了可怕的死亡。但正如在大自然，凡事有一害则必有针对这一害的解救手段，或者至少是补偿，同样，人的反省理智思维虽然为人们带来了对死亡的认识，但这反省思维也与此同时帮助人们获得了形而上的观点，从而使人们在死亡这一问题上得到安慰——而这些安慰则是动物并不需要、也没有能力接受的。一切宗教、哲学的体系都主要是为了让人们得到形而上的观点，这些体系因而是一副解毒药，首要的是对付知道了必然的死亡——而这是反省理智自动告诉我们的。但这些哲学或者宗教体系能够在多大程度上达到这解毒的目的，却各自很不一样；某一宗教或者某一哲学的确会比另一宗教或另一哲学更能使人们平静地直面死亡。婆罗门教和佛教教导人们把自己看作是一切存在的源泉，看作是梵——对于这一切存在的源泉来说，其实并没有生、灭这回事。这两种宗教在教导死亡方面就比某些其他的宗教做出大得多的贡献——我所指的其他那些宗教宣称人是从无中诞生、是在诞生之时才开始其从别人那里接受的生存。与我这里的说法相吻合的事实就是：我们发现在印度，人们对待死亡是一副镇定、藐视的态度——这在欧洲人们是无法想象的。在对待死亡这一重大问题上，把一些软弱无力、经不起推敲的概念在早年就打印在人们的思想里、强行让人们接受，并以此使人们再也永远无力接受更正确和更站得住脚的观点——这确实是一件令人担忧的事情。举个例子说吧，如果教导人们说：他们只是在不久前才从无中生成，因此，他们恒久以来一直就是无，但将来却可以永生不死——那这样就无异于告诉人们：虽然他们彻头彻尾是第三者一手造成，但现在他们却得为自己的所作所为永恒负上责任。但当人们头脑成熟、对事情有了深思以后，如果无法避免地看出这些教义欠缺理据，那到了此时，人们却没有更加合理的观点来取代这些教义，他们甚至已经没有能力明白那些更合理的观点了。他们就这样失去了他们本应获得的安慰——这种安慰是大自然因为人类确切知道了死亡而特别对人类作出的补偿。正因为是这样的一种情况，我们现在（1844）就看到在英国，在那些道德败坏、思想扭曲的工厂工人当中出现的社会主义者，在德国则是在同样道德败坏、思想扭曲的学生当中出现的青年黑格尔信徒，其思想已堕落至绝对的自然、物理观点。而这种局限于有形物质的观点所导致的结果就是：吃吧，喝吧，玩乐吧，死了以后就什么都没有了。就这一点而言，实可称为兽性主义。

但是，根据所有那些关于死亡的教导，不可否认的一点就是，人们对死亡的看法——起码在欧洲是这样——并且很多时候甚至是同一个人对死亡的看法，都在这两种意见之间左右摇摆：一种意见认为死亡就是绝对的毁灭，另一种看法则是人们可以达致长生不朽，甚至还可保留着原来的毛发、样子。这两种看法同样都是错的，但我们与其说需要在这两端中找到一个正确的中间点，不如说需要获得某一更高的角度审视这一问题——一旦从这更高的角度审视，上述错误的观点就会自行瓦解。

我想首先从完全是经验的立场进行考察。这样，首先摆在我们眼前的不可否认的事实就是：根据自己那天然意识的程度，人们相应地不仅惧怕自己的死亡更甚于其他一切，而且，亲人、朋友的死亡也会让自己痛哭流涕；并且，人们这样做显然不是因为自己有所损失，不是因为自我的原因，而是发自对这些亲人、朋友所遭受巨大不幸的一种同情。所以，那些在这种情况下不流泪、没有显示出悲伤的人会被斥为硬心肠、冷酷无情。与这一例子同理，最强烈的报复欲念就是要把仇人置于死地——这也是报复者认为所能造成的最大不幸。人的意见和看法会因时、因地而不同，但大自然的声音却在任何时候和任何地方都是一样，因此应该受到重视。在此，大自然的声音似在清楚说出：死亡就是一桩极大的不幸。在大自然的语言里，死亡意味着毁灭，人们如此严肃对待死亡，由此就已经可以判断：生活并不是一场开心逗乐——这是每个人都知道的。或许，我们并不配得到比生活和死亡这两者更好的东西。

其实，对死亡的恐惧并非基于认知，因为动物也恐惧死亡，虽然动物并不认识死亡。所有生物一旦诞生在这一世上，就已具备了对死亡的恐惧。这种对死亡的先验恐惧正是生存意欲的另一面，而我们及所有生物都的确就是这一生存意欲。所以，对于每一个动物来说，惧怕自身毁灭就跟关注维护自身一样，都是与生俱来的。所以，动物为了防备危险生物的袭击，把自己尤其是把自己的幼儿稳妥安置，其显现出来的小心、谨慎，正是惧怕自身的毁灭，而并不只是要避免苦痛。为什么动物会逃跑、颤抖和试图躲藏起来？因为生存意欲就是这样，作为生存意欲的生物就是要遭受死亡，它们希望的就是争取多一点生存的时间。人在本性上也是一样。威胁人们的最大的不幸和最糟糕的事情就是死亡，无论在哪里都是这样；人的最大的恐惧就是对死亡的恐惧。没有什么比别人正遭受生命危险更能激起我们最强烈的关注；也没有什么比被判以死刑更加可怕。人们在这些情况下表现出来的对生之无限依恋不可能是出自人们的认知和思考。对有认识力和深思的人来说，这种对生之依依不舍其实显得相当愚蠢，因为生的客观价值相当飘忽；这种生存是否优于非生存起码是有疑问的。的确，如果经验和深思可以定夺此事，那非生存一定会胜出。假如我们叩问坟墓的死者是否愿意重新做人，他们将会摇头拒绝。在柏拉图的《为苏格拉底辩护》里，苏格拉底也持这种看法。甚至开朗和可爱的伏尔泰也不得不说，

我们爱这生活，但虚无和非存在也有其好处。

还有就是，

我不知道永生是何种模样，但我们此生却是跟一场恶作剧无异。
———1768 年 7 月 27 日致达让达尔伯爵的信

此外，这一生不管怎样，很快就会结束。或许我们还会生存为数不多的年月，但与我们将不再存在的无尽时间相比，这些甚至还称不上是沧海一粟。所以，为了这么一段生存时间如此紧张担忧，一旦我们自己或者他人的生命陷入危险就这样心慌颤抖，而我们写出的那些悲剧，其可怕之处全在于这些悲剧刺激起我们对死亡的恐惧——凡此种种，经过我们反省思维的检视，实在是可笑得很。对生的这种难以割舍之情因而就是盲目和非理性的，对此的解释只能是：我们的整个自在本质就是生存意欲；对于这一生存意欲来说，生存必然就是至高无上的好处，尽管这一生存始终是那样的短暂、不确定和充满苦涩；这一生存意欲本身是没有认识力的，是盲目的。相比之下，认识力远远不是对生之依恋的源头，认识力所发挥的作用甚至是对抗这种依恋的，因为认识力揭发了生存的毫无价值，并以此打消对死亡的恐惧。当认识力占得了上风，人们因此能够勇敢、镇定地迎向死亡时，人们会把这种态度和行为尊为伟大和高贵。我们因而就会庆祝认识力战胜了那构成我们本质内核的盲目的生存意欲。同样，我们会鄙视那些认识力打了败仗的人——这些人因为这一

原因而无条件地依附这一生存，拼尽全力反抗那步步逼近的死神，并最终在绝望中不敌死去。但在这后一种人身上表现出来的却是我们自身和大自然的原初本质。在此不妨顺便问一下，为何对生的无限眷恋，以及为能苟延此生而不惜动用一切手段，会被人们视为低级、可鄙？为何类似的行为会被所有宗教的追随者视为不齿——如果生存就是善良的神灵赐予我们、需要我们谢领的礼物？为何视死如归的藐视态度会显得伟大和高贵？这方面的思考同时也向我们证实了：（1）生存意欲就是人的内在本质；（2）生存意欲本身是没有认识力、是盲目的；（3）认识力对于意欲而言本来就是陌生的，是添加的东西；（4）认识力与生存意欲互相冲突，看到认识力战胜了意欲，我们就为之喝彩。

　　如果死亡显得那么可怕就是因为我们想到了非存在，那么，想到我们之前还不曾存在的时候，我们也应该不寒而栗，因为这一确凿的事实是无可争辩的：死亡以后的非存在与出生前的非存在不会有什么差别，因此，死后的非存在并不比生前的非存在更让人悲痛。在我们还没有存在的时候，已经走过了延绵无尽的时间——但这却一点都不曾让我们感到悲痛。相比之下，经过了犹如短暂幕间插曲的匆匆一生以后，紧接着的将又是延绵无尽的时间——但我们却将不复存在了！对此我们却觉得惨痛、无法忍受。那么，这种生存渴望的产生，是否是因为我们品尝过了这一生存并且觉得它相当可爱？就像上文已经简短讨论了的，答案肯定不是这样。从人生中获得的经验反倒是唤醒了对非存在的无限渴望——那种非存在简直就是失去了的乐园。人们除了希冀灵魂不朽以外，总会连带着希望有一"更加美好的世界"；这就表明了现时的世界并不那么美好。撇开这些不算，我们对身后状态的发问，其频繁程度何止百倍于对我们生前状态的询问，无论这种询问停留在口头上抑或见诸书籍文字。但在理论上，这两个难题与我们的关系都同样密切，同样值得我们探讨；并且，解答了其中一个难题，另一个难题也就迎刃而解了。我们听过很多这样的感人议论：某某人的思维曾经拥抱这一世

178

界，他的思想如何丰富、无与伦比；但现在，所有这些却得一并埋进坟墓里去了——想到这些就让人震惊，云云。但我们却不曾听人家说：在这一思想者以及他的那些素质诞生之前，无尽的时间已经消逝，而这一世界在这一无尽的时间里却一直缺少这位思想者，一直在勉力撑持。但如果认识力还不曾被意欲所收买和影响，那认识力就再自然不过地要面对这一发问：在我诞生之前，已走过无尽的时间；我在这段时间里是什么呢？从形而上的角度看，或许可以这样回答："我始终就是我，亦即所有在这时间里说出'我'的东西，就是我。"但我们要从现在所采用的完全是经验的角度进行审视，并且假设我在此之前并不曾存在。这样，对于我死后，在绵绵无尽的时间里我将不复存在，我就可以安慰自己说：在我不曾存在之前，同样是一段绵绵无尽的时间；那种状态不是已经相当适应，一切不都是挺好的嘛。这是因为我将不再存在的无尽时间并不比我不曾存在的生前无尽时间更加可怕，原因在于把这两者区别开来的只是在这两者之间有过的一场短暂的人生大梦。所有证明人死后仍继续存在的证据，也可以应用在生前，以表明生前有过的存在。印度教和佛教对此的看法，显示出这两个宗教在这方面的理论是前后相当一致的。但只有康德的时间观念解答了所有这些谜团，但这不属于我们现在讨论的话题。从上述可以引出这些推断：为我们将不再存在而悲哀，就跟为以前我们不曾存在而悲哀同样的荒谬，因为我们不在的时间与我们在的时间之间的关系，前者到底是将来还是过去都是一样的。

就算撇开这些关于时间的考虑不提，把非存在视为不幸本身就是荒谬的，因为每一不幸之所以是不幸就跟每一好处一样，都是以存在，甚至的确就是以意识为前提条件；但意识却是与生命一道停止的，意识甚至在睡眠和昏厥时也是停止的。所以，没有意识并不包含不幸——这一事实是众所周知的。意识的消失肯定是一刹那间的事情。伊壁鸠鲁就是从这一角度思考死亡，并因此说出这一正确的见解，"死亡与我们无关"——他对这说法的解释就是：我们存在的话，就没有死亡；死亡出现的话，我们就已不存在了。失去了某样本人再不会惦念的东西显而易见不是什么不幸。因此，我们不应该对将来不再存在比对过去不曾存在更感不安。所以，站在认知的立场审视，我们似乎根本就没有恐惧死亡的理由；而意识就在于认知，因此，对于意识来说，死亡并不是不幸。另外，对死亡深怀恐惧的确实不是"我"中的认知部分；那种"fuga mortis"[1] 完全只是出自所有生物都有的、盲目的意欲。不过，正如上文已提到过的，这种对死亡的逃避对于每个生物都是非常重要的，这恰恰是因为这些生物就是生存意欲，而生存意欲的全部本质就在于渴望生命和存在。认知并非原初就寓于生存意欲之中，而只是在生存意欲客体化为单个动物以后才出现的。这样，当意欲通过认知的帮助看到了死亡就是自己的现象的终结——意欲把自己与这一现象视为一体，并因而看到了自身局限于这一现象里面——意欲的整个本质就会全力反抗。至于死亡对意欲来说是否真的那么可怕，我们稍后将探讨一番；在探讨的时候，我们还将重温在这里已经指出的惧怕死亡的真正源头，以及我们本质的意欲部分和认知部分的精确区别。

与上述说法相应，死亡之所以在我们的眼中显得如此可怕，与其说是因为我们的这一生结束了——其实结束这种生活对于任何人都不是什么特别值得遗憾的事情——还不如说是机体因死亡而遭受毁坏，因为这一机体就是作为身体显现的意欲本身。但这种机体毁坏我们只是在患病和高龄体衰时才可确实感觉得到，而死亡本身对于主体来说却只在于意识消失的瞬间，亦即脑髓活动停止了。机体的其他部分紧接着也停止了活动，但这已经是死亡以后的事情了。所以，死亡在主体方面就只与意识有关。至于意识消失是怎样一回事，每个人都可以从自己的睡眠略知一二；而那些体验过真正的昏厥（Ohnmacht）的人则对这种意识消失了

---

[1] 拉丁语，意为"逃避死亡"。——译者注

解得更加清楚，因为在昏厥发生时，意识的消失过程并不是逐渐的，也不是经由睡梦过渡，而是在我们仍有充分意识的时候，视觉功能首先消失，然后就直接进入深度的无意识状态。这时候的感觉——如有感觉的话——却一点都不是令人不快的。毫无疑问，正如睡眠是死亡的兄弟，昏厥就是死亡的孪生兄弟。横死或暴卒不会是痛苦的，因为甚至身体遭受重创一般来说也只是在稍后一点的时间才感觉得到，并经常只是在看到外部迹象以后才被发觉。如果这些重创瞬间就已致命，那意识在发现受到重创之前就已消失了；如果延迟一段时间才最终夺命，那这些创伤就与其他疾病没有两样了。还有就是那些因溺水、或者吸进炭雾、或者上吊而失去意识的人，都说出这一众所周知的事实：在这发生的过程中其实并没有痛苦。最后，哪怕是自然的死亡，即天年已尽的死亡，或者，为结束不治之症患者的痛苦而施行的无痛苦致死术，都是以一不知不觉的方式淡出存在。到了老年，激情和欲念，以及对这些激情和欲念的对象物的敏感度逐渐熄灭了；情绪再难找到刺激物了，因为老人头脑中产生表象的能力已经变弱；头脑中的画面越来越黯淡模糊，事物造成的印象不再停留，而是转眼又消失得不留痕迹；日子过去越来越快，发生的事情也越来越失去其意义。一切都变得苍白、褪色。耄耋之人步履蹒跚地踱来踱去，要不就龟缩一隅歇息。他们成了自己过去的一个影子、幽灵。还剩下什么留给死亡去毁坏呢？不知哪是最后一天，他就一睡不再醒来，所做的梦就是……。所作何梦是哈姆雷特在其著名独白里发问过的。我相信我们此刻就做着这些梦。

　　在此顺便补充说明一下，虽然生命程序的维持有其某一形而上的基础，但这维持工作却并非不受阻碍，因而可以不费力气地进行。正是为了维持这一生命程序，这一机体每天夜晚都要做一番配给、补足的工夫。所以，机体要中断脑髓的运作，分泌，呼吸、脉动和热量都部分减少了。由此可以得出这样的结论：生命程序的全部停止对那驱动这一生命程序的生命力来说，必然是如释重负。大部分死人脸上流露出来的安详表情或许就有这方面的原因。总的来说，死亡的瞬间就类似于从一沉重梦魇中醒来。

至此为止，我们得出的结果就是，死亡虽然让人们不寒而栗，但死亡却并非真是一大不幸。很多时候，死亡看上去甚至是一件好事，是我们渴望已久的东西，是久违了的朋友。所有在生存或者奋斗过程中碰上无法克服的障碍的人，还有得了不治之症的病人或者承受了难以排遣的悲痛的人，到最后，起码还可以有这一通常自动向他们敞开的退路，返回到大自然的怀抱。上述这些人，就像其他的一切，本来就出自这大自然的怀抱。在那么短暂的一段时间里，他们满怀对存在的美好条件的憧憬，直至终于发现那不过是一枕黄粱而已。对于这些人，走出这一存在的原路永远是敞开的。那种返回就是生者"放弃拥有物"。但甚至在我这里所插叙的情形里，人们也免不了要经过一番身体的或者道德上的抗争：每一个人都是竭尽全力反抗返回原出处——但当初他们却是从这一原出处欢快、雀跃而出，进入这一有着许多苦难、极少快乐的存在。印度教教徒给了死神雅玛两副面孔，一副相当狰狞、可怕，另一副则相当欢快、和善。个中原因在我上述的考察里已得到了部分的解释。

从我们现在仍然所处的经验角度审视，我们自然就会产生下面的这些思想；这些思想因此值得清楚说明以精确界定其含意。当我看着某一尸体的时候，我就会知道这一尸体接受感官印象的能力、肌肉的力量、血液循环、新陈代谢等等，都已停止。我可以由此确切推断：在这之前驱动这些机能，但却始终不为我所知的东西现已不再驱动这些机能了，因而是已经消失、离开了。但现在如果我补充说，这之前起驱动作用的东西，肯定就是我只视为意识的东西，因此也就是智力（灵魂），那这一推断不仅欠缺根据，而且明显是错误的。这是因为意识始终不曾显现为机体生命的成因，相反，意识只是机体生命的产物和结果，因为意识是因机体生命的缘故而提升和消沉，亦即随着机体不同的生命阶段、机体的健康和疾病、睡眠、昏厥、苏醒，等等而相应变化。

因此，显现出来的意识，始终就是机体生命所造成的结果，而从来不是机体生命的成因；意识永远显现为生、灭、再生的东西——只要有合适的条件——但却不会脱离这些条件而存在。我甚至还看到了意识完全错乱，已成疯癫以后，非但没有连带削弱机体的其他力量，或者危及生命，相反，机体的其余力量还得到了加强，尤其是肌肉力量还大为提高了呢；而生命与其说缩短了，还不如说延长了——如果没有其他原因参与作用的话。然后，我知道个体性是每一生物体的属性，因此，如果这一生物体具有对自身的意识，那个体性也是这意识的属性。现在我没有任何理由得出这样的结论：个体性就存在于那神秘陌生的、予生予死的原则之中，尤其当我看到在大自然，无论哪里，每一特定的个体现象都是某一种普遍的力发挥作用的结果——这一普遍的力也同时作用在千万个与这个体现象相似的现象中。但在另一方面，我也同样看不出任何理由得出这样的结论：在这例子里，因为尸体的机体生命已经终止，所以，在这之前驱动这一机体的力就化为乌有，正如没有理由看到纺车静止不动就推断纺纱女工已经死去一样。如果一个摇摆物重新找到重心以后，终于静止不动，亦即这一摇摆物的个体外表生命停止，那人们不会以为这一摇摆物的重力现在已被消除。相反，每个人都会理解这一摇摆物的重力一如既往地活动在无数的现象之中。当然，会有人这样反驳这一比喻：其实在这一摇摆物里，重力也不曾停止过活动，其活动只是停止外现而已。谁要是坚持这一看法，那他可以不看这一例子，而想一想一个带电体：在放电完毕，电就的确停止活动了。我只想通过这个例子表明：甚至对那些最低级的自然力，我们都直接承认其持续永恒、无处不在的特性；这些低级自然力的倏忽、短暂的现象一刻都不曾骗得了我们。既然如此，我们就更没有理由把生命停止视为形成生命的原则就此消灭，并因此把死亡当作是人的彻底毁灭。三千年前拉开奥德西斯强弓的健壮手臂，在今天不再存在了，但任何条理清楚的头脑、深思熟虑的人都不会把那曾经造出如此强劲效果的力视为完全化为乌有。但再作进一步的思考，人们也同样不会认为今天张开强弓的力，是从三千年前的那一强劲手臂开始存在的。更合乎道理的是这一想法，曾经驱动某一生命体的力——这力现已离开这一生命体——与现在正活动于勃勃有生气的生物体中的力是同一物。的确，产生这一想法几乎是不可避免的。但我们确切知道——我已在书的第二篇里对此作了解释——只有包括在因果链里面的东西才会消逝，但这些只是形式和状态而已。而物质和自然力却不会受到这些由原因所引致的形式和状态变换的影响，因为物质和自然力是所有那些变换的前提条件。至于那给予我们生命的生命原则，我们要首先把它至少作为自然力考虑——直至或许某一更深入的研究能让我们认识到这一生命原则本身到底是什么。因此，被假定为至少是自然力的生命力，是完全不会受到形式和状态变换的影响——这些形式和状态的变换是由因果联系所带来和带走，也唯独这些方面的变换才受制于生和灭；这些变换、生灭的过程也就是我们在生活经验中随处可见的。大体上，在这一程度范围之内，我们真正本质的长驻不灭就已经确切显示出来了。当然了，这些显示不会满足人们所习惯提出的要求——他们要得到的是人死后继续存在的明证；同时也无法让人们得到只能从这一类明证才可获得的安慰。尽管如此，这些显示我们本质不灭的证据始终有其分量，那些恐惧死亡、认为死亡就是绝对归于乌有的人，不应该藐视这一完全确切的事实：他们生命的内在原则并不会受到死亡的影响。事实上，我们可以提出这么一个怪论式的说法，甚至那和自然力一样并不受到由因果引出的状态变化影响的另一种东西，亦即物质，也通过其绝对的永恒长驻向我们保证了其不可毁灭性。这样，那些无力理解另外一种不灭道理的人，也可以通过这一物质不灭的事实获得安慰：毕竟事物是有着某种不灭的特性。"什么？"人们会说："这些尘埃，这些粗糙的物质，其存留难道就可被视为我们本质的延续？"哦！那你们懂得这些尘埃吗？你们知道这些尘埃是什么、能够发挥什么样的作用？了解了这些东西以后才轻视它们也不迟。这些物质，这些现作为灰、尘摆在那里的物质，在水里溶化以后很快就可以结出晶体，可以作为金属而闪亮、然后迸发出电火花，可以通过其电压显现其内力，而这种力可以瓦解最坚固的结构，把土类还原为金属。这些物质的确自动转化为动、植物；生命就从其神秘怀抱中形成，而由于你们的狭窄和局限，你们就生怕失去这一生命，并为此而紧张、焦虑。那么，作为这样的物质而继续存在完全就是虚无的吗？但我的确认为，甚至这样一种物质不灭也留下了证词，表明我们的真实本质是不灭的，虽然这还只是以图像、比喻的方式，或者说只是以粗略、大概的方式。要明白这些，我们只需回想一下我在《作为意欲和表象的世界》第2卷第24章对物质的讨论。从那些讨论得出的结论就是：纯粹的、不具形状的物质从来不会单独被我们发觉，但却永远是这一经验世界的前提和基础；这种物质就是自在之物（亦即意欲）的直接反映和总体可视部分；所以，所有绝对适宜于意欲本身的，也适用于在经验条件下的物质，这些物质以其在时间上不灭的图像反映了意欲所具有的真正永恒性。就像我已经说过了的，大自然不会撒谎，所以，只要是纯粹客观理解大自然以后得出的观点，且经过合乎逻辑的推论，那这一观点就不会是完全、绝对错误的，这一观点大不了就只是相当片面和很不完整而已。但这样产生出来的观点毫无疑问就是前后一致的唯物主义（例如伊壁鸠鲁的那种唯物主义），就跟与它相对立的绝对唯心主义（例如贝克莱的唯心主义）差不多。其他的每一发自正确见解、经过诚实阐释的哲学基本观点也是如此。这些哲学基本观点只是极为片面的理解而已。因此，尽管各自对立，但这些观点却同样都是真实的，亦即这些观点各自出某一特定的视角。只要我们站在比这些视角更高的角度，那就会看出这些观点的真实性只是相对的和有条件的。只有最高的角度才是看到绝对真理的角度，假如绝对真理可以看得到的话。站在最高的角度审视，所有其他的观点、看法——尽收我们眼底，这些观点相对的真实性，以及一旦超越这些角度就自然暴露出来的错误地方都被我们一览无遗。据此，正如我们在上文已经指出和说明了的，甚至在唯物主义的的确相当粗糙、并因此相当古老的基本观点中，我们的真实自在本质的不灭特性也通过真实本质的影、相——亦即物质——的不灭体现了出来，正如在那已经是更高一级、属于绝对自然物理的自然主义里，我们的真实自在本质是通过无处不在和永恒存在的自然力体现出来一样——而生命力起码就是这些自然力之一。因此，甚至这些粗糙的基本观点也包含了这一见解：生物体并不因为死亡而遭受绝对的毁灭，而是继续存在于大自然、与大自然一并存在。

到此为止的考察和与此考察相关的更深一步的讨论，其出发点是所有生物对死亡都会有的那种异乎寻常的恐惧。现在我想变换一下角度，考察一下与个体生物相比，整个的大自然是如何对待死亡的。在这考察过程中，我们始终脚踏经验的实地。

我们当然不知道还会有什么比生与死更高的赌博，我们无比紧张、投入和惊恐地注视着每一生死攸关的决定，因为在我们的眼里，一切的一切都取决于生与死的转换。相比之下，开诚布公、从不撒谎的大自然却对这事情有着不一样的表达，亦即和《博枷梵歌》中克里斯娜的说法一样。大自然的表达就是：个体的生、死对大自然来说根本就是无足轻重的。也就是说，大自然是通过以下这些情形表达出她上述的态度：她听任每一动物，甚至每一个人遭受最无谓的变故的打击，而不施以援手。看看在你前路上的昆虫：一不小心一脚就决定了这只昆虫的生死。再看看那些没有任何自卫、逃生、伪装、躲藏本领的蜗牛，它们简直就是任人鱼肉的动物。看看那些已被收进张开的网里、但仍无忧无虑地游戏的鱼儿；那由于懒惰、没有成功逃生的青蛙；还有那全然不知在自己头上俯冲下来的鹰隼的鸟儿，那些正被躲在灌木丛里的狼上下打量而浑然不觉的绵羊。所有这些动物都只有很少的前瞻能力，它们漫不经心地活动在种种随时威胁到它们生存的危险之中。既然大自然把其构造得极其巧妙的生物体不仅无所保留地放弃给贪婪的更强者，而且还让它们成为至为盲目的偶然变故、蠢人们突发的念头、小孩调皮捣蛋的游戏的牺牲品，那大自然也就以此表示：这些个体物的毁灭是不足挂齿的，既不会让她难过，也不会有丝毫的意义；在上述情形里，后果和原因都没有多大的意义。大自然相当清楚地表达出她的态度。大自然是从来不会撒谎的，她只是对这些表达不多加解释而已。非但如此，大自然用以表达的还是简短的隐语。如果这一众生之母漫不经心地把她的孩子们抛向各种各样威胁这些孩子生命的危险之中而不多加保护，那她这样做只能是因为她知道孩子们跌落下来的时候，会落入自己的怀里、重获安全。所以，这些跌落只是母亲开的玩笑而已。大自然对待人跟对待动物没有两样，她的表达因此也把人包括在内：个体的生与死于她而言是无所谓的。所以，这些生、死在某种意义上对我们来说也应该是无所谓的事情，因为我们本身的确就是这一大自然。假如我们能够看深一层，我们就会同意大自然的意见，对生、死也就不在乎了，就像大自然一样。与此同时，运用理智的思考，我们可以把大自然对待个体生命那种漫不经心和无所谓的态度理解为：个体生命现象的毁灭一点都不曾触动这个体生命现象的真实内在本质。

如果我们进一步考虑到，就像上文所考察过的那样，不仅生死系于一线偶然之间，而且，生物体的存在总的来说也是一瞬即逝：动物、植物朝生暮死，生与死快速地变换；处于更低级别的无机物则有着长得多的维持时间；而只有绝对无形的物质才获得了无限长的维持时间——这一点甚至可以得到我们先验的认定——那么，在考虑到这些以后，在对这种事物秩序有了纯粹经验的、但却是客观和不带偏见的把握以后，我认为接下来顺理成章的想法就是：这种事物秩序只是一种表面的现象，这种永远不断的生生灭灭根本没有触及事物的根源，这些生灭也就只能是相对的，并且的确只是表面上的生灭。事物那真正的、到处都逃过我们的眼光、极其神秘的内在本质并不会受到影响，自始至终都保持完好无损，虽然我们无法察觉也无法理解这一切发生的过程。因此，我们也只是泛泛、大概地把它理解为某种魔术戏法。即使是最不完美、最低级的无机物，也可以不受影响地持续存在，而恰恰是最完美的有生命之物，亦即极尽复杂、巧夺天工的结构、组织，却被认为是永远从根本上重新生成，过了一段时间以后又将彻底归于乌有，以便重新腾出位子，让新的、像他们一样的生物从乌有进入生存——这样的一种看法，实在是明显荒谬和滑稽，这绝对不可能是事物的真实情形；这些现象只能是遮蔽着事物真实情形的某种外衣；更准确地说，这些现象是以我们的智力构成为条件。的确，这些个体的整个存在和非存在——生和死就是与此有关的两个对立面——只能是相对的。大自然的语言却把这些存在和非存在向我们说成是绝对的；这一大自然的语言因而并非真正和最终表达了事物的构成和世界的秩序。大自然的这种表达的确就只是一种乡村方言而已，亦即这些表达只有相对的真实，只是名义上是这样、是在理解上必须"打上折扣"的东西；或者，真正说来，这些现象是以我们的智力为条件。对我这所说的道理，每个人都不由自主地有过某一发自直觉的直接信念——我在这里就已试图把这一道理形诸文字。当然，如果一个人的头脑思想属于彻底平庸的一类，那就另当别论，因为头脑彻底平庸的人，其思想严格局限于只是认识个别的事物，就像动物的智力一样。相比之下，那些具备稍高一点能力、才刚刚开始在个别事物当中看到事物的普遍性、理念的人，也会在某种程度上对此确信有所同感，并且这种确信的确是直接的，并因此是确切的。事实上，也只有那些渺小、狭隘的头脑才会完全紧张兮兮地惧怕死亡，认为死亡就是自己化为乌有。但那些得天独厚的人却是完全远离这种恐惧。柏拉图非常正确地把全部哲学的基础确定为认识理念，亦即从个别看到普遍。在写作《奥义书》的那些伟大作者的头脑中，我们也难以想象这些作者属于人类，我所说的那种直接从认识大自然中获得的信念肯定是异常鲜明、生动，因为他们的信念通过无数话语极具穿透力地向我们述说，以致我们只能把这种直接开悟、澄明的精神思想，归因于这些智者在时间方面比我们更接近于我们人种的始源，所以，他们对事物的本质有着更加清晰和深刻的理解——这是相比较我们这些已退化、衰弱了的人种、"就像当今的凡人"（《伊利亚特》）而言的。当然，印度有着与我们北方世界不一样的生机勃勃的自然世界，这也帮助了那些智者对事物的理解。而经由缜密的反省思考，就像康德的伟大头脑所做的那样，我们也可以从另一条途径得出同一样的结果，因为我们的反省思维告诉我们：我们的智力——通过其作用那快速多变的现象世界得以显现——其实理解不了事物真正、最终的本质，而只能把握这些事物的现象。在这里，还有我所补充的这一原因：这一智力本来的使命就只是把动因呈现给我们的意欲，亦即在意欲追寻其渺小的目标时为其效劳。

让我们继续更进一步客观和不带偏见地考察这一大自然。当我杀死了一只动物，不管这是一条狗、一只鸟儿、一只青蛙，或者甚至只是一只昆虫，那实在很难想象：这一只生物，或者毋宁说那生命原动力——正是因为这一生命原动力，那如此令人赞叹的现象在这之前还呈现其活蹦乱跳、充分享受生之乐趣的一面——现在却由于我狠心或者无意的行为化为乌有。而在另一方面，数以百万计的千姿百态、各式各样的动物在每一刻都活力十足、跃跃欲试地进入生存；这些动物在性行为之前却永远不会是无，它们不可能从无达到一种绝对的开始。这样，如果我看到了一只动物从我的视线中消失，但它所去何方我却一点都不知道；而另一只动物则进入我的视线，但从何而来我也一点都不清楚；并且，如果这两只动物有着同样的形体、同样的本质、同样的性格，只是构成物质不一样——而这些物质在这两只动物的生存时间里，却是持续不断地扬弃和更新——那么，如果我看到这些，那产生下面这一假设就是顺理成章的事情，亦即认为消失的和重新出现的，是同一样的东西，只不过有了点点的变化、更新了其存在的形式；所以，死亡之于种属，就等于睡眠之于个体。这一假设是那样的接近真实，我们根本就不可能不得出这样的假设。也只有那些在青少年的时候就被强行灌输错误的基本观点而变得头脑扭曲的人，才会打老远就避开这些想法，沉溺于自己的迷信所带来的恐惧。而与上述看法相反的假设就是：一只动物的诞生就是从

189

无中生成，这只动物的死亡相应地就是绝对的消失；此外，人也是从无中生成，但人却可以有个人的、无尽的延续，甚至还具备了意识，而狗、猿、大象则死了以后就化为乌有、归于无。对于这样的假设，任何具有健康思想意识的人都会拍案而起：这简直就是胡说八道！正如人们不厌其烦说得够多的，如果把一个思想体系得出的结果，与人们透过健康常识的理解进行对照比较，就是检验真理的试金石，那我希望支持和追随上述基本观点的人——上述的基本观点是由笛卡儿传至康德折中派哲学家，并的确时至今日在欧洲大部分受过教育的人士当中仍然很有市场——在此就检验一下真理吧。

大自然的真正象征普遍都是圆圈，因为圆圈是代表周而复始的图形，而周而复始事实上就是自然界中至为普遍的形式。自然界的一切都是一个周而复始的过程，从天体的运转一直到生物体的死、生都是如此。在永不休止、囊括一切的时间长河中，某一持续的存在，亦即大自然，也只有以此方式才得以成为可能。

在秋天，在观察微小的昆虫世界时，我们可看到某些昆虫准备好自己的睡床，以进行漫长、僵冻的冬眠；另有一些昆虫则吐丝作茧，变蛹度过冬天，而当春天来临时，就脱胎换骨、焕然一新地醒来。我们还看到，大多数的昆虫作好了在死亡的怀里安息的打算，小心翼翼地把卵子放置在合适的贮藏处，以方便将来更新了的一代破壳而出。这些就是大自然关于永生不死的伟大教导，它想让我们明白：睡眠与死亡并没有根本的区别，两者都不会危及存在。昆虫小心谨慎地准备好一个巢室或者洞穴，在里面产卵，在卵子旁边还放置了为来春孵化出来的幼虫充饥的食物。在这些工作完成以后，昆虫才安静地死去。昆虫的这种认真劲儿，一如我们人类晚上认真准备好第二天早上起来要穿的衣服和要吃的早餐，然后才安静睡去。倘若在秋天死亡的昆虫就其本身和真实本质而言，不是和春天破壳而出的昆虫一个样的话——正如躺下睡觉与早上睡醒起来的人是一个样子——那这样的事情是根本不会发生的。

经过这一番思考以后，我们现在返回审视我们自身和我们人类，然后把目光投向遥远的将来，并试着具体想象一下将来的人，那些数以百万计的个体及其陌生的习俗和衣着、打扮。然后我们提出这一问题：所有这些人将是从何而来？现在他们又在哪里？那丰富无比、孕育出多个世界、但现在却把这些以及将来的人类遮藏得严严实实的"无"是在哪里？对此问题的真实和微笑的回答难道不是这样：这"无"还会在哪里呢——除了在那现实唯一存在之处，除了在现在及其所包含的内容，因而除了就在你的身上？你这位执迷者，无法认清自己的本质，就像那在秋天凋谢并摇摇欲坠的一片树叶一样：这片树叶为自己的逝去而悲叹，丝毫没有因为想到在来春树上又长满了新鲜绿叶而感到有所安慰，而是大声诉苦说，"那些绿叶与我怎么会是一样！那些完全是别样的树叶！"啊，愚蠢的叶子！你将要到哪里去？别的树叶又从哪里来？你是那样害怕坠入无的深渊，那"无"是在哪里？认出你自己的本质，认出那充满对存在的渴望的东西，然后在树木的内在、神秘、蓬勃活力里面重又认出这同一样的东西。这树木的活力存在于一批又一批的树叶里，永远是同一样的东西，不为生、灭所动。

人类世代相传

就像树上的叶子

——《伊利亚特》

到底现在正在我周围嗡嗡地飞来飞去的苍蝇是在晚上睡觉，第二天早上又再度嗡嗡地飞来飞去，抑或这苍蝇在晚上就死去，在春天从苍蝇卵子里生出了另一只发出嗡嗡声的苍蝇，这本身就是同一桩事情。把这些表现为截然不同的两件事情的认识，并不是不带条件的；这种认识其实是相对的，这只是对现象而不是对自在之物的认识。苍蝇在第二天早上再度出现；苍蝇同样在春天再度出现。对于苍蝇来说，冬天和夜晚有什么区别？在伯尔达哈[1]的《生理学》第 1 卷，我们读到这样的文字：

> 直到早上 10 点钟的时间，仍看不到纤毛虫的影子，而到了 12 点钟，水里已全都挤满了这些东西。晚上，这些生物就死了，而第二天早上则又生出一批。尼兹连续六天看到的就是这种情形。

所有的一切就是这样只逗留一会儿的时间，接着就得匆匆走向死亡。花草植物、昆虫在夏天完结的时候死去了；动物和人则在若干年以后结束生命。死亡不知疲倦地收割着。尽管如此，真实的情形就好像一点都不是这样，所有的一切照常在同样时间、同样地点出现，似乎事物就是永生不灭一样。花草照样变绿、开花，昆虫照样嘤嘤作响上下翻飞，动物和人则永葆青春，每个夏天我们又看到了那已被千百次品尝过的樱桃。各民族也作为不死的个体依然存在，虽然有时候这些民族改换了名字。甚至这些民族的行事、奋斗和承受的苦痛也永远是一样的，虽然历史总是在佯装讲述着并不一样的事情。这是因为这种情形就像玩万花筒一样：每次转动都会出现新的图案，但其实我们眼前所见的始终就是同一样的东西。因此，还有什么比接受下面这一想法更加自然的吗？亦即认为那种生、灭与事物的真正本质无关，这一本质不受影响，因而是长驻不灭的；所以，一切要意欲存在的东西，确实是持续和无尽地存在。据此，在每一特定的时间，所有各种属的动物，从蚊子一直到大象，都全体并存着。它们已经千百次地得到了更新，但却仍然保持着同一个样子。它们不知道在它们之前或者在它们之后，还生活过和将生活着跟它们一样的动物。长存的是种属；在意识到种属的不灭和自己与这种属的同一性以后，个体也就心情愉快。生存意欲在永无穷尽的现在此刻显现自身，因为现时此刻是种属生命的形式，因此，种属生命不会衰

---

[1] 卡尔·弗·伯尔达哈（1776—1847）：德国生理学家。——译者注

老，而是永远保持年轻。死亡之于种属就犹如睡眠之于个体，或者就犹如眼睛的眨动之于眼睛——当印度的神灵现身人形时，人们可以从他们不眨眼睛而认出这些神灵。正如夜幕降临这一世界就消失不见，但这一世界其实却是一刻也不曾停止存在，同样，人和动物似乎经由死亡而消失了，但其真正本质却继续不受影响地存在。现在让我们想象诞生和死亡永远快速地变换，那我们的眼前就是意欲的持续客体化、人的长驻理念，其屹立不动就像瀑布之上的一道彩虹。这是时间上的永恒不朽。正因为这样，尽管经过了数千百年的死亡和腐烂，但什么都不曾失去，没有点滴的物质、更加没有属于内在本质和作为大自然显现出来的东西是失去了的。所以，我们可以在每一刻都愉快地喊出，"尽管时间、死亡和腐烂，我们却一切都完好无损！"

但一旦一个人对这种游戏从心底里说出，"这游戏我不想再玩下去了"。那可能就会出现例外的情形。但这里却不是讨论这种情形的地方。

但我们一定要留意到这一事实：出生的阵痛和对死亡的怨恨，就是生存意欲以客体化维持自身的两个恒常条件；也就是说，我们自在的本质，并不受到时间流动和一代代人逝去的影响，这一自在本质就存在于永远延续的现时此刻，并品尝着生存意欲获得肯定的结果。这就类似于我们能够在白天保持清醒，其条件就是每天晚上都得睡觉一样。的确，这后一种情形就是大自然为帮助我们理解其难懂的段落所提供的一道注释。这是因为中止动物功能就是睡眠，中止生命体功能的则是死亡。

现时此刻的根基，或者说填充、材料，在各个时候都是同一样的东西。之所以无法直接认出这里面的同一性，正是因为时间的缘故，而时间是我们智力的一种形式和局限。由于时间的作用，例如，我们就认为将来的事件在此刻是不存在的；这一看法是基于一种错觉和假象。当这事件真的发生以后，我们就会意识到这一点。至于我们智力的本质形式为何会有这一错觉，那是因为出自大自然之手的智力，可一点都不是为了让我们把握事物的本质而设，而只是为了帮助我们了解动因，因而是为个体和暂时的意欲现象服务的。

　　一旦把我们所作的这些考察串联起来，我们也将明白爱利亚学派[1]的怪论的真实含意，亦即根本就没有生和灭，整体是稳固不动的（"巴门尼德和麦里梭[2]否认生、灭，因为他们把一切视为稳固不动的"，斯托拜阿斯，Ⅰ，21）。同样，恩培多克勒的这段美妙文字在此也得到了说明。这段文字是普卢塔克为我们保存下来的：

　　　　谁要是以为可以从本来的无生成了有，

　　　　或者，有可以消逝而成为完全的无，

　　　　那他们就欠缺深思并且是愚蠢的……

　　　　智者可从来不会认为：

　　　　只是当我们还活着的时候——亦即所谓生活着的时候，

　　　　我们才会遭受好与坏；

　　　　诞生前和死亡后我们的一切都是无。

　　在狄德罗的《命运主义者雅克》（巴黎，1796，第1卷，第65页）里面，有一段相当奇特的文字同样值得在此提及：

　　　　在一个巨大城堡的入口处，人们可以看到这样的文字："我不属于任何人，我属于整个世界；跨进这门之前，你已在里面；而走出这门以后，你将仍在里面。"

　　如果认为人的生殖就是从无中生有，那从这意义上说，当人死了以

---

[1] 爱利亚学派：古希腊前苏格拉底时期最重要的哲学派别之一。其主要代表人物有色诺芬、巴门尼德和芝诺。——译者注
[2] 麦里梭（Mellssus，前5世纪）：古希腊哲学家，巴门尼德的弟子。著有《实在论》等著作。——译者注

后，他当然也将归于无了。只不过要真正完全明白这种"无"将是非常有趣的事情，因为只需要很一般的洞察力就足以看清：这种经验上的无，可一点都不是绝对的，亦即在每一种意义上而言都是无。经验上的观察就已经让我们得出这样的见解，因为父母的所有素质再度出现在诞生的孩子身上，这些素质因而是跨越了死亡。对此问题我将专文讨论。[1]

无法歇止地飞速流逝的时间及其囊括物，与稳固不动、无论何时都是同一样东西的目前现实存在，两者所构成的强烈反差是任何其他反差都无法相比的。如果我们从这一观点出发，真正客观地审视生活中贴近的事件，那处于时间之轮中心处的"Nunc stans"[2]就变得清晰可见了。在一个活了极长一段岁月，并且对人类及其全部历史一览无遗的生物看来，那永远的生、死交替就像是某种持续不断的振动；因此，这样一个生物可不会想到他眼前所见永远是从"无"生出新的"有"，然后又从"有"归于"无"。相反，就像把快速转动的火花看成持续的圆圈，把快速左右摇摆的弹簧看成固定的三角形，把摆动的弦线看成纺锤状物，同样，我们会把种属视为长存、长驻，而死亡和诞生则类似摇摆和振动而已。

对于我们的真正本质不会因死亡而毁灭，我们永远会有错误的理解——假如我们不下定决心首先在动物的身上研究这一点，而是自以为是地认为唯独人类才可永恒不朽，夸口人类是单独的一类。恰恰就是这种狂妄和这种狂妄所源自的狭窄见解，使大多数人都死不承认、顽固抗拒本来是再清楚不过的这一真理：在本质和主要方面，我们和动物是同一的。事实上，稍微提及我们和动物的亲缘关系，那些狭窄的人就会感到受不了。这种否认事实和真理的态度，比任何一切都更有效地阻止人们真正认识我们本质不灭的道理。这是因为如果在某一错误道路上寻找某物时，我们也就正因此抛弃了正确的途径；在那错误的道路上我们最

---

[1] 指《论素质的遗传》，见《作为意欲和表象的世界》第 2 卷第 43 章。——译者注
[2] 拉丁语，意为"永恒的现状"。——译者注

终获得的除了迟到的失望以外，不会还有别的东西。所以，不要因循先入为主的古怪想法，要改换新的思想，追随大自然的指引！首先，要学会认出在每一年轻动物身上的永远不老的种属存在，而这种属存在把一段短暂的青春——那是种属的永恒青春的映象——给予了每一新的动物个体。这些动物个体也就以崭新、活泼的样子出现，就像这些今天才有的产物。我们只需老实问一问自己：今年春天的燕子是否完全有别于第一个春天里的燕子？在这两者之间，神奇的造化是否的确从无中生有、千百万次地把它们更新，然后又习以为常地把它们化为无？我知道得很清楚，如果我很认真地向一个人保证：刚才还在院子里玩耍的猫儿与在三百年前做出同样跳跃等动作的猫儿是相同的一只，那这个人肯定认为我是疯了；但我也知道，如果相信今天的猫儿完全、彻底有别于三百年前的那只猫儿，那将是更加疯狂的想法。我们只需忠实、认真、深入检视这些高级脊椎动物，就会清晰地意识到：这些深不可测的生物体，就总体而言，是不可能归于无的；但在另一方面，我们也了解到这些生物体倏忽的一生。这都是因为在这一动物的身上，这一动物无尽的理念（种属）就打印在那有尽的个体上面。这是因为在某种意义上，这一说法当然是真的，即我们在每一个体的身上总是看到一个不同的生物——在组成个体化原理的充足理性原则（时间和空间也包含其中）的意义上理解的话。但从另一意义上理解，那上述的说法就不是真的，亦即假如我们把现实只是理解为隶属事物长驻形式、隶属理念的东西——这对于柏拉图是那样的清楚明白，这甚至成了柏拉图的基本思想、柏拉图哲学的中心，而能否把握这事物的长驻形式、理念，则成了柏拉图衡量一个人的哲学能力的标准。

正如咆哮直下的瀑布所喷洒的水滴闪电般地快速变换，而以这些水珠支撑起来的彩虹却纹丝不动地挂在那里，全然不受水滴永无休止变化的影响，同样，生物的每一理念，亦即每一种属都全然不受其个体持续变化的影响。生存意欲正是扎根于和表现在理念或说种属之中；所以意欲真正关心的唯独就是种属的延续。例如，不断出生和不断死亡的狮子就像瀑布上的水滴，但关于狮子的理念，或者狮子的形态，却类似于瀑布水滴上面不动的彩虹。因此，这就是为什么柏拉图只赋予理念、种属以真正的存在，而个体生物则只是不息的生灭。正是由于深深意识到自己的本质不灭，每一动物，甚至每一个人才会心安、平和、漫不经心地走在随时夺命的意外和危机丛中，并迎头走向死亡。正因为这样，从它（他）们的眼神中，才会流露出种属的安宁，因为种属是不会受到个体毁灭的影响。这种安宁是那些不确切和过一时换一个样的教条所无法给予人类的。不过，就像我已说过了的，动物的模样、动作告诉我们：死亡不会妨碍生命种子、意欲的展现。在每一只动物的内在，隐藏着的是一个多么深不可测的谜！就看一看你身边的动物，你的爱犬；它们是多么愉快、平和地站在那里！不知死了多少千万只狗才轮到这只狗进入生活。但那众多的狗的死亡却并没有影响到狗的理念：这一理念并没有受到这些死亡丁点的损害。所以，这只狗充满新鲜和原初的生命力站在那里，好像今天就是它的第一天，也没有哪一大限日子将要来临。从这只狗的眼睛，闪耀出那一不灭原则、原始活力的光芒。那在这千百年里死了的是什么？不是那狗——它完好无损地活在我们面前呢。死了的只是它的影子，它在我们那与时间紧密相连的认识方式里所留下的映象。我们又怎能相信那永远存在并填充着所有时间的东西是消逝了呢？当然，这一问题可以在经验上得到解释，亦即随着死亡消灭了个体，经过繁殖又带来了新的一批。但这种经验的解释只是看上去好像是解释了问题，但这种解释只是以一个谜团代替了另一个谜团。虽然对这一问题的形而上的理解并不那么容易，但也只有这样的理解才是真实和令人满意的。

康德以其从主体入手的方法，阐明了这一伟大的、虽然是否定的真理：时间并不适用于自在之物，因为时间预先就定形在我们的理解方式里。死亡则是时间上的现象在时间上的终结，但一旦我们把时间拿走，那就再也没有什么终结，这个词也就失去其所有含意。但我现在却是沿着客体的途径，尽力说明事情的肯定一面，亦即自在之物，并不受到时间以及经由时间才成为可能的东西——也就是生、灭——的影响；存在于时间的现象除非有一永恒的内核，否则，这些现象甚至连那匆匆不停消逝、紧紧挨着虚无的存在都不可能有的。当然，永恒（ewigkeit）是一个没有直观基础的概念，正因为这样，这一概念所包含的内容是否定的，亦即表明了一种没有时间的存在，而时间只是"永恒"的一幅图像，就像波洛提奴斯所说"时间是'永恒'的反映"；同样，我们在时间上的暂时的存在就只是我们自在本质的图像而已。我们的自在本质肯定存在于那永恒之中，因为时间只是我们认知的形式；正是因为这一时间形式的作用，我们才会认为：我们以及所有事物的存在都是倏忽、有尽的，都会归于无。

在《作为意欲和表象的世界》第 2 卷里，我阐明了意欲作为自在之物，其相应客体就是在各个级别的（柏拉图式的）理念；同样，我在第三篇里表明了：与存在物的理念相对应的，是认知的纯粹主体，因此，对那些理念的认识只是例外的情形，是机缘结合所致，并且那也是刹那瞬间的事情。而对于个体的认识力，亦即存在于时间的认识力来说，理念是以种属的形式展现，而种属的理念由于进入时间而分散了。所以，种属就是自在之物——亦即生存意欲——最直接的客体化。因此，每一动物和人的最内在的本质就存在于种属之中，那强有力活动的生存意欲因而就扎根于种属，而不是个体之中。相比之下，直接的意识却只存在于个体，所以，个体才会误以为自己有别于种属，并因此害怕死亡。生存意欲显现在个体里面就是饥饿和恐惧死亡，显现在种属方面则是性欲 [1] 和情不自禁地关注、照料其后代。与此说法相符的事实就是，我们发现大自然并没有个体特有的错觉；大自然小心谨慎地维护种属，但对

---

[1] 在德文里，性欲（Geschlechtstrieb）一词的直译就是"种属的本能"。
　　——译者注

个体的沉沦则毫不在意。个体对于大自然始终只是手段，唯有种属才是它的目的。这样，大自然对个体的吝啬配备和一旦关系到种属时的不惜挥霍、浪费，两者构成了鲜明的对照。也就是说，表现在为种属挥霍、浪费方面，一个个体每年经常得产生成千上万的种子，例如，树木、虾蟹、鱼类、蚁类，等等都是这样的情形；表现在对个体吝啬方面，每一个体却只配备了刚刚足够的器官和体力，并且要不间断地努力才可以维持生命。正因为这样，如果一只动物缺胳膊断腿或者体衰力竭了以后，那它一般来说就得饿死。如果有时候大自然可以更节省一点的话，亦即在迫不得已的时候可以失去身体的某一部分时，那大自然就会照省不误，而不管这是否有违正常情形。所以，例如，很多鳞翅目的毛虫是没有眼睛的；这些可怜的动物在黑暗中摸索着从一片树叶爬到另一片树叶，而由于缺少了触角，这些毛虫四分之三的身体就来回摆动在空气中，直至碰到实物为止。这样，它们也就错过了经常近在身边的食物。所有这些都是因为"大自然的节俭法则"所致——表达这一法则的除了"大自然不做多余的事情"以外，还可加上这一句，"大自然也不会白送礼物"。大自然的这一倾向也表现在这一事实：个体因其年龄的缘故越适宜繁殖后代，那"大自然的治愈能力"在这一个体的身上就越加明显；这一个体所受的创伤就越容易愈合，它（他）也就越容易从疾病中恢复过来。这种治愈能力随着生殖能力的减弱而减弱；当生殖能力消逝以后，这种治愈能力就降至了很低点，因为现在在大自然的眼里，这一个体已经变得没有价值了。

现在只需看一看各个级别的生物，及其相伴随的各级意识，从珊瑚虫逐级向上一直到达人的级别，我们就可看到这一奇妙的金字塔虽然由于永远不断的个体死亡而持续摇摆不定，但通过生殖链带的作用，虽历经无尽的时间而维持种属不变。就像上文所解释过的那样，一方面，客体、种属显现为不可毁灭，在另一方面，主体——这纯粹在于这一生物对自我的意识里——却似乎为时最短，并且是永无休止地遭受毁灭，之后又同样频繁地以不可思议的方式重又从无中生发出来。但如果我们被这一外表所欺骗，并不明白下面的道理，那我们确实就是近视得可以的：亦即虽然在时间上长驻的形式只适用于客体，但主体，亦即那存活和表现在所有一切的意欲，以及认知主体——意欲就在这认知里呈现自身——却是同样不可毁灭的，因为延续的客体或者外在一面，的确就只能是不可毁灭的主体的现象，或者说内在一面的现象而已。这是因为客体或者外在一面，不可能拥有它们不曾从主体那里像获封采邑一样获得的东西，不可能是在原初和本质上就是客体、现象，然后成了次要、偶然之物，成了主体东西、自在之物、某一自我意识到的东西。很明显，客体的东西作为现象，其前提条件就是一个产生现象之物，正如他为的存在是以自为的存在，客体是以主体为前提条件一样，而不是颠倒过来。这是因为无论在哪里，事物都必然扎根于自为之物，因而是扎根于主体，而不会是扎根于客体的东西，亦即不会扎根在首先只是为了别的其他而存在的地方，不会扎根于别人（或别的动物）的意识。据此，我们在《作为意欲和表象的世界》的第一篇里已经发现：对于哲学而言，正确的出发角度必然和根本上就是主体的角度，亦即唯心主义的，正如与之相反的、从客体出发的角度就引致唯物主义一样。其实，我们与这一世界合为一体的程度远远超出我们自己的习惯认为：这一世界的内在本质就是我们的意欲，这一世界的现象就是我们的表象。谁要是清晰意识到这种融合一体，那在他死后外在世界的延续与在他死后自身的延续，两者之间的差别就消失了；这两者在他看来就是同一样的东西。他甚至会笑自己竟然虚妄地把这两者分开呢。这是因为对我们本质不灭的理解，是与我们对宏观世界和微观世界同一性的理解恰好相合。与此同时，我们可以通过一个特别的、经由想象而进行的实验，以阐明这里所说的道理，这一实验也可称为是一种形而上的实验。也就是说，就让一个人试着生动想象出在某一并不遥远的将来时间他将死去。然后，他就想象这一世界在自己不在了以后继续存在。但很快，这个人就会惊讶地发现：这样一来他就仍然是存在着的。这是因为这个人错误以为可以在自己并不存在的情况下仍可把这一世界表象出来。可是，在意识里，"我"是直接的，只有通过"我"的作用才有了这一世界，这一世界也才对"我"而言是存在的。认为这一所有存在的中心、一切现实的内核就算取消了，但这一世界仍可继续存在——这样的看法或许可以在"抽象"里设想，但却无法成为现实。如果一定要成功做出这样的事情，试图在没有第一的情况下想出第二，在没有特定条件的情况下想出只有在这一特定条件下才可产生的东西，在没有支撑者的情况下想出被支撑之物——那注定是要失败的，这大概就类似于要想象出一个等边直角三角形，或者想象物质从"无"生"有"，或者从"有"到"无"等诸如此类不可能的事情。我们这样想象非但不会达到目的，我们还会不由自主产生这样的感觉：正如我们活在这一世界，这一世界也同样活在我们的里面；一切现实，其源头都在我们的内在。结果的确就是：我将不再存在的时间客观上会到来，但主观上则是永远不会到来。所以，人们甚至可以发出这样的疑问：在一个人的心里，对一样自己根本无法设想的东西，又能确实相信到什么程度，或者既然上述人们都曾经做过的纯粹智力实验——虽然清晰程度因人而异——是与人们内在深处对我们自在本质不灭的意识相伴随，那自身的死亡根本上或许就是这一世界的最疑幻不真的事情。

每个人在心底里都会深信我们不会因死亡而被消灭，这一点也可以通过在死亡临近之时我们会无法避免感受良心不安而遭证实；这种发自内心的确信完全是有赖于我们对自己原初和永存的本质的意识。所以，斯宾诺莎把这种意识表达为：

我们感觉到，也体验到我们是永存的。

——《伦理学》，5，23

这是因为只有当一个有理性的人把自己设想为没有开始的、永恒的和的确是没有时间的时候，他才可以设想自己是不灭的。而如果一个人认为自己是从"无"中产生，那他就肯定认为自己也将回到这"无"中去，因为认为在这个人存在之前，流逝了一段无尽头的时光，然后，第二段无尽头的时光又将开始，但这回，这个人将是永远地存在下去——这样的想法简直就是怪异莫名。的确，关于我们不灭本质的最坚实的理由根据就是这一条古老定理："无只能生出无，而无也只能复归于无。"因此，柏拉色斯[1]说的话很对：

> 我身上的灵魂来自某样东西，所以，这一灵魂不会化为无，因为这灵魂来自某样东西。

柏拉色斯给出了真正的理由。但谁要是把人的诞生视为一个人的绝对的开始，那死亡对于这个人就必然是他的绝对的结束。这是因为诞生和死亡这两者代表了在同一层意义上理解的诞生和死亡。所以，人们只能在设想自己不曾诞生（ungeboren）的同时才可以设想自己长生不朽（unsterblich），并且要在同一层意义上设想。何为诞生，根据其本质的含意，亦即何为死亡，这是同一条直线向着的两个方向。如果诞生真的就是从无中生成，那死亡也就是真正的化为无。但事实上，只能借助我们真正本质的长存才可以想象出这一本质的不灭，这种不灭因而不是时间上的。认为人是从无中被制造出来，必然就会引致这样的看法：死亡就是人的绝对的终结。在这一问题上，《旧约》倒是前后相当一致：因为既然是从无中创造出东西，那关于永生不朽的教义是难与之相符的。《新约》基督教里有关于永生不朽的教义，那是因为它具有印度人的精神，并因此极有可能有着印度思想的源头，虽然那只是经过了埃及这一中介。印度人的这一智慧到了圣地就被嫁接到了犹太教里面。只不过印度人的

---

[1] 柏拉色斯（1493—1541）：瑞士医学家和自然哲学家。——译者注

这一智慧却很难与犹太教本身互相调和，正如这两种说法不相调和一样：人的意欲是自由的，和人是被创造出来的。或者，就像这样的情形：

画家想把人头连接在马的脖子上。

——贺拉斯

如果人们不可以从根本上独具见解，不可以，就像俗语所说，"从完整的一块木头上雕刻"的话，那情形就总是相当不妙的。相比之下，婆罗门教和佛教却能够自圆其说、前后保持一致：在死后能有延续的存在，生前也另有存在；此生就是偿还前生的罪孽。下面一段摘自科尔布鲁克的《印度哲学史》的文字（见《印度亚洲学会学报》第 1 卷第 577 页），也显示出印度人非常清楚地意识到在这一问题上必然要前后一致：

对于巴枷瓦达这一只是部分有别于正教的系统理论，人们重点强调的反驳意见就是：如果灵魂是造出来的并因而有一个开始，那灵魂就不会是永恒的。

还有就是厄芬的《佛教教义》是这样写的（第 110 页）：

在地狱里被称为"Deitty"的不虔诚之人，其命运是最惨的；这些人怀疑佛陀提出的证据，坚持异教的学说，认为所有生物是在其母亲的子官开始，在死亡中结束。

谁要是把自己的存在理解为纯粹是一种偶然的产物，那他也就当然害怕由于死亡而失去这一存在。相比之下，任何一个人哪怕只是泛泛地看出自己的存在，是建立在某一原初的必然性基础之上，那他是不会相信这一带来了如此奇妙的存在的必然性，就只局限于这么短短的一段时间；相反，他会相信这一必然性在每一段时间里都在发挥作用。谁要是考虑到：直到现在他存在为止，一段无尽的时间，因此也就是无尽的变化已经过去了；尽管如此，现在他却是存在了，也就是说，各种各样情形的可能性已经穷尽，但仍然没能把他消除——谁要是考虑到这些，那他会认出自己的存在就是一个必然的存在。如果他不可能存在的话，他已经是不存在了。这是因为已经过去的无尽时间，以及在这时间里面已被穷尽的发生各种事情的可能性，都确保了存在的是必然地存在。所以，每个人都必须把自己理解为一个必然存在的一个人，亦即把自己理解为这样一个人：其存在是从对这个人的真正的和可穷尽的定义中引出——如果我们有能力获得这一定义的话。证实我们本质永恒不灭的形而下的证据，亦即局限于与经验有关的、局限于从经验获得的资料范围之内的证据，也只是存在于这些思路里。也就是说，生存必然寓于我们的真正本质之内，因为这一生存显示出不受所有由因果链所可能引致的情形、状态的影响，原因在于这些种种可能的情形、状态已经发挥其作用，而我们的存在却不为这些所动，就像光线穿过狂风而不为狂风所动一样。如果时间以自身之力能把我们引向某种幸福的状态，那我们早已达到这样的幸福状态了，因为我们已经走过了无尽的时间。同样，如果时间能把我们引向毁灭，那我们也早已不复存在了。既然我们现在存在着，那从这一事实，经过仔细的思考，就可得出我们必定会继续长存的结论。这是因为我们的本质就是时间为了填充虚空而接纳其中的东西，所以，这种东西或者本质以同样的方式充塞整个时间：现在、过去和将来。对于我们来说，要脱离存在就跟要脱离空间一样的不可能。认为曾经一度以其全部真实的力量存在过的东西会化为无，然后历经无尽的时间也不会存在——这样的事情只要仔细想象一下就可知道其实是无法设想的。由此产生了基督教万事重来的理论、印度人的关于世界不断经由梵而更新、再造的理论，以及诸如此类的希腊哲学教义。我们存在和非存在的巨大之谜——所有上述以及其他的相关理论，就是旨在解释这一巨大之谜——归根到底是建立在这一事实之上：那在客观上形成无尽时间序列的，在主观上则是一个点，是不可分的、永远都是当下存在的现时。但谁又明白这个道理呢？康德在关于时间观念性和自在之物的唯一现实性的不朽学说中，对此道理作了最清晰的解释。这是因为从这一学说得出了这样的结论：事物、人、世界的真正本质性的东西，持续、牢固地存在于恒久的现时；现象和事件的变化，只是我们透过时间的直观形式把握这些现象和事件的结果。据此，我们不应对人们这样说"是经由出生才有了你，但却从此永恒不朽"，而应该说"你本来就不是无"，并教育他们在理解这一句话的时候，要根据特里斯玛吉斯图下面这一句话语的意思："现在存在的，将来也永远存在。"但如果这并没有取得效果，人们恐慌的心还是重唱那古老的哀歌，"我看到所有的生物都经由诞生从无到有，经过短暂的期限以后又重归于无；甚至我的存在，此刻仍在现时，但用不了多久就会成为遥远的过去，而我就成了无！"——如果是这样，那正确的回答就是，"你不是存在了吗？你难道不是拥有、确确实实地拥有那价值无比的现在吗？而这一现在难道不是你的那些时间上的孩子梦寐以求的吗？你又明白你是如何到达现在的吗？你清楚知道把你引致此刻存在的途径，以致你能看出这些途径在你死亡以后就会堵死吗？你无法理解在你的身体毁灭以后，你自身存在是否还有可能，但难道那种身死以后的存在，会比你现时的存在以及你如何达到这一存在更加难以理解吗？你为什么怀疑那敞开着的、让你通往现时的秘密通道，会在将来不是同样敞开着呢？"

因此，如果这方面的思考很适合唤醒我们的信念：在我们的身上，有着某样东西是死亡所无法毁灭，那这一唤醒的工作最终只能经过提高我们的审视角度才得以完成。从那提高了的角度审视，诞生就并非我们存在的开始。但接下来我们却可以这样推论：死亡所无法毁灭的，其实并不是个体；并且，个体经由繁殖而成，承载着父母双亲的素质，以纯粹只是种属范围内的某种差异而显现；而作为这样的个体就只能是有限的。据此，正如个人并没有对其出生前的记忆，他在死后对此刻的存在也同样没有记忆。但每一个人都把自己的"我"定位在意识之中，因此，这一意识在这个人看来似乎就是与个体性联系在一起；而连同这一意识的消失，那本来为这一个体所独有的、并把这一个体与其他个体区别开来的所有一切，也都消失了。所以，没有了个体性的这一个人，其继续存在对于这个人来说，就与其他的继续存在彼此再分别不出来了；他也就看到自己的"我"沉没了。但谁要是把自己的存在与意识中的身份连接起来，并因此希望在死后这一意识中的身份能够连绵无尽地持续下去，那就应该记住：要达到这一目的，那他就得在出生前也同样走过无尽的过去。这是因为既然他对自己出生前的存在没有记忆，他的意识因而是与他的诞生一道开始，那他就肯定是把自己的诞生视为从无中生成自己的存在了。在这之后，他要在死后仍能永远存在的话，为此付出的代价就是在诞生前也得走过同样是永远的存在时间；这样，账目就扯平了，他也没有从中赚到什么。而如果不受死亡影响的存在是有别于个体意识中的那一存在，那前者就是不仅独立于死亡，而且也独立于诞生；并且在涉及前一种存在的时候，我们的这两种说法同样都是真实的，"我将永远存在"和"我过去一直存在"。这两种说法也就给出了两个无尽的时间，而不是一个。但事实上，最大的含糊不清却在于"我"——只要回想起《作为意欲和表象的世界》第2卷的内容和我在那里对我们本质中意欲部分和认知部分所作的划分，那任何人都会立即看出这一点。根据我对这一"我"的理解，我可以说，"死亡是我的全部结束"。或者也可以说，"我是这一世界无限小的一部分，我的个人现象是我的真正本质同样无限小的一部分"。但这一"我"却是意识中的黑暗点，就像在视网膜上，视觉神经的进入处是盲点，大脑本身是全然没有感觉，太阳体是黑的，眼睛什么都看得见、唯独看不见自己，等等例子是同样的道理。我们的认知能力是完全向外作用的，因为认知能力是脑功能的产物，纯粹是为保存、维持自身，因而就是为寻找食物营养和捕捉猎物这一目的而设。因此，每个人所了解的自己，就只是那显现于外在直观的个人。而如果他能把除这些以外的他也纳入意识之中，那他就会心甘情愿地放开自己的个体性；他就会觉得自己这样不依不饶地紧紧抓住这一个体性不放是可笑的；他就会说："失去这样的个体性对我来说又有什么损失呢，我的身上不是拥有无数个体性的可能吗？"他就会看出，虽然等待着他的并非是他的个体性的延续，但这跟他真有这一个体性的延续其实差不了多少，因为在他身上，有着对此充足有余的补偿。此外，他还必须考虑到：大部分人的个体性都是那样的可怜，那样的毫无价值，失去这样的个体性其实真的并没有什么损失；这些人的身上如果还有那么一点点的价值，那就是普遍的人性，而这些普遍的人性却是肯定不会消失。的确，每一僵硬不变的个体性及其本质局限如果能够延续无限，这一单调乏味的个体性肯定会变得那样让人厌烦，到最后，人们为了求得解脱，宁愿化为虚无也不愿意继续这样的存在。要求个体性得以永恒不灭，其实就等于希望能够永远延续所犯的错误。这是因为归根到底，每一个体性都只是一个特别的错误和不该迈出的一步，是某样本来最好就不曾发生的事情。事实上，生活的真正目的就是让我们迷途知返。这一道理也在这一事实中得到了印证：绝大部分，甚至是几乎所有人，其构成决定了他们不可能是快乐的，无论他们如愿置身何种世界。一旦这一世界免除了匮乏和劳累，人们就会陷入无聊之中，而随着无聊得以幸免，他们也就落入了匮乏和需求、烦恼和苦痛的魔爪。因此，要达到让人感到幸福的状态，那把人安置于一个"更好的世界"是远远不够的。要达到这一目的，人自己本身非得发生根本的改变不可。因此，人就得脱胎换骨，不再是原来的样子，而要变成一个他其实不是的人。为此目的，他必须首先不再是他此刻的样子。要达到这一要求就是死亡，这一死亡的道德上的必要性从这一角度就已经让我们看出了端倪。要置身于另一世界和改变自己的整个本质，两者从根本上就是同一件事情。正是基于这一道理，客体是有赖于主体的——这在《作为意欲和表象的世界》第一篇的唯心论中已解释过了。所以，超验哲学和伦理学在此找到了共同点和连接点。如果我们考虑到这些，那我们就会发现：要从人生大梦中醒来，就只能随着这一大梦让这大梦的整个纤维组织一道化为乌有；而这整个纤维组织就只是这大梦的器官，就只是智力及其形式——以此这一大梦才可以没完没了地编织下去；这一大梦与这智力器官已是密不可分地纠缠在一起了。那真正的做梦者却是与那智力器官有别的，也唯独这真正的做梦者能够保留下来。相比之下，担忧死亡了一切都不再存在，就好比一个人在梦里认为：只有梦是存在的，但却并没有造出这梦的人。当某一个体意识经由死亡完结以后，那真值得把它重又燃起，直到永远？这一个体意识的内涵，只是流水账般的渺小、琐碎、庸俗的念头和想法，还有那些永无休止的担忧和烦恼。就让这些从此安静下来又何妨！有感于此，古人在自己的墓碑上写上："愿得永恒的安宁"或者"愿得美好安息"。但如果，甚至在这所说的情形里，我们希望——这是习以为常的事情——个体意识持续存在，以便把这持续存在与在彼岸世界里所获得的奖或罚联系起来，那归根到底，我们的目的只在于把美德与自我主义协调起来。但美德与自我主义却是永远无法相拥在一起的，这两者从根本上就是相对立的。相比之下，在目睹某一高贵行为时，我们被唤起的这一直接信念，却有其充足的根据，亦即博爱的精神——它吩咐这一个人宽恕自己的敌人，命令另一个人不惜生命危险救援某一素昧平生的人——是永远不会消逝和化为虚无的。

关于个体死后是否继续存在的问题，最透彻的解答可在康德关于时间观念的伟大学说中找到。康德的这一学说在解决这一问题方面特别富有成果，因为这一学说以其全理论性的、但却得到了充分证明的认识和观点，取代了各种不约而同流于荒诞的教条，并因此一举解决了一个最激动人心的形而上学的问题。开始、终止和延续这些概念，纯粹只是从时间中获得其含意，所以，这些概念只是在时间这一前提条件下才会有效。但是，时间却没有绝对的存在，时间并不是事物自身存在的方式，而只是我们认知我们以及所有事物的存在和本质的形式；正是这一原因，时间这一认知形式是相当不完美的，这一认知形式只局限于现象。因此，终止、延续等概念唯独在现象方面才可派上用场，而不能适用于只在现象中露面的东西，亦即不能适用于事物的自在本质。在应用于事物的自在本质的时候，这些概念就是没有真正意义的。这一点也从这一事实反映出来：要解答一个从时间概念中产生的问题是不可能的；试图作出解答的每一个说法，不管强调的是哪一边，都会遭到雄辩、有力的反驳。人们虽然可以宣称我们的自在本质在死后仍然延续，因为把这一本质说成是随着死亡而消灭是错误的，但人们同样也可以提出人的自在本质在死后就消失了，因为说它仍然持续存在是错。从根本上，这两种说法都是真实的。所以，在这一问题上就有了类似自相矛盾的东西。只不过这些自相矛盾的见解纯粹以否定为基础。在这些说法里，人们可以否定判断句中主语的两个相互矛盾、对立的谓语部分；但那只是因为整一类这样的谓语并不适用于这一主语。但如果我们不是把那两个谓语部分一起去掉，而是分开去掉，那与被去掉的谓语部分相矛盾的剩余谓语部分，就由此似乎显得合乎这一判断句中的主语。这却是因为在此没有应用同一计量数值进行相互比较；因为这一难题把我们置于这样一个境地：在此既要取消时间，又要时间的限定。所以，把这些时间上的限定归于主语，或者否定主语的这些时间限定，两者同样都是错的；这也就是说，这一难题是超验的。在这一意义上，死亡始终就是一个谜。

相比之下，牢牢把握住现象与自在之物的差别，我们就可以宣称：虽然人作为现象是会消逝的，但这一现象的自在本质却不受此影响；这样，虽然因为取消了与现象密切相关的时间概念，我们不能够把延续存在归于这些现象，但是，这一自在本质仍是不灭的。因此，我们就被引到了不灭（unzerstorbarkeit）的概念——它却不是延续存在（Fortdauer）的意思。这一不灭的概念是经过抽象获得的；它可以在抽象思考中运用，但却不会得到直观的证明，这一概念因此不会变得真正清晰。在另一方面，我们必须谨记：我们并不像康德那样绝对放弃了认识自在之物的可能性，而是知道：可以透过了解意欲而了解这一自在之物。我们从没有宣称对自在之物有了绝对的、已经穷尽了的认识。其实，我们还看得很清楚：要根据其自身本来的样子认识事物是不可能的。这是因为一旦我开始认识，我头脑中就有了表象；但这表象正因为是我头脑中的表象，所以是不可以与被认识之物相划一的。这一被认识之物是以另一全然不同的形式重现，从自为的存在（Sein für sich）变为他为的存在（Sein für Andere）；因此这一表象的认识永远就只能被视为被认识之物的现象。所以，对于认知意识来说，无论这一认知意识是如何构成，它所能够获得的永远只是现象。这一点甚至不会因为我自己的本质就是被认知之物而完全消除，因为只要我的内在本质进入我的认知意识之中，那它就已经是我的本质的一个反射或反映，是一个与我的本质有别的，因而是在某种程度上的现象；与此相反，只要我直接就是这一本质，那我就不是处于认识着的状态。这是因为认知只是我们存在的次要的、派生的素质，是由我们的动物本质所带来的——这一点在《作为意欲和表象的世界》第二篇中已被充分证明。所以，严格来说，甚至我们的意欲也只是作为现象，而不是根据其绝对本来、自在的面目被我们所了解。但在那第二篇里，还有就是在《论大自然的意欲》中，我详细阐述和表明了这一点：为了深入事物的内在，如果我们放弃那些只是间接的和外在给予的东西，而唯一专注于那些可以让我们直接了解其内在本质的现象，那我们就会在这些现象里明确发现意欲就是现实中的最终内核。因此，从这意欲我们就认出了自在之物——只要这自在之物在此不再以空间，而只是以时间为其形式；这样，我们就只是了解这自在之物的直接显示，并因此是带有这样的保留条件：我们对自在之物的这一认识并非是穷尽了的，和完全充足了的。所以，我们是在这一意义上把意欲的概念与自在之物的概念等同起来。

对于人这一存在于时间的现象来说，"停止"的概念当然可以适用；经验知识也明白无误地让我们看到，死亡就是这一暂时的或者说时间上的存在的终结。一个人的终结就跟一个人的开始一样的真实；如果说我们在诞生前并不存在，那么，在这同一意义上，我们在死后也就不再存在了。但是，死亡所消除的只是在诞生之时就已经确立的东西；也就是说，死亡无法消除那首先让诞生成为可能的东西。在这意义上，"natus et denatus"[1]是相当美妙的表达。但是，总体的经验知识只为我们提供了现象。因此，受到生、灭的时间过程影响的只是现象，而不是造出这些现象的东西，亦即自在的本质。对于这一自在本质来说，那以脑髓为前提条件的生和灭的对照是一点都不存在的，生、灭在这里失去了意义。因此，这一内在本质并不会因一时间上的现象在时间上的终止而受到影响，它所永远保有的存在，是"开始"、"持续"、"终止"等概念所无法适用的。但只要我们能够追究这一内在本质，那这一内在本质就是在每一现象活动（包括人这一现象活动）中的意欲。相比之下，意识则在于认知。认知作为脑髓的活动，因而作为机体的功能，属于纯粹的现象——这我已经充分表明了的——所以，是与这现象一道终结。唯独意欲才是不可消亡的，而我们的身体就是这意欲的作品，或者毋宁说是意欲的映象。把意欲和认知严格区别开来，以及认识到意欲是占主导地位——这是我的哲学的根本特征——是破解下面的矛盾的唯一锁匙。这一矛盾以各种形式出现，每一个头脑意识都对那反复多次重现的这一矛盾有所感觉，就算是最粗糙的头脑意识也不例外。这一矛盾就是：死亡就是我们的终结，但我们却肯定是永恒和不可消亡的，亦即斯宾诺莎那一句："我们感觉到，也体验到我们是永存的。"所有的哲学家都犯了这样一个错误：都认为人里面形而上的、不可消亡的、永恒的成分就是智力。其实，这样的成分唯独只存在于意欲里面，而意欲是完全有别于智力的；并且，只有意欲才是原初的。正如我们在《作为意欲和表象的世界》第2卷里所彻底讨论过的那样，智力是次要的现象，它是以脑髓为

---

[1] 拉丁语，勉强可译为"诞生和有待诞生"。——译者注

条件，因此是与脑髓一道开始和终结。唯独意欲才是前提条件，是整个现象的内核，所以，意欲不受现象形式的束缚，而时间则是这现象形式当中的一种；意欲因而也是不可消亡的。因此，各种意识随着死亡而消失，但一起消失的可不是产生和维持这意识的东西；生命熄灭了，但与之一齐熄灭的却不是在这生命里面显现的、产生生命的原则。所以，某一确凿肯定的感觉会向每一个人说：在他的身上有着某样绝对是不可消亡的东西。甚至对那遥远的过去、对我们幼时的生动和清新的回忆，也证实了在我们的身上有着某样并不曾随着时间一起流失、衰老的东西；这东西岿然不动、持久不变，但这一不会消逝的东西究竟是什么，我们却又无法说得清楚。这既不是意识，也不是意识所依赖的身体。这应该说是身体以及意识所依靠的基础。但这正好就是通过进入意识而表现为意欲的东西。要越过意欲的这一最直接的现象之外，当然不是我们的能力所能做到的，因为我们无法超越意识之外；所以，那不曾进入意识的——亦即那绝对自在之物——到底会是什么，就始终是一个无法回答的问题。

　　表现在现象里，以及借助现象的时间、空间形式和作为个体化的原理，人类的个体会灭亡——这是显而易见的事情；但人类则不断地存留和生活下去。但在事物的自在本质——因为在这里没有那些形式上的局限——个体和种属的全部差别也是取消了的，两者在此直接合为一体。完整的生存意欲既在个体，也在种属，因此，种属的延续就只是个体不可消灭的反映而已。

　　既然要理解我们真正的本质不会因死亡而消灭这一无比重要的事情，是完全取决于分清现象和自在之物的差别，那我在此就把这一差别至为清晰地表现出来，所采用的方法就是阐明与死亡恰恰相反的东西，亦即生物体的形成，即生殖。这是因为生殖这一与死亡同样神秘的过程，把现象与事物自在本质的根本差别，亦即把作为表象的世界与作为意欲的世界之间的差别，以及这两者内在法则的整个不同之处，至为直接地显现在我们的眼前。也就是说，性行为是以两种方式表现出来：一是表现在我们对自身的意识里，而自我意识的唯一对象，正如我已多次表明了的，就是意欲及其受到的所有刺激；二是表现在我们对其他事物的意识，亦即对表象世界或者事物的经验现实的意识。那么，从意欲所处的一边看，亦即从内在的、主体的、对自身的意识的角度出发，性行为显现为意欲最直接和最彻底的满足，亦即感官的快乐。而从表象的一边看，亦即从外在的、客体的、对其他事物的意识的角度出发，这同样的性行为却是编织起巧夺天工的织物的基本材料，是极尽复杂的动物性机体的奠定基础——这一动物性机体只需要一定的发育、成长就可以显现在我们诧异的目光之下。这一生物体——其无穷复杂和完美奥妙之处也只有学过解剖学的人才知道——从表象的角度出发，只能被理解和想象为有一周密的计划和组合的一整个系统，经过超一流的精工细琢而完成；是深思熟虑以后艰辛劳动的结晶。但从意欲的角度看，我们经过对自身的意识知道这一生物体系统的产生恰恰不是我们深思熟虑以后的结果，而是某一激烈、盲目的冲动、某一极尽感官快乐以后的结果。这种反差精确类似于我们在这文章里已表明的那种反差，亦即大自然不费吹灰之力就制作出它的作品，以及与此相应的大自然听任其作品，遭受毁灭而毫不在乎的态度，与这些作品所特有的匠心独运、几近鬼斧神工的构造所形成的无限反差。如果根据这些杰作作出判断，那大自然肯定是费尽心机才可以炮制出如此奥妙之物，大自然也就必然会处处小心谨慎地百般维护这些妙品。但我们眼前所看见的却是与此相反的情形。现在，如果我们通过这些当然是相当不寻常的思考，把世界不同的两面硬是拉在一块，现在，我们就把这两面紧抓在一起，好让自己确实认识到：现象的法则，或者说表象世界的法则，对于意欲的世界，或者说自在之物，是完全不相适用的。在这之后，我们就可以更加容易理解到这一道理：正当表象的一面，亦即现象世界的一面，向我们显示出一会儿是从无生出了有，另一会儿那已生成之物又完全重归于无，从世界的另一面看，或者说从世界自在的一面看，我们眼前所见的本质却让所套用的生、灭概念全都失去了含意。这是因为通过回到根本——在这里，借助于对自身的意识，现象和自在的本质得以碰头——我们就相当具体地明白了：现象和自在本质这两者是绝对无法采用共同尺度互相比较的，其中之一的整个存在方式，以及这一存在的所有根本法则，对另一种存在而言根本不具任何意义。我相信对这最后的思想能够真正理解的人很少，而无法明白这一思想的人会对我的思想感到厌烦，甚至气愤。尽管如此，我不会因为这样而省略掉任何能够有助阐释我的根本思想的东西。

在这一篇文章的开头，我已经说明了对生命的强烈不舍之情，或者毋宁说对死亡的恐惧，一点都不是发自认知，因为如果这是发自认知的话，那这种恐惧就将是认识到生活价值以后所得出的结果。这种对死亡的恐惧其实直接源自意欲，它发自意欲的本性——在这原初的深处，意欲是不具任何认知的，因此，那是盲目的生存意欲。一如我们经由对感官肉欲完全是迷幻的渴求而被引诱进入这一生存，我们也的确被对死亡同等迷幻的恐惧而牢牢束缚在这一生存。两者都直接源自意欲——意欲本身是不具认知的。假如情形恰恰相反，假如人只是纯粹认知的生物，那死亡对于人来说就不仅毫无所谓，而且还说不定是求之不得呢。我们到此为止所作的思考告诉我们：受到死亡影响的只是认知意识，而意欲，只要它是作为自在之物，作为每一个体现象的基础，那就不会受任何依赖时间限定的东西的束缚，因此也就是不朽的。意欲对存在和显现的争取——世界也就是由此形式——总会得到满足，原因在于世界伴随着意欲如影随形，因为这一世界只是意欲本质的明现而已。在我们身上的意欲之所以惧怕死亡，个中原因就在于在这种情形里，认知只是向意欲呈现了意欲在个体现象中的本质；这样，就产生了这一迷惑意欲的假象：意欲会与这个体现象一并消亡，情形就跟镜子打碎了以后，镜子里面的映象似乎也一并消失了一样。所以，这一与意欲本质、与那争取存在的盲目冲动相背的假象使意欲充满了厌恶和抗拒。由此可以推断：那在我们身上唯独会恐惧死亡并且也只恐惧死亡的，亦即意欲，却偏偏不会被死亡击倒；而被死亡击倒并真正消亡的，却因其本质的缘故不会恐惧死亡，正如它不会有情绪、欲望，等等一样。所以，它对存在抑或非存在是持无所谓的态度。我这里说的也就是认知的纯粹主体、智力，其存在是与表象的世界，亦即客体（观）的世界有关；这智力也就是这一客体（观）世界的对应物，智力的存在与这客体（观）世界的存在归根到底是同一的。因此，虽然个体的意识不能在死亡以后仍能存活，但能够存活的却偏偏讨厌和反抗死亡——我指的是意欲。由此也可以解释为何哲学家们在各个时期从认知的角度出发，以无懈可击的根据和理由证明了死亡并非不幸的事情，但对死亡的恐惧却仍然丝毫不会受到这些根据、理由的影响。这恰恰是因为这种恐惧不在于认知，而唯独源自意欲。正因为只是意欲，而不是智力，才是不可消亡的，所以，所有宗教和哲学才唯独许诺给具有意欲或者说心的美德的人——而不是具有智力或者说脑的优点的人——以永垂不朽以资奖励。

　　下面所写的有助于阐明我这里所做的思考。构成我们自在本质的意欲，其本质是单纯的；它就只是意欲着，而不会认知。相比之下，认知的主体却是次要的，是从意欲客体化中产生的现象，是神经系统中感受能力的统一点——这就好比脑髓各个部分活动的射线都交汇在一起的焦点。因此，认知的主体肯定是随着这脑髓的消亡而消亡。在对自身的意识里，作为唯一有认识能力的认知主体，面对意欲就恰似一个置身局外的旁观者；虽然认知主体出自意欲，但认知主体所了解的意欲却像是某一有别于认知主体、某一陌生的东西，因此认知主体只是从经验，从时间上，通过点滴积累和通过意欲连串的刺激、兴奋和作出的行为来认识意欲；对于意欲所作出的决定，认知主体也只有后验地、且经常是相当间接地了解到。由此解释了为何我们自身的本质对于我们，亦即对于我们的智力，是一个不解之谜；为何个人会把自己视为新的诞生和终将消逝，尽管个人的自在本质是一种没有时间性的，因而是永恒的东西。正如意欲并不会认知，反过来，智力或者说认知主体也唯独只是发挥认知作用，而不能进行意欲活动。这一点甚至可以通过在《作为意欲和表象的世界》第 2 卷已提到过的下面这一身体事实反映出来：据比夏所言，各种不同的情绪都会直接影响身体的各个部分，并扰乱它们的功能——除了脑髓之外，因为脑髓顶多只是间接受到那些情绪扰乱的影响，亦即只受到这些情绪扰乱所遗留的后果的影响（比夏，《生命与死亡》）。由此可以得出这样的推论：认知的主体，就其本身和作为这一身份而言，并没有对什么感到切身的关注。其实所有一切的存在抑或非存在，甚至认知主体自身的存在，对于认知的主体也是无所谓的。那为何偏偏这对任何一切都没有切身利益和兴趣的东西，却要成为不朽？这一认知的主体随着意欲在时间上的现象——亦即个体——的终结而终结，一如其随着这个体的出现而出现。认知的主体就是灯笼：用完以后就会熄灭。智力跟唯独存在于智力的直观世界一样，只是现象而已：但这两者的终结都不会影响到那实质性的东西，而智力和这一直观世界就只是这一实质性的东西的现象而已。智力是脑髓神经功能所发挥的功能，而脑髓神经系统则和身体的其余部分一样是意欲的客体化。因此，智力依赖机体肉体的生命，而机体本身却依赖意欲。这一身体因而在某种意义上可被视为连接意欲和智力的中介环节，虽然，真正说来，这一身体只是意欲本身在智力直观之下在空间的呈现。死亡和诞生是意欲不断对其意识的翻新，而意欲本身既没有尽头也没有开始。意欲就好比是存在的物质材料（这些物质材料的每一项翻新却都带来了否定生存意欲的可能性）。意识是认知主体（或者说脑髓）的生命，死亡则是意识的终结。因此，意识是有尽的，永远都是新的，每次都重新开始。只有意欲才是恒久的；也唯独只有意欲适合恒久，因为这意欲就是生存意欲。对于认知主体自身来说，所有一切都是无所谓的。在"我"里面，意欲和认知主体却结合在一起。在每一动物里，意欲获得了智力——这智力是帮助意欲追寻自己目标的亮光。顺便说上一句，对死亡的恐惧也部分是由于个体意欲不情愿与它的智力、与它的向导和卫兵相分离——这一智力是在自然进程中分配给这个体意欲的，而没有了这智力的帮助，个体意欲知道自己将是盲目和无助的。

最后，与这一分析相吻合的还有那每天都会有的道德体验——这一道德体验告诉我们：唯独意欲才是真实的，而意欲的对象物——因为这是以认知为条件——则只是现象、只是泡沫和烟幕而已，就像摩菲斯特在奥尔巴哈的地窖中所敬的酒；也就是说，在享受完每次感官的乐趣以后。我们也可以说："怎么这就像喝酒一个样。"（《浮士德》1，2334）

对死亡感到害怕大都是因为死亡造成了这样的假象："我"从此就要消失了，而这一世界却依旧存留。其实，与此相反的看法才是真的：这一世界消失了，而"我"深处的内核却将永存，它承载和产生出主体——而这一世界唯独在主体的头脑表象里才有其存在。随着脑髓的消亡，智力以及与智力一道的客观世界、智力的表象也消亡了。至于在他人的脑里，一个相似的世界现在仍和以往一样存活和晃动，那消亡的智力是漠不关心的。因此，如果真正的现实并非存在意欲之中，如果道德方面的存在并非扩展至死亡之外，那么，既然智力以及与之一道的世界已经熄灭，那事物的本质就将是没完没了的一连串短小、混浊、各自没有任何关联的梦魇。这是因为不具认知的大自然，其所以长存纯粹只在于认知者的时间表象。这样，一个做梦的世界精灵——他所做的梦魇没有目标和方向、通常是相当混浊和沉重——就将是所有一切中的一切。

当某一个体感受到了死亡的恐慌，我们就的确看到了一幕古怪并确实是令人发噱的情景：这一世界之王——正是他让一切都充斥着他的本质，也只有通过他这现有的一切才算是存在了——现在却是如此忧心和沮丧，生怕沉没于那虚无的永恒深渊；而与此同时，所有一切其实都充满着他，他可是无处不在、无处不生，因为存在不是支撑着他而是他支撑着存在。但现在，他却在那受到死亡恐惧折磨的个体身上感受到了沮丧和绝望，因为他被个体化原理所引致的假象迷惑了；他误以为他的存在就局限于那现正一步步迈向死亡的生物身上。这一假象是沉重梦魇的一部分，他作为生存意欲已经沉湎于其中。但是，我们可以对那迈向死亡的个体说："你将不再是你现在的样子了，如果当初你根本就不曾成为你现在这样，那该多好。"

只要不曾否定那生存意欲，那死亡以后所留下来的，就是形成完全另一个存在的种子——在这另一个存在里，新的个体重又看到了一个新鲜、原初的自己，他对自己啧啧称奇了。所以，当那些高贵的青年在清新意识初开的时候，会有那心醉神迷、幻梦一般的思想倾向。睡眠之于个体就等于死亡之于作为自在之物的意欲。如果记忆和个体性能够留住，那意欲在毫无得益的情况下，就无法坚持把同一样的奋斗和磨难持续下去，直至永远。作为自在之物的意欲把这些个体性和记忆甩掉，这就是阴间的忘河的作用；通过这种死亡睡眠，意欲配备了另一副清新的智力，并以另一更新了的存在再度出现。"新的一天招呼着新的海岸。"（《浮士德》1）

人作为自我肯定的生存意欲，存在根子就扎在人的种属之中。因此，死亡就是失去某一个体性和接受另一个体性；因此，死亡就是在自己意欲的专门指引下所进行的个体性转换。这是因为那一永恒的力唯独只在意欲，正是那一永恒的力产生了各自带有自我的意欲存在。但是，因为这个带自我的存在的构成原因，这一带自我的存在却是无法长久维持的。这是因为死亡是每一本质（Wesen，essentia）在要求存在（Dasein，existentia）时所接受的"回复原来面目"，死亡是深藏在每一个体存在里面的矛盾的暴露：

所有生成之物
都配遭受毁灭

——《浮士德》1，第 1339—1340 行

但对于这同样的力——亦即意欲——来说，可供支配的是无数这样各带自我的个体存在；但这些也将同样再度毁灭和消逝。虽然每一这样的自我都有其个别、分开的意识，但无数这样的自我存在并非有别于那唯一之物。从这一观点出发，aevum、αιων 这词同样表示无限的时间和一个人的有限寿数这两种意思，那在我看来就不是偶然的了。也就是说，从这可以看出——虽然这只是朦胧的和有欠清晰：无限的时间和一个人的寿数，这两者就其自身而言和归根到底都是同一样的东西；据此，我只是得尽天年抑或可以存在无限时间，其实并没有差别。

当然了，完全没有了时间概念的帮助，我们是不可以对上述得到表象认识的，但一旦涉及自在之物，这些时间概念却是派不上用场的。我们智力的一个不可改变的局限，就是这一智力永远无法完全摆脱它的这一首要和最直接的表象形式，以便在没有时间形式的情况下仍能独立操作。所以，在理解死亡的时候，我们自然就采用某一灵魂转生的学说，虽然这里面有着这一重要的区别：我们采用的这一灵魂转生的学说并非包括整个灵魂，亦即认知者；这里的"灵魂"只与意欲有关；还有就是随着我们意识到：时间形式在此只是对我们的智力局限不得不作出的调节，那伴随着灵魂转生学说的许许多多的无稽之谈就不翼而飞了。如果我们以在《作为意欲和表象的世界》第二卷《素质的遗传》所阐明了的这一事实辅助我们的思考，亦即性格——也就是说意欲——遗传自父亲，而智力则得之于母亲，那这就跟我们下面这一观点连贯起来了：人身上的意欲本身就是个体的意欲，在死亡的时候就与其在受孕的时候从母亲处所获得的智力分离了；现在，性质、构成已经有所改动的意欲，就遵循着世事发展的必然进程，经由新的受孕获得与之相称的智力。连同这一新的智力，他（它）又成了新的存在；但对此之前的存在他却再也没有了记忆，因为那唯独具备记忆能力的智力是可朽的部分，或者说只是形式，而意欲却是不朽的，是物质。据此，要描述这一学说的话，

"重生（Palingenesie）"一词比"灵魂转生"（Metempsychose）一词更加准确。这种永远不断的重生构成了意欲持续不断的生存之梦——直至这一本身不灭的意欲在经历持续的、多种多样并且始终是以崭新形式出现的认识以后，得到教诲和进步并一举取消了自身为止。

我们通过最新的研究所了解到的真正和可以说是相当神秘、深奥的佛教学说，也与上述的观点互相吻合，因为佛教学说教导的不是灵魂转生，而是一种奇特的、建立在道德基础上的重生学说；佛教对这一重生学说的陈述和阐释极具思想深度。这些见之于斯宾塞·哈代的《佛教指南》第394—396页对这方面的论述——这些论述相当值得阅读和思考（另可与书里第429、第440和第445页作比较）。泰莱著的《巴拉波达·查德罗·达雅》（伦敦，1812），还有桑格马诺写的《缅甸帝国》第6页，以及《亚洲研究》第6卷第179页和第9卷第256页也都证实了上述的描述。另外，科本编的相当有用的德文佛教简编也对此问题给予了正确的描述。但对于大部分佛教信众来说，这一重生学说太过微妙、太过难以捉摸了，所以，灵魂转世的理论就成了向他们宣说的代替品。

另外，我们所不能忽略的事实就是：我们甚至有支持这种重生理论的经验上的根据。事实上，在新生儿的诞生和逝世者的死亡之间有着某种的联系。也就是说，这种联系见之于在经受了突然性的瘟疫以后，人们所表现出来的强大生殖力。在14世纪，在黑死病夺走了旧世界大部分人口以后，一个异乎寻常的生育高峰就出现了，并且，双胞胎的出生变得相当频繁。另外，非常奇怪的事情就是在这一时期出生的孩子都没有长齐所有的牙齿。那竭尽了全力的大自然在细节上就变得斤斤计较了。这些见之于F·舒努勒写的《瘟疫编年史》（1825）里。卡斯帕[1]的《人的大概寿命》（1835）也证实了这一原则：在某一特定的人口里，生育的数量对这一人口中的人的寿命和死亡率有着决定性的影响，因为这

---

[1] 约翰·卡斯帕（1796—1864）：德国柏林的医学教授。——译者注

一人口的生育量是与死亡数同步的；这样，无论哪里和无论何时，死亡数和出生数都是以相等的比率增加和减少。卡斯帕通过从许多国家及其不同省份收集的累积证据使这一点变得毋庸置疑。但是，在我前世的死亡与一对陌生夫妇怀孕生育之间，或者反过来，却不可能有一有形、物理上的因果联系的呀。在此，形而上的解释无可否认地成了解释这有形世界的直接根据，并且，这种形而上的解释令人诧异莫名。虽说某一新诞生的生命清新、欢乐地进入存在，并像享受一样礼物般地享受这一存在，但在这世上却没有也不可能有免费的礼物。这一生命新鲜的存在是以老年和活力过去之后的死亡为代价——那一活力不再的生命已经沉沦，但它却包含了不可消亡的种子。正是从这些种子形成了新的生命：这两者是同一样的东西。能够阐明这两者之间的过渡，也就当然解开了一个巨大的神秘之谜。

我在这里所说的伟大真理却也不是从来完全不被人们所认识，虽然人们无法究本寻源理出这一真理的精确含意，因为唯有借助关于意欲具首要的和形而上的本质，而智力则只有次要的、纯粹是有机体的特性的学说，这一精确理解的工作才可以成为可能。也就是说，我们发现灵魂转生学说源自人类最古老和最高贵的时代，始终是全球流行，成为人类中的绝大多数人的信仰，并的确是所有宗教所宣讲的教义——除了犹太教以及两个出自犹太教的宗教以外。不过，正如我们已经提到过的，把这教义表现得至为幽深、奥妙，最接近真理的，则是佛教。据此，基督徒以在另一世界又将重逢安慰自己——在那里，人们完好无损、重又相聚，并能马上彼此认出——而根据上述其他的宗教，人们在这世界就已经是再度重逢了，虽然在这重逢里，大家已经彼此认不出对方了。也就是说，在诞生的循环里，由于灵魂转生或者重生的缘故，现在与我们密切相关或者密切接触的人，在下一辈子也与我们一道出生，与我们有着和现在同样的或者相似的关系，他们对我们的态度和看法也没有多少两样，不管这些关系和态度是友好的抑或敌视的。（读者可参考斯宾塞·哈代的《佛教指南》第 162 页）当然，人们的彼此认出也只是局限于某一朦胧的感觉、一种无法清楚意识到的、隐隐约约暗示着某一相当遥远的东西的回忆。只有佛陀本人是例外：只有佛陀才有能力清楚认出自己和他人的前生。关于这些，在《佛本生的故事》中都有描述。但事实上，如果有幸在某时某刻能够纯粹以客观的眼睛审视现实中人们的奋斗和挣扎，我们就会自然而然产生这一直觉上的确信：我们所看见的这些人在从柏拉图式的理念方面考虑不仅始终是同一样的人，而且，目前的一代人，就其真正的内核而言，完全、实在就是和上一代人相一致的。人们只能问道：这一内核到底是什么。我的学说对此给予的答案已是不用多说的了。之所以会有上面提到的直觉上的确信，我们可以把这想象为是时间和空间这两块复制和幻化的玻璃片暂时失灵所造成的结果。至于人们普遍相信灵魂转生，奥比利在其出色的著作《印度人的涅槃》第 13 页是这样说的，并且说得很对：

> 这一古老的信仰传遍了全世界。在上古的时代就已经广为流传。所以，一个英国圣公会的博学者作出判断，认为这一信仰是无父、无母、没有任何家族渊源。

早在《吠陀》以及其他所有的印度圣书里面，就已经有了关于灵魂转生的教导，并且，众所周知，灵魂转生是婆罗门教和佛教的内核。所以，甚至现在，在所有并非信奉伊斯兰教的亚细亚地区，灵魂转生学说仍然是一统天下。也就是说，在全人类过半的人口当中，灵魂转生是人们最坚实的信仰，并且这一信仰发挥出了令人难以置信的强大实际影响。埃及人也信仰这一学说；俄耳甫斯[1]、毕达哥拉斯和柏拉图热情、激动地从埃及人手中接受了这一学说，而毕达哥拉斯学派则尤其笃信这一学

---

[1] 俄耳甫斯（Orpheus）：古希腊传说中的歌唱家、预言家。——译者注

说。在希腊的秘密宗教仪式中也倡导这一学说——柏拉图《法律》书的第九篇告诉了我们这一无可否认的事实。尼米修斯[1]甚至说：

> 相信一个人的灵魂从一个身体走到另一身体，对于希腊人来说是很平常的一件事，因为他们宣称灵魂是不死的。

古代冰岛的神话诗集《埃达》也教导灵魂转生之说。这也同样是古时克尔特人中的巫师宗教的基础（皮希特，《不列颠岛吟游诗人之谜》，1856）。甚至印度的一个穆罕默德教派，波拉教派，也信奉灵魂转生，并因此不吃肉类食品——关于这些科尔布鲁克在《亚洲研究》第七卷作了详细的报道。在美国印第安人和黑人部族里面，甚至在澳大利亚土著人那里，也可找到上述信仰的痕迹，例如，1841年1月29日的英国《泰晤士报》有过一篇文章，准确报道了两个澳大利亚土著人因犯有纵火罪和谋杀罪而被处以极刑的情形。文章写道：

> 较年轻的那位罪犯在迎接自己的末日时，表现出了复仇者常有的坚定和毫不退缩的勇气；他所使用的唯一让人明白其含意的话语透露了这样的意思：他即将要转生为"白种人"。正是这一点使他去意坚决。

乌恩格维特写的一本名叫《澳大利亚大洋洲》（1853）告诉读者，新荷兰的巴布亚居民把白种人视为重返阳间的亲戚。所有上述种种所引出的结论就是：只要一个人是不带偏见地反省、思考，那他自然而然就会确信灵魂再生的道理。我也注意到任何人在初次听到这一信仰时就能马上清楚明白。我们只需看看甚至莱辛也是一副严肃、认真的态度在其《人类的教育》最后七章中支持这一信仰。利希腾贝格也在其《自我描述》中

---

[1] 尼米修斯（约400）：基督教哲学家、新柏拉图主义者。——译者注

说过："我无法摆脱得了这样的想法：我是死了以后才诞生的。"（《文论选》1844）甚至那过分经验论的休谟[1]也在其讨论"不朽"的怀疑论文章中写道（第3页）："灵魂转生学说因此是哲学可以倾听的唯一一类系统思想。"与这一信仰，与这一已传遍全人类、无论智者还是俗人都可通晓明了的学说相对立的是犹太教，以及从犹太教衍生出来的另两个宗教，因为这些宗教告诉人们人是从无中创造出来的。这样，人们就得为如何把这一从"无"中生"有"，与将来却可以无限时存在相互连接起来而煞费思量。当然，在火与剑的帮助下，他们成功地把那给人们带来慰藉的人类原初信仰从欧洲和部分的亚洲赶走了。这种情形还能持续多久尚未确定。但硬撑下去已是勉为其难了——这点可由那古老的教会历史作证。大部分的异端分子对那原初的信仰怀有好感，例子包括西蒙教派、巴西利底安教派、瓦伦丁教派、马尔西奥尼教派、诺斯替直觉教派、和摩尼教派等等。甚至犹太人自己也在某种程度上接受这一信仰，就像特实里安和吉士丁奴斯（在其对话中）所报道的那样。犹太法典上说，艾贝尔的灵魂进入了塞思的身体，然后又进入了摩西的躯壳。甚至《圣经·马太福音》：16，13—14中的段落，也只有在我们把它们理解为在假设了灵魂转生信条以后所说出的话，才获得了理性的含意。《路加福音》也有这样的段落；路加补充了"一个古老的先知复活了"的话。这样，路加就以为这样的看法是犹太人产生的，即一个古老先知会皮发俱在、完好无损地复活。殊不知犹太人却知道得很清楚：这一先知已在坟墓里躺了六百到七百年的时间，因而早就灰飞烟灭；这一先知会复活的想法明显是荒唐的。不过，在基督教里，取代灵魂转生和今生为前世赎罪学说的却是人的原罪教义，亦即为他人赎罪的教义。也就是说，这两种学说都把现在的人和以前曾经存在过的人视为同一：灵魂转生学说

---

[1]休谟（David Hume，1711—1776）：英国哲学家、历史学家、经济学家和随笔作家。著有《英国史》等著作。——译者注

是直接的，原罪学说则是间接的。

　　死亡是生存意欲——更精确地说，是生存意欲本质上所特有的自我主义——在大自然的发展过程中所获得的拨乱反正；死亡也可被理解为对我们存在的一种惩罚。[1] 死亡就是一种痛苦的松结——它松开了我们在享受感官肉欲的性行为时系上的结子。死亡是针对我们本质所犯下的一个根本错误而实施的暴烈的、从外而至的破坏：幻象终于消失了。从根本上，我们就是一些本来根本就不应成为的东西；正因为这样，我们才会停止存在。自我主义其实就是把全部的现实局限在一己的身上，误以为自己就唯独存在于这一肉身里面，别人与己完全无关。死亡教给这样的人更加正确的道理，死亡把这一个人取消了，从此以后，这个人的真正本质，亦即他的意欲，就只存活于别的个体身上。而他的智力——这智力本身只属于现象，亦即只属于作为表象的世界，只是外在世界的形式——则继续存在于对事物的表象里，亦即对事物的客体表现里面，因而也只继续存在于至今为止的外在世界存在里。所以，从现在开始，这个人的整个"我"就只在他至今为止一直视为"非我"的身上存活，因为这时已经没有了外在和内在的区别。在此，我们还记得：一个好人也就是一个在人我之间只有很少差别的人，他不会把他人视为绝对非我的东西。但对卑劣的人来说，人、我的差别是巨大的，甚至是绝对的，正如我在《论道德的基础》所解释过的那样。根据以上所述，一个人是否把死亡视为人的毁灭，其程度如何，是与这个人对待人、我的差别互相对应的。但如果我们从这一观点出发，亦即我以外与我以内之间的差别只是空间上的差别，只是建筑于现象之上，而不是自在之物，因此，这些差别并非是绝对的真实——如果从这一角度审视，那我们就可以把失去自己的个体性视为失去某一现象而已；这种失去也就是看上去似乎

---

[1] 死亡说：你是一个本来就不应该发生的行为的产物，所以，为把它抹去，你就必须死亡。——叔本华注

是失去而已。无论这种差别在经验意识中具有多少的现实性，从形而上的角度出发，这两个说法从根本上并没有什么真正的差别，即"我灭亡了，但这世界仍然存在"和"这一世界灭亡了，但我们仍然存在"。

除了这些，死亡却是一个大好的机会，让我们不再是"我"——当然，这只是对能够把握这一机会的人而言。在生活着的时候，人的意欲是没有自由的：在人的既定不变的性格基础之上，人的行事由动因的链条所带动而必然地展开。每个人都会记得自己曾经做过的、自己并不满意的事情。如果这个人继续生活下去，那他仍将继续以同样的方式行事——这是因为性格不变的缘故。因此，这个人必须停止他目前这样的存在；只有这样，他才可以从本质源泉里生成新的和另一种样子的存在。所以，死亡解除了那些束缚，意欲重又是自由的了，因为自由在于存在、本质（Esse），而并非在于行动（Operari）之中。"（谁要是一睹至高、至深的道理，）心结尽开，疑虑尽释，所做的一切尽成泡影。"——这是所有《吠陀》的阐释者经常重复的名言。死亡就是挣脱片面的个体性的时候——这一个体性并非构成了我们的真正本质内核，而只可以设想为对我们真正本质的一种偏离。此刻，真正、原初的自由重临；这一刻在这里所说的意义上可被视为"回复以前的状态"（罗马帝国法律用语）。因此，大多数垂死之人的脸上呈现出安详与平和，其根源似乎就在这里。每一个好人的死亡一般来说都是平静、柔和的，但自愿、愉快迎接死亡则只是死心断念、放弃和否定生存意欲之人的特权。这是因为只有这样的人才会愿意真正的而并非只是表面现象上的死亡，这些人因而不会要求也不需要自己本人的继续存在。这样的人自愿放弃的，是我们所认识的存在。他们为此获得的，在我们看来是无。佛教信仰把这名为"涅槃"。

图书在版编目(CIP)数据

叔本华美学随笔/(德)叔本华
(Arthur Schopenhauer)著;韦启昌译. —3 版. —上
海:上海人民出版社,2018
ISBN 978 - 7 - 208 - 14898 - 7

Ⅰ. ①叔… Ⅱ. ①叔… ②韦… Ⅲ. ①叔本华
(Schopenhauer, Arthur 1788—1860)-美学-文集 Ⅳ.
①B516. 41 - 53 ②B83 - 53

中国版本图书馆 CIP 数据核字(2017)第 287943 号

责任编辑 任俊萍 王笑潇
封面设计 南房间

叔本华美学随笔

[德]叔本华 著

韦启昌 译

出　　版　上海人民出版社
　　　　　(201101 上海市闵行区号景路 159 弄 C 座)
发　　行　上海人民出版社发行中心
印　　刷　上海商务联西印刷有限公司
开　　本　635×965 1/16
印　　张　14.75
插　　页　4
字　　数　194,000
版　　次　2018 年 5 月第 3 版
印　　次　2025 年 5 月第 5 次印刷
ISBN 978 - 7 - 208 - 14898 - 7/B · 1307
定　　价　45.00 元